HSK 单词速记速练
Brushing up Your Vocabulary for HSK

中级篇
Intermediate

（上册）
Book I

主编　赵明德　鲁　江
编者　鲁　江　郑　杰　王清刚　李诗仪

北京语言大学出版社

（京）新登字157号

图书在版编目（CIP）数据

HSK单词速记速练·中级篇·上/赵明德，鲁江主编．
－北京：北京语言大学出版社，2002
ISBN 7－5619－1115－7

Ⅰ．H…
Ⅱ．①赵…　②鲁…
Ⅲ．汉语－词汇－对外汉语教学－水平考试－自学参考资料
Ⅳ．H195

中国版本图书馆CIP数据核字（2002）第045548号

责任印制：	汪学发
出版发行：	北京语言大学出版社
社　　址：	北京市海淀区学院路15号　邮政编码100083
网　　址：	http：//www.blcup.com
印　　刷：	北京北林印刷厂
经　　销：	全国新华书店
版　　次：	2003年6月第1版　2003年6月第1次印刷
开　　本：	787毫米×960毫米　1/16　印张：14.75
字　　数：	219千字　印数：1－3000册
书　　号：	ISBN 7－5619－1115－7/H·02100
2003 DW 0052
定　　价：	28.00元

发行部电话：010－82303651　82303591
　　　传真：010－82303081
E-mail：fxb@blcu.edu.cn

出 版 说 明

这是一套 HSK 应试辅导教材。可用作 HSK 考前辅导班培训教材,也可作自测用书。

丛书由两部分组成:一部分为"主干教程",包括:

　　HSK 速成强化教程(初、中等)

　　HSK 速成强化教程(高等)

这套教程请专家详细讲解题型特点、考点与难点,指出考生常犯错误和应采取的应试技巧和策略,采用课上随堂练习的形式,讲一点练一点,使学生学一点会一点;再加上课后辅助练习,使学习效果更好。三套仿真试题,给学生提供临场应试感觉。

一部分为"辅助教程",包括:

　　HSK 单词速记速练(初级篇)

　　HSK 单词速记速练(中级篇)

　　HSK 单词速记速练(高级篇)

　　HSK 语法点速记速练(初、中级篇)

　　HSK 语法点速记速练(高级篇)

　　HSK 易混淆单位速记速练

这部分以词汇和语法为核心,旨在通过短期强化记忆训练,帮助考生打牢应试基础,与前一部分相辅相成,既可配套使用,也可针对薄弱项有选择地使用。

北京语言大学出版社
2002 年 9 月

前　　言

　　汉语水平考试(简称HSK)是专门为测试母语为非汉语者的汉语水平而设立的国家级标准化考试。它是一种水平考试,是对考生听、说、读、写各方面水平的全面测试,它不以任何一种教材为依据,因而在与现行的课堂教学的衔接上存在着一些困难。在词汇方面,考生们经常反映,一方面考试大纲中要求掌握的词汇量很大;另一方面,课堂上所学到的词语又有相当多的一部分不在大纲所要求的范围内,如何在较短的时间里快速地掌握和正确地使用汉语词汇,并且做到针对HSK有所侧重,就成为了考生们十分关心的问题。

　　为了解决这一问题,我们编写了这套《HSK单词速记速练》。本书旨在帮助考生在短期内迅速扩大词汇量,掌握词语用法和词与词之间的搭配关系,并通过贴近HSK形式的练习加以强化、巩固,提高应试能力,顺利地通过考试,获取高分。

　　全套书分为初级篇、中级篇和高级篇。初级篇适用于准备参加基础HSK和初、中等HSK的学生,中级篇适用于准备参加初、中等HSK的学生,高级篇适用于准备参加高等HSK的学生。它是一本HSK的必备用书,也可作为汉语词汇的学习用书。所收词语以中国汉语水平考试(HSK)词汇大纲——《汉语水平词汇与汉字等级大纲》为依据,共收甲乙丙丁四级常用词8702个,同时还收录了含乙级义项的甲级词244个,含丙级义项的甲、乙级词454个,含丁级义项的甲、乙、丙级词127个。其中,初级篇共收3296个词语,全部为甲、乙两级词;中级篇包括丙级词2662个;高级篇包括丁级词3569个。

　　所有词条均标有拼音、词性、常用或固定搭配。词条按音序排列,每页词条都相应配有例句式练习和HSK考试型练习,针对考生对HSK中综合填空部分普遍感到困难这一问题,练习中着重加强了近义词、易混淆词语的辨析练习,做到贴近实战,随学随练。特别值得强调的一点是,本书严格地遵循了《汉语水平词汇与汉字等级大纲》和《汉语水平等级标准与语法等级大纲》中对词语难度等级的限定,词语扩展和练习中所用词语均按级别做到了基本不超纲,这样做的目的是力求使学生在不增加不必要的词汇、语法障碍的同时更快地掌握大纲所要求的词语,尽量缩短学习时间提高效率。另外,词条和词条扩展还配有英文注释,方便了学生对词义的理解。

　　本书为集体编写,编者都是从事对外汉语教学多年、积累了丰富教学经验的教师。编写分工如下:

赵明德	初级篇	甲级(1－500)词条
李朝辉	初级篇	甲级(501－1032)词条
张璟	初级篇	乙级(1－561)词条
	高级篇	丁级(3362－3574)词条

赵学会	初级篇	乙级(562－1341)词条
李春梅、张　静	初级篇	乙级(1342－1448)词条
刘天舒	初级篇	乙级(1449－1678)词条
田　艳	初级篇	乙级(1679－2264)词条
鲁　江	中级篇	丙级(1－1105)词条
	高级篇	丁级(3671－3975)词条
郑　杰	中级篇	丙级(1106－1585)词条
	高级篇	丁级(2819－3361)词条
王清刚	中级篇	丙级(1586－2079)词条
李诗仪	中级篇	丙级(2080－2662)词条
陈晓芸	高级篇	丁级(1－1152)词条
侯红玉	高级篇	丁级(1153－1716)词条
赵　苗	高级篇	丁级(1717－2285)词条
徐　进	高级篇	丁级(2286－2818)词条
央　青	高级篇	丁级(3575－3670)词条

翻译：左颖、田艳、涂海燕、央青、侯红玉、徐进、赵苗、郑杰、李诗仪

　　赵明德老师为本书的总负责人，做了具体的组织工作并审阅了部分稿件；鲁江老师负责统稿工作和定稿工作，并做了大量组织工作；赵学会老师做了许多协调工作并审阅了部分稿件；李春梅老师提出了不少中肯建议并审阅了部分稿件。

　　由于时间和水平的限制，书中不妥之处、错误之处定然不少，敬请广大读者批评指正。

编　者
2002 年 9 月

使 用 说 明

　　此书的设计宗旨是帮助学生快速记单词,并通过练习加以巩固,是一本汉语水平考试词汇辅助教材,而非一般的工具书。

　　书中内容分为两部分,左边是词语和词语扩展,这部分相当于一个记忆手册,不仅让学生学会、记住一个单词,同时让学生记住相应的搭配、固定格式。大部分词条都标有拼音、词性,并依据汉语水平考试中心最新编写的《汉语8000词词典》,按义项为每个词语列举出其常用或固定的词语搭配;为了更好地便于学生理解和掌握,每个词语及其扩展都做了英文翻译。右边为与左页词语相配合的练习。这部分相当于一个测试手册,练习形式尽量与HSK题型靠近,帮助学生顺利通过HSK考试。练习分为两类:一类是例句式练习,即每页练习中的第一大题。这种练习目的在于帮助学生掌握和巩固词义,在学过左页词语及扩展后进一步理解词义,体会该词在句子中的使用情况。另一类练习为贴近HSK形式的练习,主要题型有:"选择合适的词语填空""选择与划线词语意思最相近的解释""将下列词语填入句中合适位置"以及"判断正误""改错"等。其中"选择合适的词语填空"练习是专门为近义词的辨析而设计的,重点解决综合填空中的问题,通过对一组一组词义相近或易混淆词语的判断、区分,帮助学生掌握这些词语在词义侧重、使用范围、感情色彩、在句中充当何种成分及所处位置、常用搭配等方面的相同点和不同点,从而准确地把握这些词语的用法;"选择与划线词语意思最相近的解释"的练习与HSK中阅读理解的第一部分题型相似,是帮助学生掌握多义词的不同义项;"将下列词语填入句中合适位置"练习与HSK中语法结构的题型一致,主要是帮助学生了解汉语的介词、连词、副词、助动词等词在语法结构上的应用情况。

　　在体例上有以下几点需要说明:

　　1.词语的扩展及义项的选择均按等级进行,读者可以根据自己的需要选择合适的用书。

　　2.词条按音序排列,按甲乙丙丁四级排序,多义词如义项等级不同则分别排入不同等级的词条中。如"打"共有19个义项,甲级有7个,乙级有4个,丙级有5个,丁级有3个,不同级别的义项编入不同级别的书中。每个词条按其义项分别做了一个或多个词语扩展,词条扩展除个别无法避开外,基本做到了不超纲。(个别超纲词条后加注了拼音。)

　　3.除个别虚词外,词语扩展以短语为主。搭配以常用、习惯搭配或固定格式、结构为主。

　　4.除个别离合词外,基本上每个词均标注了汉语拼音和词性,拼音一律标原调,词性用一个字表示,如"名词"用"名"表示,"动词"用"动"表示,依此类推。

　　5.为了使词语扩展更丰富,部分词条搭配两个以上的词语,中间用斜线分开。其中,单音节词条扩展时,如扩展部分也是单音节词,或分别与一个单音节词和一个多音节词搭配时,为了便于学生理解,词条部分在斜线前后重复出现。例如:"回家/搬家""吃药/吃米饭"多音节词条不易误解,词条在斜线前后不重复。例如:"保护环境/眼睛"。

6. 在词语及词语扩展的右边都相应地加注了英文注释。

7. 练习中的第一种题型为例句式练习,学生学习了左页上的词语后,从中选择合适的词语填空,起到加深理解和记忆的作用。"选择合适的词语填空"练习有两种形式:(1)给出一个句子,下边列出ABCD四个备选词语从中挑选最恰当的词语填空。

  如:他看问题比我们都_____。
   A.彻底 B.深厚 C.透彻 D.深度

(2)给出意思相近或相似的一组词语,将这一组词语分别填入下边的句子中。

  如:A.操心 B.担心 C.费心
   1.这事就得麻烦您给_____一下_____了。
   2.做父母的哪有不_____儿女们的婚事的?
   3.我_____你说不清楚,所以就来了。

"选择与划线词语意思最相近的解释"这种练习的形式与"选词填空"练习大体相似。

8.除了甲级词以外,在乙级、丙级和丁级词中,有的词条序号后标有"*",表示该词为多级词。如"吃"是甲级词,同时也是乙级、丙级和丁级词,所以在这三级词条中,"吃"的序号后都标着"*"。

9.本书附有词条索引和练习答案,读者可以及时查找。

               编 者

词条音序索引：丙级词

上

A

1.	哎哟	āiyō	（叹）	……2	8.	*按	àn	（动）	……2
2.	唉	āi	（叹）	……2	9.	按期	ànqī	（副）	……2
3.	挨	ái	（动）	……2	10.	*暗	àn	（形）	……2
4.	癌	ái	（名）	……2	11.	暗暗	àn'àn	（副）	……2
5.	安	ān	（动、形）	……2	12.	熬	áo	（动）	……4
6.	安定	āndìng	（形、动）	……2	13.	奥秘	àomì	（名）	……4
7.	安装	ānzhuāng	（动）	……2					

B

14.	扒	bā	（动）	……4	31.	*半	bàn	（数）	……6
15.	把	bǎ	（动）	……4	32.	半岛	bàndǎo	（名）	……6
16.	*把	bǎ	（量）	……4	33.	*办	bàn	（动）	……6
17.	把握	bǎwò	（动、名）	……4	34.	办理	bànlǐ	（动）	……6
18.	坝	bà	（名）	……4	35.	*帮	bāng	（动、名）	……8
19.	罢	bà	（动）	……4	36.	绑	bǎng	（动）	……8
20.	罢工	bà gōng		……4	37.	棒	bàng	（名）	……8
21.	*吧	ba	（助）	……4	38.	棒	bàng	（形）	……8
22.	白白	báibái	（副）	……6	39.	磅	bàng	（量）	……8
23.	*百	bǎi	（数）	……6	40.	*包	bāo	（名）	……8
24.	百货	bǎihuò	（名）	……6	41.	*包	bāo	（动）	……8
25.	柏树	bǎishù	（名）	……6	42.	包袱	bāofu	（名）	……8
26.	摆脱	bǎituō	（动）	……6	43.	包含	bāohán	（动）	……8
27.	拜访	bàifǎng	（动）	……6	44.	包围	bāowéi	（动）	……8
28.	拜会	bàihuì	（动）	……6	45.	剥	bāo	（动）	……8
29.	般	bān	（助）	……6	46.	*薄	báo	（形）	……8
30.	瓣	bàn	（名、量）	……6	47.	*保	bǎo	（动）	……8

1

#	词	拼音	词性	页	#	词	拼音	词性	页
48.	保管	bǎoguǎn	(动、名)	10	82.	奔跑	bēnpǎo	(动)	16
49.	*保留	bǎoliú	(动)	10	83.	*本	běn	(名)	16
50.	保密	bǎo mì		10	84.	本人	běnrén	(代)	16
51.	保守	bǎoshǒu	(动、形)	10	85.	本身	běnshēn	(代)	16
52.	保险	bǎoxiǎn	(形、动)	10	86.	*笨	bèn	(形)	16
53.	保障	bǎozhàng	(动、名)	10	87.	甭	béng	(副)	16
54.	*保证	bǎozhèng	(名)	10	88.	*逼	bī	(动)	16
55.	*饱	bǎo	(形)	10	89.	*比	bǐ	(动)	16
56.	宝	bǎo	(名)	10	90.	比方	bǐfang	(名、动)	16
57.	宝石	bǎoshí	(名)	10	91.	*笔	bǐ	(量)	16
58.	*抱	bào	(动)	10	92.	彼此	bǐcǐ	(代)	18
59.	报	bào	(动)	12	93.	毕竟	bìjìng	(副)	18
60.	报仇	bào chóu		12	94.	闭幕	bì mù		18
61.	报酬	bàochou	(名)	12	95.	*必	bì	(副)	18
62.	报复	bàofù	(动、名)	12	96.	必定	bìdìng	(副)	18
63.	报刊	bàokān	(名)	12	97.	必修	bìxiū	(动)	18
64.	报社	bàoshè	(名)	12	98.	必需	bìxū	(动)	18
65.	暴露	bàolù	(动)	12	99.	*边	biān	(名)	18
66.	爆发	bàofā	(动)	12	100.	边疆	biānjiāng	(名)	18
67.	爆炸	bàozhà	(动)	12	101.	边界	biānjiè	(名)	18
68.	暴雨	bàoyǔ	(名)	12	102.	边缘	biānyuán	(名)	18
69.	*北方	běifāng	(名)	12	103.	笔试	bǐshì	(名)	20
70.	悲哀	bēi'āi	(形)	14	104.	壁	bì	(名)	20
71.	悲观	bēiguān	(形)	14	105.	*编	biān	(动)	20
72.	背包	bēibāo	(名)	14	106.	编辑	biānjí	(动、名)	20
73.	辈	bèi	(名、量)	14	107.	编制	biānzhì	(动)	20
74.	*背	bèi	(名、动)	14	108.	*便	biàn	(副)	20
75.	*背后	bèihòu	(名)	14	109.	便利	biànlì	(形、动)	20
76.	背景	bèijǐng	(名)	14	110.	便于	biànyú	(动)	20
77.	背诵	bèisòng	(动)	14	111.	变动	biàndòng	(动、名)	20
78.	背心	bèixīn	(名)	14	112.	变革	biàngé	(动、名)	20
79.	被动	bèidòng	(形)	14	113.	辩论	biànlùn	(动、名)	20
80.	被迫	bèipò	(动)	14	114.	标语	biāoyǔ	(名)	22
81.	奔	bēn/bèn	(动)	16	115.	标志	biāozhì	(动、名)	22

116.	表情	biǎoqíng	（名）	22
117.	*表现	biǎoxiàn	（动）	22
118.	别	bié	（动）	22
119.	别处	biéchù	（名）	22
120.	别字	biézì	（名）	22
121.	*兵	bīng	（名）	22
122.	冰棍儿	bīnggùnr	（名）	22
123.	柄	bǐng	（名）	22
124.	丙	bǐng	（名）	22
125.	饼	bǐng	（名）	22
126.	病床	bìngchuáng	（名）	24
127.	病情	bìngqíng	（名）	24
128.	*并	bìng	（副、连）	24
129.	剥削	bōxuē	（动、名）	24
130.	播	bō	（动）	24
131.	播送	bōsòng	（动）	24
132.	拨	bō	（动）	24
133.	波浪	bōlàng	（名）	24
134.	菠菜	bōcài	（名）	24
135.	博士	bóshì	（名）	24
136.	博物馆	bówùguǎn	（名）	24
137.	薄弱	bóruò	（形）	26
138.	*补	bǔ	（动）	26
139.	不安	bù'ān	（形）	26
140.	不比	bùbǐ	（动）	26
141.	不曾	bùcéng	（副）	26
142.	不对	bùduì		26
143.	不够	bùgòu	（形）	26
144.	不顾	bùgù	（动）	26
145.	*不好意思	bù hǎoyìsi		26

146.	不见	bùjiàn	（动）	26
147.	不见得	bù jiàndé		26
148.	不禁	bùjīn	（副）	28
149.	不觉	bùjué	（副）	28
150.	不可	bùkě		28
151.	不利	bùlì	（形）	28
152.	不料	bùliào		28
153.	不满	bùmǎn	（动、形）	28
154.	不免	bùmiǎn	（副）	28
155.	*不平	bùpíng	（名）	28
156.	不是	bùshì	（名）	28
157.	不是……而是	bùshì……érshì		28
158.	不是……就是	bùshì……jiùshì		28
159.	不停	bù tíng		28
160.	不像话	bù xiànghuà		30
161.	*不行	bùxíng	（形）	30
162.	*不一定	bù yídìng		30
163.	不由得	bùyóude		30
164.	不在乎	bùzàihu		30
165.	不怎么样	bù zěnmeyàng		30
166.	不止	bùzhǐ	（动）	30
167.	不只	bùzhǐ	（连）	30
168.	不足	bùzú	（形）	30
169.	布告	bùgào	（名）	30
170.	*布置	bùzhì	（动）	30
171.	*步	bù	（名）	30
172.	步骤	bùzhòu	（名）	30
173.	部署	bùshǔ	（动、名）	30

C

| 174. | *擦 | cā | （动） | 32 |
| 175. | 猜想 | cāixiǎng | （动、名） | 32 |

#	词	拼音	词性	页	#	词	拼音	词性	页
176.	裁缝	cáifeng	（名）	32	210.	茶叶	cháyè	（名）	36
177.	裁判	cáipàn	（动、名）	32	211.	*差	chà	（形）	36
178.	才	cái	（名）	32	212.	铲	chǎn	（名、动）	36
179.	*才	cái	（副）	32	213.	产物	chǎnwù	（名）	36
180.	才能	cáinéng	（名）	32	214.	产值	chǎnzhí	（名）	38
181.	财产	cáichǎn	（名）	32	215.	颤动	chàndòng	（动）	38
182.	财富	cáifù	（名）	32	216.	颤抖	chàndǒu	（动）	38
183.	财政	cáizhèng	（名）	32	217.	*尝	cháng	（动）	38
184.	*采	cǎi	（动）	32	218.	常识	chángshí	（名）	38
185.	餐车	cānchē	（名）	32	219.	长度	chángdù	（名）	38
186.	参考	cānkǎo	（动、名）	32	220.	长久	chángjiǔ	（形）	38
187.	参谋	cānmóu	（动、名）	32	221.	*长途	chángtú	（名）	38
188.	残酷	cánkù	（形）	34	222.	长远	chángyuǎn	（形）	38
189.	惭愧	cánkuì	（形）	34	223.	肠	cháng	（名）	38
190.	惨	cǎn	（形）	34	224.	厂长	chǎngzhǎng	（名）	38
191.	灿烂	cànlàn	（形）	34	225.	场地	chǎngdì	（名）	38
192.	苍白	cāngbái	（形）	34	226.	场合	chǎnghé	（名）	38
193.	苍蝇	cāngying	（名）	34	227.	场面	chǎngmiàn	（名）	40
194.	舱	cāng	（名）	34	228.	*超	chāo	（动）	40
195.	仓库	cāngkù	（名）	34	229.	超额	chāo'é	（动）	40
196.	*藏	cáng	（动）	34	230.	*抄	chāo	（动）	40
197.	操心	cāo xīn		34	231.	钞票	chāopiào	（名）	40
198.	操纵	cāozòng	（动）	34	232.	潮	cháo	（名、形）	40
199.	操作	cāozuò	（动）	34	233.	潮湿	cháoshī	（形）	40
200.	草案	cǎo'àn	（名）	34	234.	吵架	chǎo jià		40
201.	侧	cè	（名、动）	36	235.	炒	chǎo	（动）	40
202.	测	cè	（动）	36	236.	车辆	chēliàng	（名）	40
203.	测量	cèliáng	（动）	36	237.	车厢	chēxiāng	（名）	40
204.	测试	cèshì	（动、名）	36	238.	扯	chě	（动）	40
205.	*插	chā	（动）	36	239.	撤	chè	（动）	42
206.	插秧	chā yāng		36	240.	尘土	chéntǔ	（名）	42
207.	差别	chābié	（名）	36	241.	沉	chén	（动、形）	42
208.	茶馆	cháguǎn	（名）	36	242.	沉思	chénsī	（动）	42
209.	茶话会	cháhuàhuì	（名）	36	243.	沉重	chénzhòng	（形）	42

244.	陈列	chénliè	（动）	42
245.	撑	chēng	（动）	42
246.	称呼	chēnghu	（动、名）	42
247.	成	chéng	（量）	42
248.	成本	chéngběn	（名）	42
249.*	成分	chéngfèn	（名）	42
250.	成立	chénglì	（动）	42
251.	成千上万	chéng qiān shàng wàn		44
252.	成天	chéngtiān	（副）	44
253.	成语	chéngyǔ	（名）	44
254.	成员	chéngyuán	（名）	44
255.*	成长	chéngzhǎng	（动）	44
256.	乘	chéng	（动）	44
257.	乘客	chéngkè	（名）	44
258.	盛	chéng	（动）	44
259.*	程度	chéngdù	（名）	44
260.	程序	chéngxù	（名）	44
261.	承包	chéngbāo	（动）	44
262.	承担	chéngdān	（动）	44
263.*	吃	chī	（动）	44
264.	吃苦	chī kǔ		46
265.	吃亏	chī kuī		46
266.	吃力	chīlì	（形）	46
267.	持久	chíjiǔ	（形）	46
268.	池	chí	（名）	46
269.	迟	chí	（形）	46
270.	尺寸	chǐcùn	（名）	46
271.	尺子	chǐzi	（名）	46
272.	赤道	chìdào	（名）	46
273.	充实	chōngshí	（形、动）	46
274.*	冲	chōng	（动）	46
275.	冲击	chōngjī	（动、名）	46
276.	冲突	chōngtū	（动、名）	46
277.	冲	chòng	（动、介）	48
278.*	抽	chōu	（动）	48
279.	仇	chóu	（名）	48
280.	仇恨	chóuhèn	（动、名）	48
281.	丑	chǒu	（形）	48
282.*	臭	chòu	（形）	48
283.*	初	chū	（头）	48
284.	初期	chūqī	（名）	48
285.	初中	chūzhōng	（名）	48
286.*	出	chū	（动）	48
287.*	出发	chūfā	（动）	48
288.	出路	chūlù	（名）	48
289.	出卖	chūmài	（动）	50
290.	出门	chū mén		50
291.	出难题	chū nántí		50
292.	出身	chūshēn	（动、名）	50
293.	出事	chū shì		50
294.	出息	chūxi	（名）	50
295.	出洋相	chū yángxiàng		50
296.	出租	chūzū	（动）	50
297.*	除	chú	（动）	50
298.	除	chú	（介）	50
299.	除非	chúfēi		50
300.*	处	chǔ	（动）	50
301.*	处理	chǔlǐ	（动）	50
302.	处于	chǔyú	（动）	50
303.	处处	chùchù	（副）	52
304.*	穿	chuān	（动）	52
305.*	传	chuán	（动）	52
306.	传达	chuándá	（动）	52
307.	传染	chuánrǎn	（动）	52
308.	传说	chuánshuō	（动、名）	52
309.	喘	chuǎn	（动）	52
310.	串	chuàn	（动、量）	52

#	词	拼音	词性	页	#	词	拼音	词性	页
311.	窗口	chuāngkǒu	（名）	52	330.	次	cì	（形）	56
312.	窗帘	chuānglián	（名）	52	331.	次要	cìyào	（形）	56
313.	窗台	chuāngtái	（名）	52	332.	伺候	cìhou	（动）	56
314.	床单	chuángdān	（名）	52	333.	匆忙	cōngmáng	（形）	56
315.	*闯	chuǎng	（动）	54	334.	从容	cóngróng	（形）	56
316.	创立	chuànglì	（动）	54	335.	*从事	cóngshì	（动）	56
317.	创新	chuàngxīn	（动、名）	54	336.	丛	cóng	（名）	56
318.	*吹	chuī	（动）	54	337.	凑	còu	（动）	56
319.	垂	chuí	（动）	54	338.	*粗	cū	（形）	56
320.	垂直	chuízhí	（动）	54	339.	粗心	cūxīn	（形）	58
321.	春季	chūnjì	（名）	54	340.	粗心大意	cūxīn dàyì		58
322.	纯	chún	（形）	54	341.	*醋	cù	（名）	58
323.	纯洁	chúnjié	（形、动）	54	342.	促使	cùshǐ	（动）	58
324.	瓷	cí	（名）	54	343.	窜	cuàn	（动）	58
325.	*词	cí	（名）	54	344.	摧毁	cuīhuǐ	（动）	58
326.	词汇	cíhuì	（名）	54	345.	村庄	cūnzhuāng	（名）	58
327.	此刻	cǐkè	（名）	54	346.	村子	cūnzi	（名）	58
328.	*刺	cì	（动）	56	347.	*存	cún	（动）	58
329.	刺激	cìjī	（动、名）	56	348.	搓	cuō	（动）	58
					349.	挫折	cuòzhé	（名）	58
					350.	错字	cuòzì	（名）	58

D

#	词	拼音	词性	页	#	词	拼音	词性	页
351.	*搭	dā	（动）	58	361.	打量	dǎliang	（动）	60
352.	答复	dáfù	（动、名）	60	362.	打破	dǎpò		60
353.	达	dá	（动）	60	363.	打扫	dǎsǎo	（动）	62
354.	达成	dáchéng		60	364.	打仗	dǎ zhàng		62
355.	*打	dǎ	（动）	60	365.	打招呼	dǎ zhāohu		62
356.	打	dǎ	（介）	60	366.	*大	dà	（形）	62
357.	打败	dǎbài		60	367.	大半	dàbàn	（名）	62
358.	打击	dǎjī	（动）	60	368.	大便	dàbiàn	（名）	62
359.	打架	dǎ jià		60	369.	大大	dàdà	（副）	62
360.	打交道	dǎ jiāodào		60	370.	大道	dàdào	（名）	62

#	词	拼音	词性	页	#	词	拼音	词性	页
371.	大地	dàdì	(名)	62	405.	*淡	dàn	(形)	68
372.	大都	dàdōu	(副)	62	406.	诞生	dànshēng	(动)	68
373.	大队	dàduì	(名)	62	407.	蛋白质	dànbáizhì	(名)	68
374.	大方	dàfang	(形)	62	408.	*当	dāng	(动、助动)	68
375.	大哥	dàgē	(名)	62	409.	当初	dāngchū	(名)	68
376.	大力	dàlì	(副)	62	410.	当代	dāngdài	(名)	68
377.	大脑	dànǎo	(名)	64	411.	当家	dāng jiā		68
378.	大嫂	dàsǎo	(名)	64	412.	当面	dāng miàn		68
379.	大使	dàshǐ	(名)	64	413.	当中	dāngzhōng	(名)	68
380.	大意	dàyì	(名、形)	64	414.	党派	dǎngpài	(名)	68
381.	大致	dàzhì	(形)	64	415.	党委	dǎngwěi	(名)	70
382.	大众	dàzhòng	(名)	64	416.	*当	dàng	(动)	70
383.	大自然	dàzìrán	(名)	64	417.	档案	dàng'àn	(名)	70
384.	*呆	dāi	(形)	64	418.	*倒	dǎo	(动)	70
385.	*带	dài	(动)	64	419.	倒霉	dǎo méi		70
386.	带儿	dàir	(名)	64	420.	倒腾	dǎoteng	(动)	70
387.	带动	dàidòng	(动)	64	421.	岛屿	dǎoyǔ	(名)	70
388.	带领	dàilǐng	(动)	64	422.	导弹	dǎodàn	(名)	70
389.	带头	dài tóu		66	423.	导师	dǎoshī	(名)	70
390.	代	dài	(动)	66	424.	导演	dǎoyǎn	(名、动)	70
391.	代办	dàibàn	(动、名)	66	425.	导致	dǎozhì	(动)	70
392.	*代表	dàibiǎo	(动)	66	426.	*到	dào	(形)	70
393.	代价	dàijià	(名)	66	427.	*到底	dàodǐ	(副)	70
394.	代理	dàilǐ	(动)	66	428.	到……为止	dào……wéizhǐ		72
395.	*待	dài	(动)	66	429.	*倒	dào	(动)	72
396.	待遇	dàiyù	(名)	66	430.	*倒(是)	dào(shì)	(副)	72
397.	逮捕	dàibǔ	(动)	66	431.	*道	dào	(动)	72
398.	耽误	dānwu	(动)	66	432.	*道	dào	(名)	72
399.	担	dān	(动)	66	433.	*得	dé	(动)	72
400.	担负	dānfù	(动)	66	434.	得病	dé bìng		72
401.	*单	dān	(形)	66	435.	得了	déliǎo		72
402.	单纯	dānchún	(形)	68	436.	得意	déyì	(形)	72
403.	单独	dāndú	(形)	68	437.	灯火	dēnghuǒ	(名)	72
404.	胆	dǎn	(名)	68	438.	灯笼	dēnglong	(名)	72

439.	*登	dēng	（动）	…… 72		473.	电流	diànliú	（名）	…… 78
440.	蹬	dēng	（动）	…… 72		474.	电炉	diànlú	（名）	…… 78
441.	*等	děng	（动）	…… 72		475.	电脑	diànnǎo	（名）	…… 78
442.	等到	děngdào	（连）	…… 72		476.	电器	diànqì	（名）	…… 78
443.	等候	děnghòu	（动）	…… 74		477.	电线	diànxiàn	（名）	…… 78
444.	瞪	dèng	（动）	…… 74		478.	电压	diànyā	（名）	…… 78
445.	凳子	dèngzi	（名）	…… 74		479.	电子	diànzǐ	（名）	…… 78
446.	堤	dī	（名）	…… 74		480.	惦记	diànjì	（动）	…… 78
447.	滴	dī	（动）	…… 74		481.	垫	diàn	（动）	…… 78
448.	抵	dǐ	（动）	…… 74		482.	奠定	diàndìng	（动）	…… 78
449.	抵抗	dǐkàng	（动）	…… 74		483.	雕刻	diāokè	（动、名）	… 78
450.	底	dǐ	（名）	…… 74		484.	*掉	diào	（动）	…… 78
451.	底片	dǐpiàn	（名）	…… 74		485.	调动	diàodòng	（动）	…… 80
452.	*底下	dǐxià	（名）	…… 74		486.	爹	diē	（名）	…… 80
453.	*地	dì	（名）	…… 74		487.	叠	dié	（动）	…… 80
454.	地板	dìbǎn	（名）	…… 74		488.	丁	dīng	（名）	…… 80
455.	地步	dìbù	（名）	…… 74		489.	盯	dīng	（动）	…… 80
456.	地道	dìdao	（形）	…… 76		490.	钉	dīng	（动）	…… 80
457.	地理	dìlǐ	（名）	…… 76		491.	钉子	dīngzi	（名）	…… 80
458.	地势	dìshì	（名）	…… 76		492.	*顶	dǐng	（动）	…… 80
459.	地毯	dìtǎn	（名）	…… 76		493.	*顶	dǐng	（副）	…… 80
460.	*地下	dìxià	（名）	…… 76		494.	*顶	dǐng	（量）	…… 80
461.	地形	dìxíng	（名）	…… 76		495.	定期	dìngqī	（动、形）	… 80
462.	地震	dìzhèn	（名）	…… 76		496.	*订	dìng	（动）	…… 80
463.	地质	dìzhì	（名）	…… 76		497.	订婚（定婚）	dìng hūn		…… 82
464.	地主	dìzhǔ	（名）	…… 76		498.	*东西	dōngxi	（名）	…… 82
465.	弟兄	dìxiong	（名）	…… 76		499.	冬季	dōngjì	（名）	…… 82
466.	*点	diǎn	（名）	…… 76		500.	懂事	dǒng shì		…… 82
467.	*点	diǎn	（动）	…… 76		501.	*动	dòng	（动）	…… 82
468.	典礼	diǎnlǐ	（名）	…… 76		502.	动机	dòngjī	（名）	…… 82
469.	典型	diǎnxíng	（名、形）	… 76		503.	动静	dòngjing	（名）	…… 82
470.	电池	diànchí	（名）	…… 78		504.	动力	dònglì	（名）	…… 82
471.	电力	diànlì	（名）	…… 78		505.	*动手	dòng shǒu		…… 82
472.	电铃	diànlíng	（名）	…… 78		506.	动摇	dòngyáo	（动）	…… 82

#	词	拼音	词性	页	#	词	拼音	词性	页
507.	抖	dǒu	（动）	82	524.	*队伍	duìwu	（名）	86
508.	陡	dǒu	（形）	82	525.	队员	duìyuán	（名）	86
509.	斗	dòu	（动）	82	526.	*对	duì	（动）	86
510.	*斗争	dòuzhēng	（动）	82	527.	对得起	duìdeqǐ		86
511.	豆浆	dòujiāng	（名）	82	528.	对……来说	duì……láishuō		86
512.	豆子	dòuzi	（名）	84	529.	对了	duìle		86
513.	毒	dú	（形、动）	84	530.	对立	duìlì	（动）	86
514.	毒	dú	（名）	84	531.	对门	duìmén	（名）	86
515.	独特	dútè	（形）	84	532.	*对象	duìxiàng	（名）	86
516.	独自	dúzì	（副）	84	533.	*蹲	dūn	（动）	86
517.	读物	dúwù	（名）	84	534.	顿时	dùnshí	（副）	86
518.	端	duān	（名）	84	535.	哆嗦	duōsuo	（动）	86
519.	端正	duānzhèng	（形、动）	84	536.	多半	duōbàn	（副）	86
520.	*断	duàn	（动）	84	537.	多亏	duōkuī	（动、副）	86
521.	堆	duī	（名、量）	84	538.	多劳多得	duō láo duō dé		88
522.	堆积	duījī	（动）	84	539.	多余	duōyú	（形）	88
523.	兑换	duìhuàn	（动）	84	540.	夺取	duóqǔ	（动）	88

E

#	词	拼音	词性	页	#	词	拼音	词性	页
541.	俄语(俄文)	Éyǔ	（名）	88	545.	恶劣	èliè	（形）	88
542.	恶心	ěxin	（动）	88	546.	*而	ér	（连）	88
543.	恶	è	（形）	88	547.	儿女	érnǚ	（名）	88
544.	恶化	èhuà	（动）	88					

F

#	词	拼音	词性	页	#	词	拼音	词性	页
548.	*发	fā	（动）	88	557.	法院	fǎyuàn	（名）	90
549.	发电	fā diàn		90	558.	法制	fǎzhì	（名）	90
550.	*发挥	fāhuī	（动）	90	559.	法子	fǎzi	（名）	90
551.	发觉	fājué	（动）	90	560.	番	fān	（量）	90
552.	发射	fāshè	（动）	90	561.	*翻	fān	（动）	90
553.	发行	fāxíng	（动）	90	562.	翻身	fān shēn		92
554.	发育	fāyù	（动）	90	563.	繁殖	fánzhí	（动）	92
555.	罚	fá	（动）	90	564.	凡是	fánshì	（副）	92
556.	法令	fǎlìng	（名）	90	565.	烦	fán	（形、动）	92

#	词	拼音	词类	页	#	词	拼音	词类	页
566.	反	fǎn	（形、动）	92	600.	废话	fèihuà	（名）	96
567.	反	fǎn	（副）	92	601.	废墟	fèixū	（名）	96
568.	反而	fǎn'ér	（副）	92	602.	沸腾	fèiténg	（动）	98
569.	反击	fǎnjī	（动、名）	92	603.	费力	fèi lì		98
570.	反问	fǎnwèn	（动）	92	604.	分布	fēnbù	（动）	98
571.	返	fǎn	（动）	92	605.	分割	fēngē	（动）	98
572.	犯人	fànrén	（名）	92	606.	分工	fēn gōng		98
573.	犯罪	fàn zuì		92	607.	分解	fēnjiě	（动）	98
574.	饭馆	fànguǎn	（名）	94	608.	分离	fēnlí	（动）	98
575.	泛滥	fànlàn	（动）	94	609.	分裂	fēnliè	（动）	98
576.	方	fāng	（名）	94	610.	分泌	fēnmì	（动）	98
577.	方便	fāngbiàn	（形）	94	611.	分明	fēnmíng	（形、副）	98
578.	房屋	fángwū	（名）	94	612.*	分配	fēnpèi	（动）	98
579.	防守	fángshǒu	（动）	94	613.	分散	fēnsàn	（动、形）	98
580.	防御	fángyù	（动）	94	614.	分数	fēnshù	（名）	100
581.	防治	fángzhì	（动）	94	615.	分子	fēnzǐ	（名）	100
582.	防碍	fáng'ài	（动）	94	616.	坟	fén	（名）	100
583.	纺	fǎng	（动）	94	617.	粉	fěn	（名）	100
584.*	放	fàng	（动）	94	618.	粉碎	fěnsuì	（动）	100
585.	放手	fàng shǒu		94	619.	分量	fènliàng	（名）	100
586.	放松	fàngsōng	（动）	94	620.	分子	fènzǐ	（名）	100
587.	放学	fàng xué		94	621.	粪	fèn	（名）	100
588.	放映	fàngyìng	（动）	96	622.	丰产	fēngchǎn	（动）	100
589.	非	fēi	（形）	96	623.	丰收	fēngshōu	（动）	100
590.	非	fēi	（副）	96	624.	封	fēng	（动）	100
591.*	飞	fēi	（动）	96	625.	封锁	fēngsuǒ	（动）	100
592.	飞快	fēikuài	（形）	96	626.	风格	fēnggé	（名）	102
593.	飞行	fēixíng	（动）	96	627.	风气	fēngqì	（名）	102
594.	飞跃	fēiyuè	（名）	96	628.	疯	fēng	（形）	102
595.*	肥	féi	（形）	96	629.	疯狂	fēngkuáng	（形）	102
596.	肥料	féiliào	（名）	96	630.	缝	féng	（动）	102
597.	肥皂	féizào	（名）	96	631.	讽刺	fěngcì	（动）	102
598.	废	fèi	（形、动）	96	632.	佛教	Fójiào	（名）	102
599.	废除	fèichú	（动）	96	633.	夫妻	fūqī	（名）	102

№	词	拼音	词性	页码
634.	服	fú	（动）	102
635.	俯	fǔ	（动）	102
636.	腐蚀	fǔshí	（动）	102
637.	腐朽	fǔxiǔ	（形）	102
638.*	副	fù	（量）	104
639.*	副	fù	（形）	104
640.	复活节	Fùhuó Jié		104
641.	复制	fùzhì	（动）	104
642.	负	fù	（动）	104
643.	负担	fùdān	（动、名）	104
644.	富有	fùyǒu	（形）	104
645.	富裕	fùyù	（形）	104
646.	妇人	fùrén	（名）	104

G

№	词	拼音	词性	页码
647.	改编	gǎibiān	（动）	104
648.	改良	gǎiliáng	（动）	104
649.*	盖	gài	（动）	104
650.	盖子	gàizi	（名）	104
651.*	干	gān	（形）	106
652.	干旱	gānhàn	（形）	106
653.	干扰	gānrǎo	（动）	106
654.	干涉	gānshè	（动）	106
655.	甘	gān	（形）	106
656.*	赶	gǎn	（动）	106
657.	赶忙	gǎnmáng	（副）	106
658.	赶上	gǎnshang		106
659.*	感觉	gǎnjué	（名）	106
660.	感受	gǎnshòu	（名、动）	106
661.	敢于	gǎnyú	（动）	106
662.*	干	gàn	（动）	106
663.	干劲	gànjìn	（名）	108
664.*	刚	gāng	（副）	108
665.	缸	gāng	（名）	108
666.	纲领	gānglǐng	（名）	108
667.	岗位	gǎngwèi	（名）	108
668.	港币	gǎngbì	（名）	108
669.	港口	gǎngkǒu	（名）	108
670.	高	gāo	（形）	108
671.	高潮	gāocháo	（名）	108
672.	高等	gāoděng	（形）	108
673.	高峰	gāofēng	（名）	108
674.	高级	gāojí	（形）	108
675.	高粱	gāoliang	（名）	108
676.	高尚	gāoshàng	（形）	110
677.	高速	gāosù	（形）	110
678.	高压	gāoyā	（名）	110
679.	高中	gāozhōng	（名）	110
680.	稿	gǎo	（名）	110
681.*	告	gào	（动）	110
682.	告别	gàobié	（动）	110
683.	告辞	gàocí	（动）	110
684.	歌唱	gēchàng	（动）	110
685.	歌剧	gējù	（名）	110
686.	歌曲	gēqǔ	（名）	110
687.	歌颂	gēsòng	（动）	110
688.*	搁	gē	（动）	110
689.	鸽子	gēzi	（名）	112
690.	革新	géxīn	（名、动）	112
691.	格外	géwài	（副）	112
692.*	隔	gé	（动）	112
693.	隔阂	géhé	（名）	112
694.*	个	gè	（量）	112
695.	个儿	gèr	（名）	112
696.*	个人	gèrén	（名）	112

#	词	拼音	词性	页码	#	词	拼音	词性	页码
697.	个体户	gètǐhù	（名）	112	731.	钩子	gōuzi	（名）	118
698.	个性	gèxìng	（名）	112	732.	勾结	gōujié	（动）	118
699.	各式各样	gè shì gè yàng		112	733.	沟	gōu	（名）	118
700.	各自	gèzì	（代）	112	734.	购	gòu	（动）	118
701. *	给	gěi	（动、介）	112	735.	购买	gòumǎi	（动）	118
702.	给以	gěiyǐ	（动）	112	736.	辜负	gūfù	（动）	118
703. *	根	gēn	（名）	114	737.	孤立	gūlì	（形、动）	118
704.	根源	gēnyuán	（名）	114	738. *	鼓	gǔ	（名）	118
705.	耕地	gēngdì	（名）	114	739.	鼓动	gǔdòng	（动）	118
706.	工地	gōngdì	（名）	114	740.	古典	gǔdiǎn	（形）	120
707.	工龄	gōnglíng	（名）	114	741.	骨干	gǔgàn	（名）	120
708.	工钱	gōngqian	（名）	114	742. *	骨头	gǔtou	（名）	120
709.	工序	gōngxù	（名）	114	743.	谷子	gǔzi	（名）	120
710.	攻	gōng	（动）	114	744.	股	gǔ	（量）	120
711.	攻击	gōngjī	（动、名）	114	745.	雇	gù	（动）	120
712.	攻克	gōngkè	（动）	114	746. *	顾	gù	（动）	120
713.	功课	gōngkè	（名）	114	747.	顾问	gùwèn	（名）	120
714.	功劳	gōngláo	（名）	114	748.	固定	gùdìng	（形、动）	120
715.	功能	gōngnéng	（名）	114	749.	固体	gùtǐ	（名）	120
716.	供应	gōngyìng	（动）	116	750.	瓜	guā	（名）	120
717.	公	gōng	（形、名）	116	751.	瓜子	guāzǐ	（名）	120
718.	公安	gōng'ān	（名）	116	752.	固然	gùrán	（连）	122
719.	公布	gōngbù	（动）	116	753.	寡妇	guǎfu	（名）	122
720.	公民	gōngmín	（名）	116	754. *	挂	guà	（动）	122
721.	公顷	gōngqǐng	（量）	116	755. *	挂号	guà hào		122
722.	公式	gōngshì	（名）	116	756.	乖	guāi	（形）	122
723.	公用	gōngyòng	（动）	116	757. *	拐	guǎi	（动）	122
724.	宫	gōng	（名）	116	758.	拐弯儿	guǎi wānr		122
725.	宫殿	gōngdiàn	（名）	116	759.	怪	guài	（动）	122
726.	弓	gōng	（名）	116	760.	怪	guài	（副）	122
727. *	共	gòng	（副）	118	761.	怪不得	guài bu de		122
728.	共和国	gònghéguó	（名）	118	762. *	关	guān	（动、名）	122
729.	共青团	gòngqīngtuán	（名）	118	763.	关怀	guānhuái	（动）	122
730.	钩	gōu	（动）	118	764.	关头	guāntóu	（名）	124

765.	*关照	guānzhào	（动）	…… 124		788.	规则	guīzé	（名、形）…	128
766.	官僚主义	guānliáo zhǔyì	…… 124			789.	轨道	guǐdào	（名）	…… 128
767.	观测	guāncè	（动）	…… 124		790.	*鬼	guǐ	（名）	…… 128
768.	观看	guānkàn	（动）	…… 124		791.	*贵	guì	（形）	…… 128
769.	观念	guānniàn	（名）	…… 124		792.	贵宾	guìbīn	（名）	…… 128
770.	*管	guǎn	（动）	…… 124		793.	*滚	gǔn	（动）	…… 128
771.	管道	guǎndào	（名）	…… 124		794.	棍子	gùnzi	（名）	…… 128
772.	管子	guǎnzi	（名）	…… 124		795.	锅炉	guōlú	（名）	…… 128
773.	罐	guàn	（名）	…… 124		796.	国防	guófáng	（名）	…… 128
774.	惯	guàn	（形）	…… 124		797.	国籍	guójí	（名）	…… 128
775.	灌	guàn	（动）	…… 124		798.	国旗	guóqí	（名）	…… 128
776.	灌溉	guàngài	（动）	…… 124		799.	国庆节	Guóqìng Jié	…… 128	
777.	光	guāng	（动）	…… 126		800.	国务院	guówùyuàn	（名）	…… 130
778.	光彩	guāngcǎi	（名、形）…	126		801.	国营	guóyíng	（形）	…… 130
779.	光滑	guānghuá	（形）	…… 126		802.	果实	guǒshí	（名）	…… 130
780.	光临	guānglín	（动）	…… 126		803.	果树	guǒshù	（名）	…… 130
781.	广	guǎng	（形）	…… 126		804.	裹	guǒ	（动）	…… 130
782.	*广大	guǎngdà	（形）	…… 126		805.	*过	guò	（动）	…… 130
783.	规划	guīhuà	（名、动）…	126		806.	*过	guò	（副）	…… 130
784.	归	guī	（动）	…… 126		807.	过渡	guòdù	（动）	…… 130
785.	柜台	guìtái	（名）	…… 126		808.	过分	guòfèn	（形）	…… 130
786.	柜子	guìzi	（名）	…… 126		809.	*过来	guò lái	…… 130	
787.	规矩	guīju	（名、形）…	128		810.	*过去	guò qù	…… 130	

H

811.	咳	hāi	（叹）	…… 130		820.	含糊	hánhu	（形）	…… 132
812.	*还	hái	（副）	…… 130		821.	含量	hánliàng	（名）	…… 132
813.	海拔	hǎibá	（名）	…… 132		822.	喊叫	hǎnjiào	（动）	…… 132
814.	海军	hǎijūn	（名）	…… 132		823.	旱	hàn	（形）	…… 132
815.	海面	hǎimiàn	（名）	…… 132		824.	焊	hàn	（动）	…… 132
816.	海峡	hǎixiá	（名）	…… 132		825.	行	háng	（名）	…… 134
817.	*害	hài	（动）	…… 132		826.	行列	hángliè	（名）	…… 134
818.	害虫	hàichóng	（名）	…… 132		827.	行业	hángyè	（名）	…… 134
819.	*含	hán	（动）	…… 132		828.	航行	hángxíng	（动）	…… 134

#	词	拼音	词性	页码	#	词	拼音	词性	页码
829.	毫米	háomǐ	（量）	134	863.	喉咙	hóulóng	（名）	138
830. *	好	hǎo	（形）	134	864.	吼	hǒu	（动）	138
831. *	好	hǎo	（副）	134	865. *	厚	hòu	（形）	140
832.	好	hǎo	（连）	134	866. *	后	hòu	（名）	140
833.	好比	hǎobǐ	（动）	134	867.	后代	hòudài	（名）	140
834. *	好看	hǎokàn	（形）	134	868.	后方	hòufāng	（名）	140
835. *	好听	hǎotīng	（形）	134	869.	后果	hòuguǒ	（名）	140
836.	耗	hào	（动）	134	870. *	后天	hòutiān	（名）	140
837. *	号	hào	（名）	134	871.	后头	hòutou	（名）	140
838.	好奇	hàoqí	（形）	134	872.	后退	hòutuì	（动）	140
839.	呵	hē	（叹）	136	873. *	呼	hū	（动）	140
840. *	喝	hē	（动）	136	874.	呼呼	hūhū	（象声）	140
841.	核	hé/hú	（名）	136	875. *	呼吸	hūxī	（动）	140
842.	何必	hébì	（副）	136	876.	忽视	hūshì	（动）	142
843.	何况	hékuàng	（连）	136	877.	胡说	húshuō	（动）	142
844. *	合	hé	（动）	136	878.	胡同	hútòng	（名）	142
845.	合唱	héchàng	（名）	136	879.	蝴蝶	húdié	（名）	142
846.	合成	héchéng	（动）	136	880. *	糊涂	hútu	（形）	142
847.	合法	héfǎ	（形）	136	881. *	户	hù	（名）	142
848.	合格	hégé	（形）	136	882.	护	hù	（动）	142
849.	合金	héjīn	（名）	136	883.	互助	hùzhù	（动）	142
850.	合算	hésuàn	（形、动）	136	884. *	花	huā	（名、形）	142
851.	河流	héliú	（名）	136	885.	花朵	huāduǒ	（名）	142
852. *	黑	hēi	（形）	138	886.	花生	huāshēng	（名）	142
853.	黑夜	hēiyè	（名）	138	887.	哗哗	huāhuā	（象声）	142
854.	痕迹	hénjì	（名）	138	888. *	划	huá	（动）	142
855.	狠	hěn	（形）	138	889.	华侨	huáqiáo	（名）	144
856.	恨不得	hèn bu de		138	890.	华人	huárén	（名）	144
857. *	哼	hēng	（动）	138	891. *	滑	huá	（形）	144
858.	横	héng	（动、形）	138	892.	滑雪	huá xuě		144
859. *	红	hóng	（形）	138	893.	画家	huàjiā	（名）	144
860.	宏伟	hóngwěi	（形）	138	894.	画蛇添足	huà shé tiān zú		144
861.	洪水	hóngshuǐ	（名）	138	895. *	化	huà	（动、词尾）	144
862. *	红旗	hóngqí	（名）	138					144

896.	化工	huàgōng （名）……… 144
897.	化合	huàhé （动）……… 144
898.	化石	huàshí （名）……… 144
899.	化验	huàyàn （动）……… 144
900.	话剧	huàjù （名）……… 144
901.	怀	huái （动、名）… 144
902.	怀念	huáiniàn （动）……… 146
903.	怀疑	huáiyí （动）……… 146
904.	坏蛋	huàidàn （名）……… 146
905.	欢呼	huānhū （动）……… 146
906.	欢乐	huānlè （形）……… 146
907.	欢喜	huānxǐ （形）……… 146
908.	*还	huán （动）……… 146
909.	*环	huán （名）……… 146
910.	缓和	huǎnhé （动、形）… 146
911.	缓缓	huǎnhuǎn （副）……… 146
912.	缓慢	huǎnmàn （形）……… 146
913.	患	huàn （动、名）… 146
914.	幻灯	huàndēng （名）……… 146
915.	幻想	huànxiǎng （动、名）… 148
916.	唤	huàn （动）……… 148
917.	荒	huāng （形）……… 148
918.	*慌	huāng （动）……… 148
919.	慌忙	huāngmáng（形）……… 148
920.	黄昏	huánghūn （名）……… 148
921.	黄色	huángsè （名）……… 148
922.	晃	huǎng （动）……… 148
923.	灰	huī （名）……… 148
924.	灰尘	huīchén （名）……… 148
925.	灰心	huī xīn ……… 148
926.	*恢复	huīfù （动）……… 148
927.	*挥	huī （动）……… 148
928.	辉煌	huīhuáng （形）……… 148
929.	*回	huí （量）……… 150
930.	回想	huíxiǎng （动）……… 150
931.	*回信	huí xìn ……… 150
932.	毁	huǐ （动）……… 150
933.	汇	huì （动）……… 150
934.	汇报	huìbào （动、名）… 150
935.	汇款	huì kuǎn ……… 150
936.	昏	hūn （动、形）… 150
937.	浑身	húnshēn （名）……… 150
938.	*混	hùn （动）……… 150
939.	混合	hùnhé （动）……… 150
940.	混乱	hùnluàn （形）……… 150
941.	混凝土	hùnníngtǔ （名）……… 152
942.	混淆	hùnxiáo （动）……… 152
943.	活	huó （形、副）… 152
944.	活该	huógāi （动）……… 152
945.	伙	huǒ （量）……… 152
946.	伙伴	huǒbàn （名）……… 152
947.	*火	huǒ （名）……… 152
948.	火箭	huǒjiàn （名）……… 152
949.	火力	huǒlì （名）……… 152
950.	火焰	huǒyàn （名）……… 152
951.	火药	huǒyào （名）……… 152
952.	获	huò （动）……… 152
953.	*或	huò （连）……… 154
954.	或多或少	huò duō huò shǎo … 154
955.	货币	huòbì （名）……… 154
956.	货物	huòwù （名）……… 154

J

957.	基层	jīcéng	（名）	………	154
958.	基地	jīdì	（名）	………	154
959.	机	jī	（名）	………	154
960.	机动	jīdòng	（形）	………	154
961.	机构	jīgòu	（名）	………	154
962.	*机关	jīguān	（名）	………	154
963.	肌肉	jīròu	（名）	………	154
964.	饥饿	jī'è	（形）	………	156
965.	激素	jīsù	（名）	………	156
966.	极端	jíduān	（名、副）	……	156
967.	*集合	jíhé	（动）	………	156
968.	集团	jítuán	（名）	………	156
969.	急躁	jízào	（形）	………	156
970.	疾病	jíbìng	（名）	………	156
971.	*即	jí	（动）	………	156
972.	即将	jíjiāng	（副）	………	156
973.	即使	jíshǐ	（连）	………	156
974.	级别	jíbié	（名）	………	156

G

975.	给予	jíyǔ	（动）	………	156
976.	技能	jìnéng	（名）	………	156
977.	技巧	jìqiǎo	（名）	………	158
978.	季	jì	（名）	………	158
979.	寂寞	jìmò	（形）	………	158
980.	计	jì	（名、动）	……	158
981.	*计算	jìsuàn	（动）	………	158
982.	计算机	jìsuànjī	（名）	………	158
983.	*记录	jìlù	（名）	………	158
984.	记载	jìzǎi	（动）	………	158
985.	继承	jìchéng	（动）	………	158
986.	*夹	jiā	（动）	………	158
987.	夹子	jiāzi	（名）	………	158
988.	佳	jiā	（形）	………	158
989.	*家	jiā	（名）	………	158
990.	家属	jiāshǔ	（名）	………	158
991.	加紧	jiājǐn	（动）	………	160
992.	加入	jiārù	（动）	………	160
993.	加速	jiāsù	（动）	………	160
994.	加油	jiā yóu	………		160
995.	甲	jiǎ	（名）	………	160
996.	假如	jiǎrú	（连）	………	160
997.	假若	jiǎruò	（连）	………	160
998.	假使	jiǎshǐ	（连）	………	160
999.	价	jià	（名）	………	160
1000.	价钱	jiàqian	（名）	………	160
1001.	架	jià	（动）	………	160
1002.	架子	jiàzi	（名）	………	160
1003.	驾驶	jiàshǐ	（动）	………	162
1004.	假	jià	（名）	………	162
1005.	假期	jiàqī	（名）	………	162
1006.	嫁	jià	（动）	………	162
1007.	歼灭	jiānmiè	（动）	………	162
1008.	监督	jiāndū	（动）	………	162
1009.	监视	jiānshì	（动）	………	162
1010.	监狱	jiānyù	（名）	………	162
1011.	坚固	jiāngù	（形）	………	162
1012.	坚硬	jiānyìng	（形）	………	162
1013.	*尖	jiān	（形）	………	162
1014.	*尖锐	jiānruì	（形）	………	162
1015.	尖子	jiānzi	（名）	………	162
1016.	煎	jiān	（动）	………	162

1017.	兼	jiān	（动）	162	1051.	浇	jiāo	（动）	168
1018.	艰难	jiānnán	（形）	164	1052.	搅	jiǎo	（动）	168
1019.	检讨	jiǎntǎo	（动）	164	1053.	脚步	jiǎobù	（名）	168
1020.	检验	jiǎnyàn	（动）	164	1054.	狡猾	jiǎohuá	（形）	168
1021.	碱	jiǎn	（名）	164	1055.	角度	jiǎodù	（名）	168
1022.*	拣	jiǎn	（动）	164	1056.	角落	jiǎoluò	（名）	168
1023.	简便	jiǎnbiàn	（形）	164	1057.	教导	jiàodǎo	（动、名）	170
1024.*	简单	jiǎndān	（形）	164	1058.	教练	jiàoliàn	（名）	170
1025.	简直	jiǎnzhí	（副）	164	1059.	教堂	jiàotáng	（名）	170
1026.*	减	jiǎn	（动）	164	1060.	教研室	jiàoyánshì	（名）	170
1027.	鉴定	jiàndìng	（动、名）	164	1061.*	叫	jiào	（介）	170
1028.	贱	jiàn	（形）	164	1062.	觉	jiào	（名）	170
1029.*	见	jiàn	（动）	164	1063.	揭	jiē	（动）	170
1030.	见解	jiànjiě	（名）	164	1064.	揭露	jiēlù	（动）	170
1031.	健全	jiànquán	（形、动）	166	1065.*	接触	jiēchù	（动）	170
1032.	渐	jiàn	（副）	166	1066.	接连	jiēlián	（副）	170
1033.	溅	jiàn	（动）	166	1067.	阶层	jiēcéng	（名）	170
1034.*	建	jiàn	（动）	166	1068.	结	jiē	（动）	170
1035.	建造	jiànzào	（动）	166	1069.*	结合	jiéhé	（动）	170
1036.	僵	jiāng	（形）	166	1070.	节	jié	（动）	170
1037.	将军	jiāngjūn	（名）	166	1071.	截	jié	（动）	172
1038.	奖金	jiǎngjīn	（名）	166	1072.	竭力	jiélì	（副）	172
1039.	奖励	jiǎnglì	（动）	166	1073.	洁白	jiébái	（形）	172
1040.*	讲	jiǎng	（动）	166	1074.	结	jié	（动、名）	172
1041.	讲究	jiǎngjiu	（动、形）	166	1075.	结果	jiéguǒ	（名）	172
1042.*	讲话	jiǎng huà		166	1076.*	解	jiě	（动）	172
1043.	讲课	jiǎng kè		166	1077.	解放军	jiěfàngjūn	（名）	172
1044.	讲义	jiǎngyì	（名）	166	1078.	解剖	jiěpōu	（动）	172
1045.	酱	jiàng	（名）	168	1079.	界线	jièxiàn	（名）	172
1046.	焦急	jiāojí	（形）	168	1080.	借口	jièkǒu	（动、名）	172
1047.	胶卷	jiāojuǎn	（名）	168	1081.	金鱼	jīnyú	（名）	172
1048.	交代	jiāodài	（动）	168	1082.	今日	jīnrì	（名）	172
1049.	交谈	jiāotán	（动）	168	1083.*	紧	jǐn	（形）	174
1050.	交易	jiāoyì	（名）	168	1084.	紧急	jǐnjí	（形）	174

1085.	紧密	jǐnmì	（形）	174	1119.	竟然	jìngrán	（副）	178
1086.	紧俏	jǐnqiào	（形）	174	1120.	竞争	jìngzhēng	（动、名）	178
1087. *	紧张	jǐnzhāng	（形）	174	1121.	净	jìng	（形、副）	178
1088.	谨慎	jǐnshèn	（形）	174	1122.	揪	jiū	（动）	178
1089. *	尽	jǐn	（动）	174	1123.	酒店	jiǔdiàn	（名）	178
1090. *	尽	jìn	（动）	174	1124. *	救	jiù	（动）	180
1091. *	进	jìn	（动）	174	1125.	舅舅	jiùjiu	（名）	180
1092.	进军	jìnjūn	（动）	174	1126.	舅母	jiùmǔ	（名）	180
1093. *	近	jìn	（形）	174	1127.	就	jiù	（动）	180
1094.	近代	jìndài	（名）	174	1128. *	就	jiù	（副）	180
1095. *	劲	jìn	（名）	174	1129.	就是说	jiùshì shuō		180
1096.	浸	jìn	（动）	174	1130.	就是……也	jiùshì……yě		180
1097.	尽力	jìn lì		174	1131.	居民	jūmín	（名）	180
1098.	惊	jīng	（动）	176	1132.	居然	jūrán	（副）	180
1099.	惊动	jīngdòng	（动）	176	1133.	居住	jūzhù	（动）	180
1100.	惊奇	jīngqí	（形）	176	1134.	局	jú	（名）	180
1101.	惊人	jīngrén	（形）	176	1135.	局部	júbù	（名）	180
1102.	惊讶	jīngyà	（形）	176	1136.	局面	júmiàn	（名）	180
1103.	惊异	jīngyì	（形）	176	1137. *	举	jǔ	（动）	182
1104.	精	jīng	（形）	176	1138.	举办	jǔbàn	（动）	182
1105.	精神	jīngshen	（形）	176	1139.	聚	jù	（动）	182
1106.	精细	jīngxì	（形）	176	1140.	聚集	jùjí	（动）	182
1107.	精致	jīngzhì	（形）	176	1141.	聚精会神	jù jīng huì shén		182
1108.	鲸鱼	jīngyú	（名）	176	1142.	据	jù	（动、介）	182
1109.	经费	jīngfèi	（名）	176	1143. *	具体	jùtǐ	（形）	182
1110.	经营	jīngyíng	（动）	178	1144.	距	jù	（介）	182
1111.	警告	jǐnggào	（动、名）	178	1145.	剧	jù	（名）	182
1112.	警惕	jǐngtì	（动）	178	1146.	剧烈	jùliè	（形）	182
1113.	景色	jǐngsè	（名）	178	1147.	剧院	jùyuàn	（名）	182
1114.	景物	jǐngwù	（名）	178	1148. *	卷	juǎn	（动）	182
1115.	景象	jǐngxiàng	（名）	178	1149.	卷	juǎn	（量）	182
1116.	境	jìng	（名）	178	1150.	觉	jué	（动）	182
1117.	敬酒	jìng jiǔ		178	1151.	决口	jué kǒu		182
1118.	竟	jìng	（副）	178	1152.	决议	juéyì	（名）	184

1153.	绝	jué	(形)	……184	1157.	军官	jūnguān	(名)	……184
1154.	均	jūn	(形)	……184	1158.	军舰	jūnjiàn	(名)	……184
1155.	均匀	jūnyún	(形)	……184	1159.	军人	jūnrén	(名)	……184
1156.	军备	jūnbèi	(名)	……184					

K

1160.*	开	kāi	(动)	……184	1188.	可笑	kěxiào	(形)	……190
1161.	开办	kāibàn	(动)	……184	1189.	可行	kěxíng	(形)	……190
1162.	开除	kāichú	(动)	……184	1190.	渴望	kěwàng	(动)	……190
1163.	开动	kāidòng	(动)	……184	1191.	客	kè	(名)	……190
1164.	开发	kāifā	(动)	……186	1192.	客观	kèguān	(名、形)	……190
1165.	开饭	kāi fàn		……186	1193.	客厅	kètīng	(名)	……190
1166.*	开放	kāifàng	(动)	……186	1194.*	克服	kèfú	(动)	……190
1167.	开口	kāi kǒu		……186	1195.	课堂	kètáng	(名)	……190
1168.	开幕	kāi mù		……186	1196.	坑	kēng	(名)	……190
1169.	开设	kāishè	(动)	……186	1197.	空军	kōngjūn	(名)	……190
1170.	开水	kāishuǐ	(名)	……186	1198.	恐怖	kǒngbù	(形)	……190
1171.	开夜车	kāi yèchē		……186	1199.	空	kòng	(动、形)	……192
1172.	刊物	kānwù	(名)	……186	1200.*	空气	kōngqì	(名)	……192
1173.*	砍	kǎn	(动)	……186	1201.*	口	kǒu	(名)	……192
1174.*	看	kàn	(动)	……186	1202.	口气	kǒuqi	(名)	……192
1175.	抗议	kàngyì	(动、名)	……188	1203.	口试	kǒushì	(名)	……192
1176.	考察	kǎochá	(动)	……188	1204.	口头	kǒutóu	(形)	……192
1177.	考验	kǎoyàn	(动、名)	……188	1205.*	扣	kòu	(动)	……192
1178.*	靠	kào	(动)	……188	1206.	枯	kū	(形)	……192
1179.	靠近	kàojìn	(动)	……188	1207.	窟窿	kūlong	(名)	……192
1180.	科技	kējì	(名)	……188	1208.	夸	kuā	(动)	……192
1181.	科普	kēpǔ	(名)	……188	1209.	垮	kuǎ	(动)	……192
1182.	壳	ké	(名)	……188	1210.*	跨	kuà	(动)	……192
1183.	可不是	kě bú shì		……188	1211.	快餐	kuàicān	(名)	……194
1184.	可见	kějiàn	(连)	……188	1212.	快活	kuàihuo	(形)	……194
1185.*	可怜	kělián	(形)	……188	1213.*	宽	kuān	(形)	……194
1186.	可巧	kěqiǎo	(副)	……188	1214.	宽阔	kuānkuò	(形)	……194
1187.	可惜	kěxī	(形)	……190	1215.	款待	kuǎndài	(动)	……194

1216.	筐	kuāng	（名）……	194	1220.	况且	kuàngqiě	（连）……194
1217.	狂	kuáng	（形）……	194	1221.	昆虫	kūnchóng	（名）……194
1218.	狂风	kuángfēng	（名）……	194	1222.	*困	kùn	（动）……194
1219.	矿石	kuàngshí	（名）……	194	1223.	阔	kuò	（形）……194

丙 级 词

(A——K)

A

1. 哎哟 āiyō（叹） oh
    哎哟，下雪了！ Oh, it is snowing.
    哎哟，肚子疼！ Oh, my stomach hurts.
2. 唉 āi（叹） well; OK
    唉，太麻烦了！ Well, it is too troublesome.
    去关上窗户！——唉。 "Please close the window." "OK!"
3. 挨 ái（动） endure, suffer
    挨了一顿打 be beaten
    挨淋 be caught in the rain
    挨批评 be criticized
    挨了他一拳 Get a blow from him.
4. 癌 ái（名） cancer
    肺癌 lung cancer
    得癌 get a cancer
5. 安 ān（动、形） install; calm
    安电灯/窗户 install a bulb/install the window
    安不下心来 cannot put one's heart on something
    心安 feel peaceful/tranquil
6. 安定 āndìng（形、动） peaceful, calm; pacify
    安定的生活 peaceful life
    安定情绪/人心 calm oneself/pacify the public
7. 安装 ānzhuāng（动） install
    开始安装 begin to install
    安装电话 install the telephone
8. *按 àn（动） control
    按住怒火 hold back one's anger
9. 按期 ànqī（副） on time
    按期归还/完工 return on time/finish on schedule
10. *暗 àn（形） hidden, secret
    心中暗喜 feel a surge of inmost joy
11. 暗暗 àn'àn（副） secretly
    暗暗下决心 make up one's mind secretly

2

一、请从左页中选择合适的词语填入括号：

1. (　　)！只差一分儿就能上清华大学了。
2. 我好不容易才(　　)下了心中的愤怒。
3. 看台上的秩序一下子(　　)下来。
4. 得了(　　)，不要怕，如果是早期，完全有可能治好。
5. "小王，来帮我一下儿。"——"(　　)。"
6. 没想到(　　)了他一顿骂。
7. (　　)，烫死了！
8. 你跑得太急了，坐下(　　)(　　)神。
9. 他们一天就(　　)好了五台机器。
10. (　　)！都十二点了。
11. 要是实在不能(　　)到校，就打个电话请个假。
12. 我在心里(　　)高兴他没发现。
13. 他一个人坐在墙角里(　　)笑。

二、选择合适的词语填空：

1. ＿＿＿＿＿＿＿的社会环境有利于国家的经济建设。
   A．安全　　　　B．平安　　　　C．安定　　　　D．安稳
2. 你再不及格，又得＿＿＿＿＿＿＿爸爸说了。
   A．忍受　　　　B．受　　　　　C．挨　　　　　D．遭到

三、选择与划线词语意思最相近的解释：

1. 这小孩儿挨打都挨怕了。
   A．遭受　　　　B．靠近　　　　C．拖延时间　　D．困难地生活
2. 他可不是一个安于现状的人。
   A．安装　　　　B．平静　　　　C．安全　　　　D．满足
3. 我再也按不住心里的怒气，和他吵了起来。
   A．依照　　　　B．抑制　　　　C．用手压　　　D．按照
4. 李华的孩子病得很厉害，这两天她总是心神不安。
   A．安全　　　　B．满足　　　　C．舒服　　　　D．安定
5. 听说敌人要来，他们暗暗地把伤员转移了。
   A．暗中　　　　B．黑黑　　　　C．暗　　　　　D．偷偷

12. 熬　áo（动）　　　　　　cook in water
    熬粥　　　　　　　　　　cook congee
    熬得不烂　　　　　　　　not well done
13. 奥秘　àomì（名）　　　　profound mystery
    大自然的奥秘　　　　　　arcana of the nature
    搞清奥秘　　　　　　　　solve a mystery

B

14. 扒　bā（动）　　　　　　hold, cling to
    扒住栏杆　　　　　　　　cling to the handrail/balustrade
    扒下来　　　　　　　　　pull down
15. 把　bǎ（动）　　　　　　hold, guard
    把着手教　　　　　　　　hands-on teaching
    把不住方向盘　　　　　　cannot hold the steering wheel
    把大门　　　　　　　　　guard the entrance
16. *把　bǎ（量）　　　　　　(m.) used of the movement of a hand
    擦一把脸　　　　　　　　wipe one's face
17. 把握　bǎwò（动、名）　　grasp, seize; assurance
    把握一切机会　　　　　　seize opportunities
    对……很有……把握　　be sure of, be certain of …
    把握大/小　　　　　　　very sure/not sure
18. 坝　bà（名）　　　　　　dam
    一道水库大坝　　　　　　a reservoir dam
    修坝　　　　　　　　　　build a dam
19. 罢　bà（动）　　　　　　cease
    罢课　　　　　　　　　　students' strike
    罢官　　　　　　　　　　dismiss from the office
20. 罢工　bà gōng　　　　　strike
    举行罢工　　　　　　　　go on strike
21. *吧　ba（助）　　　　　　interjection to end a sentence or phrase or to indicate hesitation
    比如……吧　　　　　　　for example
    去吧,不好;不去吧,也不好。　It is not good either to go or not to go.

4

一、请从左页中选择合适的词语填入括号：

1. 自然界中有许许多多的（　　）正等着我们去发现。
2. 师傅手（　　）手地教会了我。
3. 商店（　　）市已经一个多星期了。
4. 守门员江津牢牢地（　　）住了中国队的球门。
5. 女儿每天早晨给爸爸把药（　　）好后再去上学。
6. 这条土（　　）年年被水冲毁。
7. 这个州的矿工今年已经（　　）三四次了。
8. 孩子（　　）着车窗看风景。
9. 做这项工作,他非常有（　　）。
10. 就说去年（　　），钢材产量就增加了一倍。

二、选择合适的词语填空：

1. A. 掌握　　　B. 把　　　C. 握着　　　D. 把握

　(1) 由于连续几天几夜的航行,船长已_____不住船舵了。
　(2) 对这门课的知识,我确实_____得不太牢固。
　(3) 她很有_____地抢着回答。
　(4) 小明_____着所有好吃的糖果,不给别的小朋友吃。

2. A. 神秘　　　B. 奥秘　　　C. 神话　　　D. 奇怪

　(1) 科学家们一直在努力探索宇宙的_____。
　(2) 距今已有四五千年历史的埃及金字塔总是给人一种____感。
　(3) 这个古老的民族有着极为丰富优美的_____。

三、选择与划线词语意思最相近的解释：

1. 猴子<u>扒</u>着树枝采果子吃。
　A. 抓住　　　B. 挖　　　C. 爬　　　D. 拔出

2. 大家都替他捏着<u>一把</u>汗。
　A. 握住　　　B. 把手　　　C. 守卫　　　D. 量词,表示手的动作

3. 说<u>吧</u>,不好意思;不说吧,问题又解决不了。
　A. 表示认可　　B. 表示停顿,有两难的意味　　C 表示推测

4. 这个厂长工作极不负责,早该<u>罢</u>了他的职务。
　A. 完了　　　B. 停止　　　C. 免去　　　D. 算了

5

22. 白白 báibái （副） in vain
    白白度过 waste one's time
    白白跑了一趟 make a trip in vain
23. *百 bǎi （数） hundred
    百十本书 about a hundred copies of books
    百把人 about a hundred people
24. 百货 bǎihuò （名） goods
    日用百货 daily necessities
25. 柏树 bǎishù （名） cypress
    种上几棵柏树 plant some cypress trees
26. 摆脱 bǎituō （动） escape from, get rid of
    摆脱掉影响 get rid of bad effect or influence
27. 拜访 bàifǎng （动） call on, visit
    拜访老友 call on an old friend
28. 拜会 bàihuì （动） visit
    前来拜会 come to visit
    拜会总统 meet a president
29. 般 bān （助） like ...
    这般/那般 like this/like that
    暴风雨般的掌声 a thunder of applause
30. 瓣 bàn （名、量） petal; *a measure word*
    花瓣儿 petal
    三瓣儿橘子 three pieces of mandarin orange
31. *半 bàn （数） half
    半分钱都没有 have not a penny
    半……半……/半……不…… *used before two antonyms to indicate the simultaneous existence of two states*
32. 半岛 bàndǎo （名） peninsula
    山东半岛 Shandong Peninsula
33. *办 bàn （动） manage, handle
    办了一批货 handle a batch of goods
34. 办理 bànlǐ （动） handle; transact
    办理手续 go through formalities or procedures

一、请从左页中选择合适的词语填入括号：
1. 工作时，应该努力（　　）所有的干扰。
2. 昨天，我在（　　）公司遇到一位老同学。
3. 把苹果切成四（　　）儿。
4. 上午，吴大使到国宾馆（　　）了来访的李总理。
5. 这次来北京开会，顺便也想去（　　）（　　）老同学。
6. 我把房后那棵（　　）砍掉了。
7. 这个（　　）上的矿产资源相当丰富。
8. 你要抓紧学习，别把时间（　　）浪费掉。
9. 妈妈正在为亮亮（　　）入学手续。
10. 这个零件也就只有米粒（　　）大小。
11. 在严厉的父亲面前，他连（　　）个不字也不敢说。
12. 小王五一结婚时，（　　）了十几桌酒席。
13. 过去，这里的粮食单产量也就是（　　）把来斤。

二、选择合适的词语填空：
1. 这么好的机会_____浪费掉真可惜啊！
　　A. 白的　　B. 白地　　C. 白得　　D. 白白
2. 部分地区的农民至今还没_____掉迷信思想的影响。
　　A. 解脱　　B. 脱离　　C. 摆脱　　D. 脱

三、选择与划线词语意思最相近的解释：
1. 经理嘱咐办的货都齐了吗？
　　A. 料理　　B. 办理　　C. 经营　　D. 采购
2. 今天我连半分钱都没带。
　　A. 一半　　B. 表示量少，一点儿　　C. 不完全
3. 远处传来姑娘银铃般的笑声。
　　A. 种　　B. 样　　C. 一样　　D. 好像

四、将"半……半……、半……不……"填入合适的词中：
1. ＿明＿暗　　2. ＿死＿活　　3. ＿生＿熟
4. ＿真＿假　　5. ＿文＿白　　6. ＿信＿疑
7. ＿中＿西　　8. ＿新＿旧　　9. ＿饥＿饱

35. *帮 bāng（动、名）	assist; side
帮工	helper
鞋帮/菜帮	the sides of shoes/outer leaves of a cabbage, etc.
36. 绑 bǎng（动）	bind
绑结实	bind tightly
把……绑起来	bind something
37. 棒 bàng（名）	stick
一根木棒	a wooden stick
38. 棒 bàng（形）	terrific, strong
真棒	be wonderful
棒小伙儿	a strong guy
39. 磅 bàng（量）	pound
一磅黄油	a pound of butter
40. *包 bāo（名）	protuberance, swelling, lump
碰了个包	get a bump
41. *包 bāo（动）	surround
从四面八方包了上来	surround from all directions
42. 包袱 bāofu（名）	bundle, burden
打开包袱	open a bundle
放下(心理)包袱	get rid of one's psychological burden
43. 包含 bāohán（动）	contain
包含……的道理	contain the truth of …
44. 包围 bāowéi（动）	surround
冲出包围	break the siege
包围城市	surround a city
45. 剥 bāo（动）	shell, peel
剥皮	peel the skin, skin
剥不下来	hard to peel, cannot peel off
46. *薄 báo（形）	thin, poor, infertile, barren
薄田	barren land
47. *保 bǎo（动）	guarantee
保你满意	Your satisfaction is guaranteed.
保质保量	guarantee the quality and quantity

一、请从左页中选择合适的词语填入括号：

1. 方老师的水墨画儿画得（　　）极了。
2. 新娘给每位来宾（　　）了块儿糖。
3. 浓雾（　　）了群山。
4. 这么大的工程难（　　）不出一点儿问题。
5. 刘翻译还没来得及解释就被人（　　）起来了。
6. 他家的地太（　　），收不了多少粮食。
7. 祥林嫂来镇上（　　）短工已有半年了。
8. 睡了一觉起来，腿上被蚊子咬了好几个（　　）。
9. 他的建议（　　）不少合理的因素。
10. 我赶快上前，接过大娘背着的（　　）。
11. 这头小牛大约有300多（　　）。
12. 他在船（　　）上刻了一道，说："我的剑就是从这儿掉下去的。"
13. 部队冲出了敌人的（　　），顺利地过了河。

二、选择合适的词语填空：

1. 所有的人，＿＿＿＿一直持反对意见的刘江，都吃惊地瞪大了眼睛。

　　A. 包围　　　B. 包含　　　C. 包括　　　D. 包

2. 这则广告里＿＿＿＿着很多夸张的词句。

　　A. 包含　　　B. 包裹　　　C. 包括　　　D. 包

三、选择与划线词语意思最相近的解释：

1. 他把行李已经<u>绑</u>好了。

　　A. 系　　　　B. 捆　　　　C. 缠　　　　D. 包

2. 有错误改了就好，不要背上思想<u>包袱</u>。

　　A. 包儿　　　B. 负担　　　C. 责任　　　D. 包裹

3. 猎人们把整个林子严严实实地<u>包围</u>起来了。

　　A. 围困　　　B. 包裹　　　C. 围绕　　　D. 保护

4. 只要你听我的话，<u>保</u>你能考上大学。

　　A. 保持　　　B. 保证　　　C. 保护　　　D. 确保

48. 保管　bǎoguǎn　（动、名）　　take care of; certainly; warehouseman
　　保管资料　　　　　　　　　　safekeep files
　　保管完成任务　　　　　　　　guarantee to complete one's task
　　仓库的保管　　　　　　　　　warehouseman
49. *保留　bǎoliú　（动）　　　　reserve
　　保留意见/观点　　　　　　　keep one's opinions/points of view
50. 保密　bǎo mì　　　　　　　　keep something secret
　　严格保密　　　　　　　　　　keep something a strict secret
　　保密措施　　　　　　　　　　measures to maintain secrecy
51. 保守　bǎoshǒu　（动、形）　　guard; conservative
　　保守秘密　　　　　　　　　　keep something secret
　　保守地估计　　　　　　　　　make a conservative estimation
　　思想保守　　　　　　　　　　conservative ideas/thinking
52. 保险　bǎoxiǎn　（形、动）　　safe; be safe, be bound to
　　很保险的办法　　　　　　　　a very secure way
　　保险没问题　　　　　　　　　assure no problem
53. 保障　bǎozhàng　（动、名）　guarantee; assurance
　　保障供给　　　　　　　　　　guarantee supply
　　必要的保障　　　　　　　　　lack necessary assurance
54. *保证　bǎozhèng　（名）　　　guarantee
　　质量有保证　　　　　　　　　guarantee quality
　　可靠的保证　　　　　　　　　a sure guarantee
55. *饱　bǎo　（形）　　　　　　full, to the full
　　饱览名胜　　　　　　　　　　visit many senic spots
　　饱含着泪水　　　　　　　　　be full of tears
56. 宝　bǎo　（名）　　　　　　　treasure
　　无价之宝　　　　　　　　　　invaluable asset, priceless treasure
　　探宝　　　　　　　　　　　　seek for treasures
57. 宝石　bǎoshí　（名）　　　　precious stone, gem
　　镶着一块红宝石　　　　　　　be inlaid with a piece of ruby
58. *抱　bào　（动）　　　　　　cherish, hold, harbor
　　对……抱有希望　　　　　　　cherish the hope for
　　抱……态度　　　　　　　　　take a ... attitude

一、请从左页中选择合适的词语填入括号：
1. 刀把儿上镶着一颗漂亮的（　　）。
2. 这件事一定要（　　）。
3. 只有发展生产，才能（　　）人民生活。
4. 老虎全身都是（　　）。
5. 饿了两天的汤姆，今天终于可以（　　）餐一顿了。
6. 那是李家多少代以前留下来的传家之（　　）。
7. 他心里（　　）着对未来的美好愿望。
8. 每个军人都应该自觉地（　　）国家的军事秘密。
9. 他向我做出过好几次（　　），可每次都没做到。
10. 最（　　）的办法就是等病完全好了再出院。
11. 爸爸在家里从不（　　）对任何事物的看法。
12. 秘书把这些文件（　　）好了。

二、选择合适的词语填空：
1. 这件事很重要，你千万要为我_____。
　　A. 机密　　　B. 保密　　　C. 秘密　　　D. 保守
2. 他很_____，不愿意学习新东西。
　　A. 保密　　　B. 保护　　　C. 保守　　　D. 保险
3. 只要努力学习，_____你能很快地掌握这门技术。
　　A. 保险　　　B. 保障　　　C. 一定　　　D. 保守
4. 定期给孩子们做体检是儿童健康的_____。
　　A. 保守　　　B. 保险　　　C. 保护　　　D. 保障
5. 即使工作再忙，也要_____八小时的睡眠。
　　A. 保障　　　B. 保证　　　C. 保护　　　D. 保守

三、选择与划线词语意思最相近的解释：
1. 留学生们都希望利用假期饱览中国的大好河山。
　　A. 饱满　　　B. 吃够了　　C. 充分；充足地　　D. 更多地
2. 他的肺癌已经到了晚期，大夫们都不抱什么希望了。
　　A. 用手臂围着　B. 带着　　C. 心里存着　　D. 初次得到

11

59. 报 bào （动）	report
报上名字	report one's name
报火警	give a fire alarm
报时间	tell the current time
60. 报仇 bào chóu	revenge
找……报仇/为……报仇	revenge for
报不了仇	fail to revenge
61. 报酬 bàochou （名）	reward, pay
报酬高	high pay
得到报酬	get paid
62. 报复 bàofù （动、名）	retaliate; revenge
对……进行报复	revenge on ...
63. 报刊 bàokān （名）	newspaper & periodicals
阅读报刊	read newspaper
旧报刊	old newspaper & periodicals
64. 报社 bàoshè （名）	news agency
一家报社	a newspaper office
报社(的)记者	reporter, journalist
65. 暴露 bàolù （动）	expose, reveal
暴露秘密/真相	reveal the secret/truth
66. 爆发 bàofā （动）	burst out/break out
爆发出一阵掌声	an explosion of applause
火山爆发	volcano eruption
67. 爆炸 bàozhà （动）	explode, detonate, blast
炮弹爆炸	bomb exploded
引起爆炸	induce explosion
68. 暴雨 bàoyǔ （名）	thunderstorm
下了一场暴雨	have had a heavy thunderstorm
大暴雨	heavy thunderstorm
69. *北方 běifāng （名）	north, northern part of the country
北方人/北方话	northerner/northern dialect

一、请从左页中选择合适的词语填入括号：

1. 他在一家很有名的（　　）当编辑。
2. 老师们把学生上课的情况（　　）到了办公室。
3. 喜欢吃面食是中国（　　）居民的饮食习惯。
4. 人群中（　　）出一片欢呼声。
5. 老刘出了事故，小王已经给他家（　　）信儿去了。
6. 你发现的情况（　　）出我们工作中的很多问题。
7. 上次的事李明一直记在心里，总想找机会（　　）他一下。
8. 干得多的人得到的（　　）自然就多些。
9. 他写的文章经常在（　　）上发表。
10. 他从来不计较（　　）的多少。
11. 1964年10月，我国成功地（　　）了第一颗原子弹。
12. 持续了一个星期的（　　）引起了山洪。
13. 他在十年后终于为父亲（　　）了（　　）。

二、选择合适的词语填空：

1. 仓库被盗的事我已经到派出所_____过案了。
   A. 通知　　B. 报道　　C. 报到　　D. 报

2. 每天的新闻联播节目都要_____一些国内外的重大事件。
   A. 报社　　B. 报到　　C. 报刊　　D. 报道

3. 老李怎么能这样_____提意见的同志呢？
   A. 报酬　　B. 报仇　　C. 报复　　D. 报

4. 我们一定要替死去的同志_____。
   A. 报复　　B. 报仇　　C. 报答　　D. 回报

5. 借着_____的火光，他发现自己受伤了。
   A. 暴露　　B. 爆发　　C. 爆炸　　D. 暴发

6. 这些矛盾近几年都陆续_____了出来。
   A. 暴露　　B 爆发　　C. 暴发　　D. 爆炸

7. 李教授无论如何也没想到战争_____得如此之快。
   A. 爆炸　　B. 爆发　　C. 突发　　D. 爆

13

70. 悲哀 bēi'āi （形） sad, sorrowful
    悲哀的神情 sad expression
    忘掉悲哀 forget one's sadness
71. 悲观 bēiguān （形） pessimistic
    悲观的态度 pessimistic attitude
    情绪悲观 pessimistic mood
72. 背包 bēibāo （名） backpack
    一个白背包 a white backpack
73. 辈 bèi（名、量） generation; lifetime
    长辈/晚辈 senior/junior
    一辈人 a generation
74. *背 bèi （名、动） back; recite
    刀背儿 the blunt edge of a knife
    背书 recite a text
    背不下来 fail to recite ...
75. *背后 bèihòu （名） back
    背后议论别人 talk behind one's back
76. 背景 bèijǐng （名） background, backdrop
    舞台的背景 stage decor
    设计背景 design a background
77. 背诵 bèisòng （动） recite
    背诵一段课文 recite a section of a text
    认真背诵下来 recite in earnest
78. 背心 bèixīn （名） vest
    一件棉背心 a cotton-padded vest
79. 被动 bèidòng （形） passive
    被动的局面 passive situation
    感到/摆脱被动 feel passive/get rid of passiveness
80. 被迫 bèipò （动） be forced
    被迫同意/接受 be forced to consent to do/to accept

一、请从左页中选择合适的词语填入括号：
 1．我在秀水市场买了一个双肩背的（　　）。
 2．当面不说，（　　）乱说的人永远不受欢迎。
 3．妈妈为我织的毛（　　）破了一个洞。
 4．后来全镇的人们几乎都能（　　）她的话，一听就厌烦得头痛。
 5．这场戏的（　　）是秋高气爽的蓝天和金色的田野。
 6．敌人（　　）放下了武器。
 7．隔壁隐隐约约地传来一阵阵（　　）的哭声。
 8．不少经济学家对目前国内的经济运行状况持（　　）看法。
 9．他家几（　　）都是农民。
 10．如果这样，就很可能使我方处于（　　）。

二、选择合适的词语填空：
 1．读完这封信，他心里突然涌起一种无法摆脱的_____。
   A．悲　　　　　　B．悲观　　　　　C．悲惨　　　　　D．悲哀
 2．试验一次又一次地失败使得大家的心情格外_____。
   A．悲痛　　　　　B．悲哀　　　　　C．悲观　　　　　D．不舒服
 3．我劝他不要为死者过分_____。
   A．悲观　　　　　B．悲痛　　　　　C．疼痛　　　　　D．痛
 4．当面讲的是一套，_____讲的又是一套。
   A．背　　　　　　B．辈　　　　　　C．背后　　　　　D．后边
 5．每次总是人家提出来你才做，这样太_____了。
   A．被迫　　　　　B．被动　　　　　C．被逼　　　　　D．消极
 6．这家公司由于债务问题严重，_____宣布破产了。
   A．被动　　　　　B．急迫　　　　　C．逼迫　　　　　D．被迫

三、选择与划线词语意思最相近的解释：
 1．已经快上演了，台词还没背熟。
   A．身体的一部分　　B．物体的反面　　C．背诵　　　　　D．违背
 2．在大家的帮助下，小王克服了悲观情绪，重新振作起来。
   A．消极、缺乏信心　B．痛苦　　　　　C．难过　　　　　D．伤心

81. 奔 bēn/bèn （动）	run quickly, race, head for
向……奔(bēn)去	run towards
狂奔(bēn)	run frenetically
直奔(bèn)……	run straightly ahead towards
82. 奔跑 bēnpǎo （动）	run
拼命地奔跑	run desperately
83. *本 běn （名）	capital
赔了本儿	run a business at a loss
够本儿	break even
84. 本人 běnrén （代）	oneself
我本人	I myself
他本人	he himself
85. 本身 běnshēn （代）	itself
这幅画本身	the paint itself
问题本身	the problem itself
86. *笨 bèn （形）	stupid, awkward, bulky
样子太笨	bulky apperence
87. 甭 béng （副）	don't need to
甭说	needless to say
甭提多……了	don't need to mention how …
88. *逼 bī （动）	approach
逼向球门	press on towards the goal
直逼过来	approach directly towards
89. *比 bǐ （动）	draw an analogy
把……比作……	compare … to …
90. 比方 bǐ fang （名、动）	analogy; suppose
打个比方	by way of analogy
比方说……	for instance, for example
91. *笔 bǐ （量）	a sum, an amount
一笔钱/账	a sum of money/accounts
写一笔好字	(have) a good handwriting

一、请从左页中选择合适的词语填入括号：

1. 父亲死后给他留下了一（　　）可观的遗产。
2. 我们常用鱼和水的关系来（　　）解放军和人民的关系。
3. 买卖刚开业，连（　　）都还没收回来呢。
4. 见军舰一步步地（　　）了上来，渔船上的一些人开始慌张起来。
5. 我们把解放军和人民（　　）作鱼和水的关系。
6. 他的先进事迹，还是由他（　　）来讲吧。
7. 刘副市长坐上汽车直（　　）八达岭长城。
8. 事实（　　）就有力地证明了这一点。
9. 这两天四处（　　）打听，总算得到一点儿消息。
10. 听到这个消息（　　）提他有多高兴了。
11. 这些家具太（　　）了，搬起来实在不方便。

二、选择合适的词语填空：

1. 看着操场上尽情_____的同学们，我真是羡慕极了。
   A．奔　　　　　B．奔走　　　　C．奔跑　　　　D．奔腾
2. 自然科学和生产技术_____是没有阶级性的。
   A．本人　　　　B．自己　　　　C．自个儿　　　D．本身
3. 说他急得像热锅上的蚂蚁，这个_____再恰当不过了。
   A．比方　　　　B．比　　　　　C．比如　　　　D．比较

三、选择与划线词语意思最相近的解释：

1. 接到男朋友打来的电话后，小梅高高兴兴地直奔(bèn)电影院。
   A．急跑　　　　B．直接向目的地走去　　C．接近　　D．向、往
2. 本厂负责培训技术人员。
   A．表示自己方面的　　B．本子　　　C．本钱　　　D．说话人自己
3. 一切对身体有害的事我们都不该做，比方吸烟、喝酒等等。
   A．比如　　　　B．举例　　　　C．比　　　　　D．例子
4. 这些笨东西搬起来很困难。
   A．傻　　　　　B．大而重　　　C．不灵巧　　　D．不聪明
5. 我看明天你就甭去了。
   A．不必须　　　B．不需要　　　C．不一定　　　D．不该

17

92. 彼此　bǐcǐ　（代）　　　　　each other
　　　不分彼此　　　　　　　　share everything between each other
　　　彼此帮助　　　　　　　　help each other
93. 毕竟　bìjìng　（副）　　　　after all
　　　毕竟有限　　　　　　　　There is a limit after all.
　　　他毕竟还是孩子。　　　　After all he is still a child.
94. 闭幕　bì mù　　　　　　　　the curtain falls, close
　　　会议闭幕　　　　　　　　close/end a conference
　　　闭幕词　　　　　　　　　closing speech
95. *必　bì　（副）　　　　　　certainly, surely
　　　必有原因　　　　　　　　There must be some reasons.
　　　必读的书　　　　　　　　a must book
　　　必经之路　　　　　　　　the only way/route
96. 必定　bìdìng　（副）　　　　certainly, undoubtedly, surely
　　　必定要失败　　　　　　　be doomed to fail
97. 必修　bìxiū　（动）　　　　required, obligatory
　　　必修课/专业　　　　　　　a required course/subject
98. 必需　bìxū　（动）　　　　　essential
　　　必需的原料　　　　　　　essential materials
　　　最必需的条件　　　　　　necessary conditions
99. *边　biān　（名）　　　　　boundary
　　　没边儿　　　　　　　　　immense, boundless, vast
　　　无边的大海　　　　　　　the vast sea
　　　三角形的边　　　　　　　the sides of a triangle
100. 边疆　biānjiāng　（名）　　frontier, border, borderland
　　　保卫边疆　　　　　　　　guard the border
　　　边疆城市　　　　　　　　border city
101. 边界　biānjiè　（名）　　　borderline
　　　两国的边界　　　　　　　the borderline of two countries
　　　边界问题　　　　　　　　border issue
102. 边缘　biānyuán　（名）　　edge, margin
　　　边缘地带/科学　　　　　　edge zone/marginal science
　　　危险的边缘　　　　　　　border of danger

一、请从左页中选择合适的词语填入括号：

1. 这话说得可太没（　　）儿了。
2. 天山是中国西北（　　）的一条大山脉。
3. 这是一门新兴的（　　）学科。
4. 每学期都有五门（　　）课。
5. 两国之间的（　　）是早就划定了的。
6. 演出在观众热烈的掌声中（　　）了（　　）。
7. 他这么一再反对，（　　）有他的理由。
8. 卡车上装满了救灾（　　）的物资。
9. 要做到有法（　　）依，违法（　　）究并不容易。
10. 精神食粮也是人们所（　　）的。
11. 老朋友多年后相见，（　　）都很激动。
12. （　　）还是年轻，经验还差了点儿。

二、选择合适的词语填空：

1. 中国有句话叫"骄兵＿＿＿＿败"。
    A．必定　　　B．必　　　C．必然　　　D．一定

2. 这场灾难又一次将他们推到死亡的＿＿＿＿。
    A．边儿　　　B．边界　　　C．边疆　　　D．边缘

3. 草地的＿＿＿＿种着各种各样鲜艳的花儿。
    A．边儿　　　B．边疆　　　C．边缘　　　D．边界

4. 工作中有困难、有矛盾，这是＿＿＿＿的。
    A．必定　　　B．必然　　　C．必　　　D．必需

5. 防护林＿＿＿＿是并行排列的许多林带。
    A．必需　　　B．必须　　　C．必要　　　D．需要

6. 你的身体已完全恢复，没有再住院的＿＿＿＿了。
    A．必然　　　B．必定　　　C．必需　　　D．必要

7. 不要讲什么＿＿＿＿了，需要什么就拿什么吧。
    A．相互　　　B．互相　　　C．彼此　　　D．双方

8. 这个问题你＿＿＿＿想不想回答？
    A．毕竟　　　B 终于　　　C．究竟　　　D．终究

103. 笔试　bǐshì　（名）　　　written exam
　　　参加笔试　　　　　　　　take a written exam
　　　笔试答卷　　　　　　　　answer sheet of a written exam
104. 壁　bì　（名）　　　　　　wall
　　　四壁　　　　　　　　　　four walls
　　　墙壁　　　　　　　　　　wall
　　　壁柜　　　　　　　　　　closet, cabinet
105. *编　biān　（动）　　　　 edit, compose
　　　编故事　　　　　　　　　make a story
　　　编号　　　　　　　　　　number
　　　编在三班　　　　　　　　assign to Class 3
106. 编辑　biānjí　（动、名）　edit; editor
　　　编辑资料　　　　　　　　edit data
　　　有经验的编辑　　　　　　senior editor
107. 编制　biānzhì　（动）　　 develop, make, weave
　　　编制出计划/规则　　　　 make/develop plans/rules
　　　编制竹筐　　　　　　　　weave bamboo baskets
108. *便　biàn　（副）　　　　 just/soon afterwards
　　　明天便能到达　　　　　　will arrive tomorrow
109. 便利　biànlì　（形、动）　convenient; facilitate
　　　交通便利　　　　　　　　convenient transportation
　　　便利群众　　　　　　　　provide convenience to people
110. 便于　biànyú　（动）　　　make it easy
　　　便于学习　　　　　　　　make it easy to learn
　　　便于学生操作　　　　　　make it easy for the students to operate
111. 变动　biàndòng　（动、名）change; alter
　　　价格变动　　　　　　　　change the price
　　　作一些大变动　　　　　　make great changes
112. 变革　biàngé　（动、名）　transform; transformation
　　　变革制度　　　　　　　　transform the system
　　　一场社会变革　　　　　　social transformation
113. 辩论　biànlùn　（动、名）　debate
　　　激烈地辩论　　　　　　　heated debate
　　　展开一场大辩论　　　　　start a large-scale debate

一、请从左页中选择合适的词语填入括号：
 1.如果有（　　），我们马上通知你。
 2.我们的国家正处于伟大的（　　）中。
 3.天还没亮,他（　　）动身出发了。
 4.将这位著名作家历年的优秀作品（　　）成书,出版社下了不少功夫。
 5.教学大纲的（　　）工作进展得十分顺利。
 6.建立这套系统是为了加强控制,（　　）及时发现问题。
 7.新修的煤气管道（　　）了居民的生活。
 8.那是他（　　）的,你千万别信。
 9.四面白（　　）光秃秃的,挂上两幅画儿就好看了。
10.为了工作的（　　）,我买了台电脑。
11.（　　）已经合格,还要接受口试。
12.大家都（　　）不过阿凡提。

二、选择合适的词语填空：
 1.A.争吵　　　　B.争论　　　　C.辩论　　　　D.议论
　(1)专家们用有力的证据同对方_____起来。
　(2)小王两口子常为一点儿小事_____,有时甚至还动起手来。
　(3)_____的双方都不肯让步。
　(4)他的做法引来了很多人的_____。
 2.图书馆把报纸杂志放在书架上,_____了学生阅读。
　A.便于　　　　B.便宜　　　　C.容易　　　　D.便利
 3.请大家不要_____原来的位置。
　A.变成　　　　B.变革　　　　C.变动　　　　D.变化

三、选择与划线词语意思最相近的解释：
 1.铺这条路为对方建设使馆提供了<u>便利</u>。
　A.便于　　　　B.方便　　　　C.便　　　　　D.容易
 2.我也终于熬不到暑假,五月<u>便</u>离开了广州。
　A.就　　　　　B.便利　　　　C.容易　　　　D.所以
 3.每讲完一课,李老师都要自己<u>编</u>一些练习给学生。
　A.编写　　　　B.编辑　　　　C.编制　　　　D.编导

114. 标语 biāoyǔ （名） slogan
贴一条标语 post a slogan
115. 标志 biāozhì （动、名） mark; sign
标志着新阶段的开始 mark the beginning of a new phase
带有……的标志 with the mark of ...
116. 表情 biǎoqíng （名） expression
表情丰富/自然 rich/natural expression
流露出痛苦的表情 a sad look, look miserable
117. *表现 biǎoxiàn （动） show off
好(hào)表现自己 love to show off
118. 别 bié （动） leave, say good-bye, bid farewell
别了家人 leave one's family
一别十年 leave for ten years
119. 别处 biéchù （名） other place, elsewhere
住在别处 live elsewhere
别处的书店 book stores elsewhere
120. 别字 biézì （名） wrongly written or mispronounced word
写别字 write the character wrong
121. *兵 bīng （名） about war or military affairs
兵法 art of war
纸上谈兵 an armchair strategist, empty talk
122. 冰棍儿 bīnggùnr （名） ice-lolly
吃冰棍儿 suck an ice-lolly
买几根冰棍儿 buy several ice-suckers
123. 柄 bǐng （名） handle, stem (of a flower, leaf or fruit)
刀柄/叶柄 knife handle/leafstalk
124. 丙 bǐng （名） the third of Ten Heavenly Stems, C
甲、乙、丙三组 groups A, B, and C
125. 饼 bǐng （名） pancake sth. shaped like a pancake
烙(lào)一张大饼 cook a Chinese pancake
柿饼 dried persimmon

一、请从左页中选择合适的词语填入括号：

1．你再好好想想，是不是放在(　　)了。
2．就这样，陆涛(　　)了生活了16年的家乡，踏上了海外求学的道路。
3．道路两旁常见"严禁酒后开车"一类的(　　)。
4．绿灯是通行的(　　)。
5．天气闷热，走在路上渴了，就买了根(　　)。
6．汉语水平考试的词语分为甲乙(　　)丁四级。
7．满篇的(　　)，这哪像一个大学生写的东西呀！
8．这孩子朗诵课文时很有(　　)。
9．小英就喜欢在人多的场合(　　)自己。
10．中国古代的(　　)法至今仍很有参考价值。
11．柿(　　)是冬季孩子们最爱吃的零食。
12．这把剑的剑(　　)上有一颗红宝石，非常漂亮。

二、从下列所给词语中选择合适的填空：

1．标记　　标志　　标语　　符号

(1)他虽然逃了出来，可脸上犯人的_____却是藏不住的。
(2)墙上的_____是当年红军留下来的。
(3)不同的文字，标点_____也不同。
(4)纸是人类文明的_____。

2．出现　　表现　　体现　　显示

(1)陶器的发明和使用是人类文明进步的一大_____。
(2)比赛前半个小时，运动员已经_____在运动场上了。
(3)他刚学会了太极拳，正想找机会_____呢。
(4)实验_____出的结果很不理想。

三、量词练习：

1．一(　　)黄油　　2．一(　　)宝石　　3．一(　　)大坝　　4．一(　　)柏树
5．一(　　)必修课　6．一(　　)表情　　7．一(　　)棒子　　8．一(　　)橘子
9．一(　　)暴雨　　10．一(　　)背心　11．一(　　)好字　　12．一(　　)账

126. 病床 bìngchuáng （名）		sickbed
	搬来一张新病床	move in a new sickbed
127. 病情 bìngqíng （名）		the condition of an illness
	病情好转	become better
128. *并 bìng （副、连）		*used before a negative for emphasis*, and
	他的英语并不好。	His English is not good at all.
	讨论并通过	be discussed and passed
129. 剥削 bōxuē （动、名）		exploit; exploitation
	剥削工人	exploit workers
	残酷的剥削	ruthless/cruel exploitation
	受剥削	endure exploition
130. 播 bō （动）		sow, plant, broadcast
	播种子	plant seeds
	播出一条新闻	broadast a piece of news
131. 播送 bōsòng （动）		broadcast
	播送音乐/节目	broadcast music/program
132. 拨 bō （动）		move with hand, foot, stick, etc.
	拨电话	dial
	把手表拨快	set forward one's watch
133. 波浪 bōlàng （名）		wave
	卷起波浪	the waves rolled on
	巨大的波浪	huge waves
134. 菠菜 bōcài （名）		spinach
	炒(一)盘菠菜	cook a plateful of spinach
	凉拌菠菜	spinach salad
135. 博士 bóshì （名）		doctor
	博士论文	a doctoral dissertation
	获得博士学位	get a doctoral degree
136. 博物馆 bówùguǎn （名）		museum
	一座古老的博物馆	an ancient museum
	参观博物馆	visit a museum

一、请从左页中选择合适的词语填入括号：
1. 虽然遇到连续几天的暴风雨，但新闻节目仍然正常地（　　）。
2. 学校的（　　）被许多棵松柏包围着，显得十分安静。
3. 应该24小时观察病人的（　　）变化。
4. 这孩子几筷子就把菜（　　）了一桌子。
5. 夏天，妈妈常给我们做凉拌（　　），特别爽口。
6. 过去，他受尽了地主的（　　）和压迫。
7. 今年春天来得早，要提前（　　）下水稻种子。
8. 大风卷起巨大的（　　）不断地冲击着江岸。
9. 地震发生后，各家医院的（　　）都显得十分紧张。
10. 他是我们几个朋友中第一位（　　）。
11. 他说懂了，其实他（　　）未懂。

二、选择合适的词语填空：
1. A．播送　　　　B．广播　　　　C．传播　　　　D．播
  (1)这家电台的新闻节目＿＿＿＿迅速、及时，深受听众喜爱。
  (2)现在人们对中央电视台插＿＿＿＿广告的意见越来越多。
  (3)现代社会已经无法想像没有＿＿＿＿电视的日子会是什么样子的。
  (4)随着科技的发展，卫星技术为我们提供了＿＿＿＿信息的新方法。
2. A．波　　　　B．波浪　　　　C．波涛
  (1)海面上平静得连一点儿＿＿＿＿纹也看不见。
  (2)听了他这番话，我心中的＿＿＿＿久久不能平静。
  (3)物体振动就会产生＿＿＿＿。
  (4)一个接一个的＿＿＿＿撞击着船身。

三、选择与划线词语意思最相近的解释：
1. A．两个动作先后进行　　B．同时进行　　C．合在一起
  (1)他三步并成两步，冲了过来。（　　）
  (2)没想到，厂长完全同意了我的设计方案，并给我安排了两个助手。（　　）
  (3)学习要手脑并用，才能学得好、记得住。（　　）
2. 猎人小心地拨开草丛，发现了野兔的洞口。
  A．调配　　　　　B．掉转　　　　　C．分出一部分　　D．用手脚使东西移动

137. 薄弱　bóruò　（形）　　weak
　　　意志薄弱　　　　　　　weak willpower
　　　薄弱的基础　　　　　　shaky foundation
138. *补　bǔ　（动）　　　　make up
　　　补上缺的课　　　　　　make up the missed lessons
　　　补不回来　　　　　　　cannot be regained
139. 不安　bù'ān　（形）　　uneasy, sorry, worried, ill at ease
　　　内心十分不安　　　　　feel sorry/guilty/worried
　　　感到很不安　　　　　　feel very uneasy
140. 不比　bùbǐ　（动）　　　unlike, different, uncomparable
　　　现在不比从前　　　　　It is different now from the former times.
141. 不曾　bùcéng　（副）　　never
　　　不曾去过　　　　　　　have never been there
142. 不对　bùduì　　　　　　wrong, incorrect
　　　说得不对　　　　　　　say something wrong
　　　神情不对　　　　　　　strange expression
143. 不够　bùgòu　（形）　　 not enough
　　　不够礼貌　　　　　　　not very polite
　　　准备得不够　　　　　　not well prepared
144. 不顾　bùgù　（动）　　　ignore
　　　不顾危险　　　　　　　ignore the danger
　　　不顾一切　　　　　　　disregard everything, desperate
145. *不好意思　bù hǎoyìsi　feel embarrassed
　　　不好意思拒绝　　　　　unable to refuse/decline
　　　不好意思不去　　　　　feel obliged to go
146. 不见　bùjiàn　（动）　　not see, not meet
　　　好久不见了　　　　　　Haven't see you for a long time.
　　　手表不见了　　　　　　The watch is missing.
147. 不见得　bù jiàndé　　　not likely
　　　不见得对　　　　　　　It's not likely to be correct.
　　　不见得下雨　　　　　　It's not likely to rain.

一、请从左页中选择合适的词语填入括号：

1．我有什么（　　）的地方，请你批评。
2．几年（　　），你胖得我都认不出来了。
3．我们现在做得还很（　　），要想达到预期的目标，还要继续努力。
4．工作中难免出漏洞，但发现后一定要及时（　　）上。
5．入秋以后就（　　）夏天了，要多穿点儿衣服。
6．听到这个消息我心里很是（　　）。
7．王平（　　）父母、妻子的反对，坚持让孩子去打工。
8．这个厂由于技术力量（　　），产品质量始终上不去。
9．人家再三邀请，我实在是（　　）推辞了。
10．药吃多了，对病（　　）好。
11．来北京五年了，可我还（　　）听过京剧。

二、选择合适的词语填空：

1．A．薄弱　　　　B．软弱　　　　C．虚弱　　　　D．衰弱
（1）你的病刚好，身体还很_____，可要注意休息。
（2）听、说练习一直是中学生外语学习的_____环节。
（3）如果你不去，别人就会以为你是一个_____怕事的胆小鬼。
（4）长期用脑过度，很容易得神经_____。

2．A．不安　　　　B．不平　　　　C．担心
（1）这几天工程进展很不顺利，可刘经理好像并不_____。
（2）听着窗外阵阵的雷声，妈妈开始_____起来。
（3）对事情的处理结果，人们都感到愤愤_____。
（4）天气闷热使人感到烦躁_____。

三、选择与划线词语意思最相近的解释：

1．你不是学理科的吗，正好帮我<u>补</u>一补数学。
　　A．修补　　　B．补习　　　C．补养　　　D．增添
2．上次是我做得不对，到现在我的心里仍然感到很<u>不安</u>。
　　A．担心　　　B．惭愧　　　C．不平　　　D．烦躁
3．这个问题我回答不了，他也<u>不见得</u>能回答。
　　A．不一定　　B．不会　　　C．不必　　　D．看不见

148.	不禁 bùjīn （副）	cannot help doing something
	不禁想起……	cannot help thinking
	不禁鼓起掌来	cannot help applauding
149.	不觉 bùjué （副）	unaware, unconscious
	不觉天已黑了	not realize it is dark already
	不觉一天又过去了	The day passed without one's awareness.
150.	不可 bùkě	cannot
	不可避免	cannot avoid
	非去不可	have to go
151.	不利 bùlì （形）	unfavourable
	对……不利	be in the disadvantage, unfavorable to
152.	不料 bùliào （副）	unexpectedly
	我以为很容易,不料他却干了三天。	I thought it would be easy, but, unexpectedly, he has worked on it for three days.
153.	不满 bùmǎn （动、形）	less/fewer than; discontented/dissatisfied
	不满一年	less than one year
	对……很不满	be very dissatisfied with …
154.	不免 bùmiǎn （副）	cannot help, unavoidable
	心中不免着急	cannot help being anxious
155.	*不平 bùpíng （名）	indignation, sense of injustice
	心中的不平	resentment, anger
156.	不是 bùshì （名）	fault, blame
	赔不是/担不是	aplologize, take the blame
157.	不是……而是……	it is not that … but that …
	bùshì…… érshì……	
	他不是不想去,而是没时间。	It is not that he does not want to go but that he has no time.
158.	不是……就是……	either … or …
	bùshì……jiùshì……	
	不是星期六,就是星期天。	either Saturday or Sunday
	整天不是吃,就是玩儿。	either eat or play all day long
159.	不停 bù tíng	unceasingly; continuous, endless
	不停地笑	laugh on and on
	吵个不停	quarrel endlessly

一、请从左页中选择合适的词语填入括号：
 1.目前的情况对我公司极为(　　)。
 2.我们的民主(　　)属于少数人的,(　　)属于绝大多数人的。
 3.这孩子从早到晚哭个(　　),真烦人。
 4.听了他的介绍,老李感到非得亲自去一趟(　　)了。
 5.看着满院杂乱的东西,又想起祖母,眼泪(　　)流了下来。
 6.大家以为他会同意,(　　)他却提出了许多意见。
 7.受到这种待遇,同事们都为他鸣(　　)。
 8.他是上海人,说普通话(　　)会带些方言。
 9.两人边吃边聊,(　　)天已黑了。
 10.我有心想帮帮他吧,可就怕将来落个(　　)。
 11.她还有一个(　　)两岁的孩子呢。
 12.这小姑娘整天(　　)唱(　　)跳,活泼极了。
 13.(　　)过分责备你的姐姐,她已经尽力了。

二、选择合适的词语填空：
 1. A. 不禁　　B. 不料　　C. 不觉　　D. 不免
  (1)今天本来打算出门,_____ 却下起雨来了。
  (2)时间过得真快,_____ 一个学期又过去了。
  (3)他是第一次当着那么多的人讲话,_____ 有些紧张。
  (4)听他这么一说,同学们 _____ 大笑起来。
 2. A. 不满　　B. 不利　　C. 不是　　D. 不停
  (1)如果你能帮他却不帮,那就是你的 _____ 了。
  (2)从这个项目一开始,他就有 _____ 情绪。
  (3)这里的环境 _____ 于我们公司的经营。
  (4)刚回城里的那几年,他 _____ 地找呀、问呀,可都没有消息。
 3.我可 _____ 来享受的, _____ 来工作的,不用这样照顾我。
  A.既……又……　　B.不是……就是……　　C.不仅……而且……　　D.不是……而是……

三、选择与划线词语意思最相近的解释：
 1.赶了一天的路,<u>不免</u>有些疲劳。
  A. 不禁　　　　B. 不可避免　　　　C. 不由得　　　　D. 不得不

160. 不像话　bù xiànghuà　　unacceptable, very bad, scandalous
　　　你又迟到了,太不像话了。　　You are late again. It's just outrageous.
161. *不行　bùxíng　（形）　　not good; *used after* 得 *to indicate extreme degree*
　　　　　　　　　　　　　　very tired, exhausted
　　　累得不行　　The style is not good.
　　　样式不行　　uncertain, undecided
162. *不一定　bù yīdìng　　It's uncertain whether sb. will come or not.
　　　来不来还不一定　　can't help doing sth.
163. 不由得　bùyóude　（副）　　can't help thinking …
　　　不由得想起……　　not care
164. 不在乎　bùzàihu　　not care a bit about …
　　　对……满不在乎　　so-so, indifferent
165. 不怎么样　bù zěnmeyàng　　This movie is just so-so.
　　　这部电影不怎么样。　　incessantly, endlessly
166. 不止　bùzhǐ　（动）　　keep on laughing
　　　大笑不止　　I've seen this film more than once.
　　　这部电影我看过不止一次。　　not only
167. 不只　bùzhǐ　（连）　　This is not just my opinion.
　　　这不只是我个人的意见。　　inadequate, lacking
168. 不足　bùzú　（形）　　lack experience
　　　经验不足　　notice, bulletin
169. 布告　bùgào　（名）　　post a notice
　　　贴了一张布告　　assign
170. *布置　bùzhì　（动）　　assign a task/homework
　　　布置任务/作业　　condition
171. *步　bù　（名）　　get into such a wretched state
　　　落到这步田地　　procedure, steps
172. 步骤　bùzhòu　（名）　　management procedures
　　　管理步骤
　　　有步骤地进行　　carry through step by step
　　　　　　　　　　map out, lay out, deploy; deployment
173. 部署　bùshǔ　（动、名）　　map out work
　　　部署工作
　　　战斗部署　　deployment for a military operation

一、请从左页中选择合适的词语填入括号：

1. 这幅画儿的构图还不错,就是色彩(　　)。
2. 这么办,(　　)省钱,而且省事。
3. 只要妻子不在家,这家里就乱得(　　)。
4. 主任在电话里详细地(　　)了下一步的工作安排。
5. 这活儿什么时候做完还(　　)。
6. 看到眼前一片片金黄的麦田,心中(　　)充满喜悦。
7. 他(　　)一次提到过安全问题,但是没有引起足够的重视。
8. 辛苦劳累我(　　),只希望能把工作做好。
9. 改革前,这里的农民年人均收入还(　　)三百元。
10. 国防部决定不再向海外(　　)武装力量。
11. 听说李主任的病已经到了晚期,恐怕快(　　)了。
12. 想不到会落到这一(　　)。
13. 这是增产的一个具体(　　)。

二、选择合适的词语填空：

1. A. 不只　　　B. 不止　　　C. 不停

   (1) 这水库给附近村子带来的好处_____是在灌溉方面。
   (2) 他的伤势很重,伤口流血_____。
   (3) 要做好工作,_____要有责任心,还要有科学态度。

2. A. 布告　　　B. 通知　　　C. 布置　　　D. 公布

   (1) 对了,忘了_____你了,会议日程有变动。
   (2) 这房子_____起来还真漂亮。
   (3) 食堂的账目每月_____一次。
   (4) 别着急,我看了_____,你这次很有希望。

三、选择与划线词语意思最相近的解释：

1. 没想到有这么多人参加,这一点我们事先估计<u>不足</u>。

   A. 不够　　　B. 不值得　　　C. 不满　　　D. 不能

2. 小刘身体素质真<u>不行</u>,才跑了两圈就累得喘不上气来了。

   A. 不可以　　　B. 坚持不住　　　C. 不好　　　D. 不被允许

C

174. *擦 cā （动） rub, scratch
    擦破了手 one's hand got scratched
175. 猜想 cāixiǎng （动、名） guess; conjecture
    反复猜想 keep guessing
    无根据的猜想 a wild guess
176. 裁缝 cáifeng （名） tailor, dress-maker
    当个好裁缝 be a good tailor
177. 裁判 cáipàn （动、名） judge, referee, umpire
    裁判一桩案子 give verdict on a case
    裁判得不公平 an unfair call
    足球裁判 a referee for football games
178. 才 cái （名） ability, talent
    多才多艺 versatile, talented
179. *才 cái （副） *used for emphatic assertion (often followed by* 呢 *at the end of a negative sentence*)
    我才不去呢！ I definitely won't go.
180. 才能 cáinéng （名） talent
    施展他的管理才能 exercise his managerial talent
181. 财产 cáichǎn （名） property
    国家/私有财产 state/private property
182. 财富 cáifù （名） wealth
    创造精神财富 create intellectual wealth
183. 财政 cáizhèng （名） finance
    国家财政部门 the state financial administration
184. *采 cǎi （动） mine, extract
    采矿/采煤 mining/coal mining
185. 餐车 cānchē （名） dining car
186. 参考 cānkǎo （动、名） consult; reference
    仅供参考 for reference only
    有参考价值 may serve as a reference
187. 参谋 cānmóu （动、名） advise, give advice; adviser
    给……参谋参谋 give advice to somebody
    当……的参谋 serve as an adviser for …

一、请从左页中选择合适的词语填入括号：

1．在南非，有（　　）不完的金矿。

2．四书、五经是古人给我们留下的一笔宝贵的精神（　　）。

3．到这儿工作以来，他始终没有得到发挥他的组织（　　）的机会。

4．这两家公司的纠纷，将由法院作出（　　）。

5．他写这本书（　　）了十几本书刊。

6．这套衣服是在（　　）那里定做的。

7．集体（　　）哪能就这样白白地让他们占有呢？

8．遇到这样的难题，还是请别人给你（　　）一下儿好。

9．今年，政府采取了许多积极的措施，力求达到（　　）收支平衡。

10．天太黑了，（　　）根火柴照照。

11．欢迎乘客到（　　）用餐。

12．那演技（　　）叫棒呢！

13．我（　　）他正在阅览室里看报呢。

二、选择合适的词语填空：

1．猜　　猜想　　估计　　测　　想像

(1)最近我总头晕，是不是应该_____一下儿血压。

(2)火灾造成的损失目前还很难_____。

(3)今天的晚会我们准备了一些_____谜语的游戏。

(4)这是一道需要发挥你们_____的问题。

(5)在路上，那个演员一直_____着观众对自己的反应。

2．参考　　参谋　　考虑

(1)作为好朋友，你应该给我_____　_____这件事。

(2)我们在施工前 _____ 了多方面的意见。

(3)由于时间关系，有些材料我没来得及_____。

三、选择与划线词语意思最相近的解释：

1．我才不愿意去呢，你一个人去吧！

　　A．表示强调的语气　　B．表示条件　　C．表示原因　　　　D．表示时间晚

2．地下水大幅度超采，会使地面下沉。

　　A．摘取　　　　　　B．挖取　　　　C．认为合适而加以利用　D．收集

33

188.	残酷 cánkù （形）	cruel
	残酷的现实	cruel reality
	残酷地折磨	cruel torment
189.	惭愧 cánkuì （形）	ashamed
	感到惭愧	feel ashamed
	惭愧的心情	ashameful feeling
190.	惨 cǎn （形）	miserable
	惨笑	wan smile
	输得惨极了	be badly defeated
191.	灿烂 cànlàn （形）	splendid
	灿烂的阳光	bright sunshine
	灿烂的文化、艺术	glorious civilization and art
192.	苍白 cāngbái （形）	pale
	脸色苍白	pale look
193.	苍蝇 cāngying （名）	fly
	拍死一只苍蝇	swat a fly to death
194.	舱 cāng （名）	cabin
	头等/普通舱	first-class/tourist class
195.	仓库 cāngkù （名）	warehouse
	清理仓库	check inventory
196.	*藏 cáng （动）	collect
	藏书/藏古币	collection of books/ancient coins
197.	操心 cāo xīn	be worried about
	为……操心	be worried about …
	操了不少心	give a lot of care to …
198.	操纵 cāozòng （动）	control, operate
	熟练地操纵机器	operate the machine skilfully
	操纵市场	rig the market
199.	操作 cāozuò （动）	operate
	手工操作	manual operation
200.	草案 cǎo'àn （名）	draft
	法律草案	a draft of law

一、请从左页中选择合适的词语填入括号：
 1．为了把事情搞清楚，他可没少（　　）。
 2．有的大学生到车间不久就学会了（　　）。
 3．今天走了很多路，把我累（　　）了。
 4．（　　）可以传播多种疾病，要彻底消灭它。
 5．渐渐地，她变得（　　）、消瘦，脸上的皱纹也多起来了。
 6．经济改革取得了光辉（　　）的成就。
 7．他早年的遭遇非常（　　）。
 8．船（　　）里挤满了过年回家的旅客。
 9．别看他不过是个（　　）保管员，责任可不小。
 10．领导让我先提一个（　　），下次开会时讨论。
 11．（　　）的战争环境锻炼了他。
 12．他为自己会有这种想法而感到（　　）。
 13．这个农贸市场不能再让那几个坏人（　　）了。
 14．地下室里（　　）着许多珍贵文物。

二、选择合适的词语填空：
 1．操作　　操心　　操纵
  (1)为了整个实验，他不得不亲自＿＿＿＿这台机器。
  (2)每个企业都需要有一批＿＿＿＿技能熟练的工人。
  (3)他们整整＿＿＿＿了5年选举权。
  (4)长辈们除李大爷外都＿＿＿＿起这事来了。
 2．操心　　担心　　费心
  (1)这事就得麻烦您给＿＿＿＿一下儿＿＿＿＿。
  (2)做父母的哪有不＿＿＿＿儿女们的婚事的？
  (3)我＿＿＿＿你说不清楚，所以就来了。

三、选择与划线词语意思最相近的解释：
 1．他的爱好是<u>藏</u>古书。
  A．躲起来　　B．掩盖　　C．收集;收藏　　D．储存好
 2．中国有着五千年的悠久<u>灿烂</u>的文化。
  A．明亮　　B．光明　　C．光彩耀眼　　D．伟大

35

201. 侧　cè　（名、动）　　　　　　　　side; turn towards
　　　东侧/西侧/左侧/右侧　　　　　　east/west/left/right side
　　　侧过头来　　　　　　　　　　　turn towards
202. 测　cè　（动）　　　　　　　　　measure
　　　测体温/血压　　　　　　　　　take one's temperature/blood pressure
203. 测量　cèliáng　（动）　　　　　　survey, measure
　　　测量面积　　　　　　　　　　　measure the area
　　　测量队/仪器　　　　　　　　　survey team/survey instruments
204. 测试　cèshì　（动、名）　　　　　test
　　　测试学生的水平　　　　　　　　test a student's ability
　　　测试设备　　　　　　　　　　　testing equipment
　　　汉语水平测试　　　　　　　　　Chinese proficiency test
205. *插　chā　（动）　　　　　　　　insert
　　　插话　　　　　　　　　　　　　cut in
　　　第三者插足　　　　　　　　　　involvement of a third party
206. 插秧　chā yāng　　　　　　　　　transplant rice seedings
　　　插秧季节　　　　　　　　　　　season for rice-transplanting
207. 差别　chābié　（名）　　　　　　 difference
　　　有/存在差别　　　　　　　　　have difference
208. 茶馆　cháguǎn　（名）　　　　　　teahouse
　　　一家茶馆　　　　　　　　　　　a teahouse
209. 茶话会　cháhuàhuì　（名）　　　　tea party
　　　开个新年茶话会　　　　　　　　have a New Year tea party
210. 茶叶　cháyè　（名）　　　　　　　tea
　　　买点儿茶叶　　　　　　　　　　buy some tea
211. *差　chà　（形）　　　　　　　　wrong, mistaken
　　　听/说差了　　　　　　　　　　heard/said wrong
212. 铲　chǎn　（名、动）　　　　　　shovel
　　　一把铁铲　　　　　　　　　　　an iron shovel
　　　铲雪/铲草　　　　　　　　　　shovel snow/remove weeds
213. 产物　chǎnwù　（名）　　　　　　product
　　　辛勤劳动的产物　　　　　　　　fruit/product of hard work

36

一、请从左页中选择合适的词语填入括号：

1. 经过一个多星期,他们终于( )出了这个洞的深度。
2. 中国的( )产量位居世界前列。
3. 她( )过脸去望着窗外的树木。
4. 除了新来的工人,其他人的技术水平都已经( )过了。
5. 老人每天都会到( )坐上个把钟头。
6. 把雪( )到树下。
7. 随着乡镇企业的发展,工人和农民之间的( )已经缩小了许多。
8. 为了经济效益,电视台在节目中( )进了不少广告。
9. 护士按大夫的吩咐,( )了病人的体温。
10. 这是他十年辛勤劳动的( )。
11. 你弄( )了,他才是小王。
12. 现在大多数农村都使用上了( )机。
13. 学期结束后,系里举行了一个送别毕业生的( )。

二、选择合适的词语填空：

1. 测量　　测试　　测　量
   (1) 科学家用新方法 _____ 得了光速。
   (2) 专家给我们 _____ 了这台机器的性能。
   (3) 裁缝用尺子 _____ 了一下他的腰围。
   (4) 汉语水平考试是一种水平 _____ 。
   (5) 他们 _____ 了山的相对高度。

2. 分别　　差别　　区别
   (1) 这两顶帽子看起来没什么 _____ 。
   (2) 发展经济努力缩小城乡 _____ 。
   (3) 可以根据颜色 _____ 水果的质量。
   (4) 他 _____ 对这三个人做了调查。
   (5) _____ 前咱们合个影吧。

三、选择合适的动词填空：(铲/插)

1. __话　 2. __卡片　 3. __煤　 4. __蜡烛　 5. __秧　 6. __手　 7. __脚
8. __广告　 9. __针　 10. __土　 11. __雪　 12. __垃圾　 13. __花　 14. __草

214. 产值 chǎnzhí （名） output value
　　农业产值增加 increase in the value of agricultural production
215. 颤动 chàndòng （动） quiver, vibrate
　　手指/嘴唇颤动 fingers/lips are trembling
　　树叶在风中颤动 The leaves of the tree quivered in the wind.
216. 颤抖 chàndǒu （动） quiver, shake, tremble
　　两腿/声音颤抖 legs are shaking/trembling voice
　　颤颤抖抖地说 speak in a trembling voice
217. *尝 cháng （动） taste, experience
　　尝够了苦头 taste all the hardships
218. 常识 chángshí （名） common sense
　　缺乏法律常识 lack of rudimentary knowledge of law
219. 长度 chángdù （名） length
　　长度测量 measure the length
220. 长久 chángjiǔ （形） long-time
　　长久打算 long-term plan
221. *长途 chángtú （名） long-distance
　　给……打个长途 make a long-distance call
222. 长远 chángyuǎn （形） long-term
　　长远的打算 long-term plan
　　这不是长远的办法 This is only a stopgap measure.
223. 肠 cháng （名） intestine
　　肠炎 enteritis
224. 厂长 chǎngzhǎng （名） factory director
　　选个新厂长 elect a new factory director
225. 场地 chǎngdì （名） space
　　活动的场地 space for activities
226. 场合 chǎnghé （名） situation
　　公开场合 in public
　　注意说话的场合 pay attention to the social context when you speak

一、请从左页中选择合适的词语填入括号：
 1.放心吧,他是个老司机,跑( )不是一回两回了。
 2.老( )退休后,还经常问起厂里的事。
 3.如果再这样( )地烦恼下去,会弄出病来的。
 4.农民们确实( )到了科学种田的甜头。
 5.眼前这恐怖的情景吓得他两腿( )。
 6.工业( )在国民经济总收入中占的比例逐年增加。
 7.他连最基本的医学( )都没有。
 8.这张桌子的( )为一米五十。
 9.要根据我国国情来制订( )规划。
 10.因为吃饭总是不规律,他得了( )。
 11.群众性体育活动的( )不足。
 12.他在人多的( )说话常紧张。
 13.树枝在大风中剧烈地( )着。

二、选择合适的词语填空：
 1.颤动　颤抖　抖
  (1)一位老人_____地走了过来。
  (2)他笑得身体都_____起来。
  (3)他替我把身上的土_____了_____。
  (4)天太冷,手直发_____。

 2.吃　尝
  (1)以前学习不努力,现在_____到了苦头。
  (2)别让孩子_____太多的零食。
  (3)我平时不做饭,_____食堂。
  (4)你_____咸淡,看需不需要再加点儿盐。

三、判断正误：(对的画√,错的画×)
 1.听到警车的叫声,这家伙吓得直颤动。　(　　)
 2.祥林嫂颤动着嘴唇,低头立在那里。　(　　)
 3.穿上棉衣,坐在火炉旁,过了好一会儿才停止了颤抖。　(　　)
 4.我颤颤抖抖地打开布包。　(　　)

227.	场面 chǎngmiàn （名）	scene
	场面感人	a moving scene
	热闹的场面	busy scene
228.	*超 chāo （动）	surpass
	超假	overstay one's leave
229.	超额 chāo'é （动）	excess
	超额完成	overfulfil
230.	*抄 chāo （动）	copy, take (a shortcut)
	把地址抄下来	copy the address
	抄别人的答案	copy some one's answer
	抄近路	take a shortcut
231.	钞票 chāopiào （名）	bank note, money
	发行钞票	issue bank note
232.	潮 cháo （名、形）	tide; damp, moist
	观海潮	watch the tide
	出国的热潮	upsurge of going abroad
	衣服潮了	The clothes are damp.
233.	潮湿 cháoshī （形）	damp
	潮湿的房间/天气	a damp room/humid weather
234.	吵架 chǎo jià	quarrel
	跟……吵了一架	have a quarrel with …
	吵不完的架	endless quarrels
235.	炒 chǎo （动）	fry
	西红柿炒鸡蛋	scrambled eggs with tomatoes
236.	车辆 chēliàng （名）	vehicle
	来来往往的车辆	to-and-fro vehicles
237.	车厢 chēxiāng （名）	carriage
	一节卧铺车厢	a sleeper car
238.	扯 chě （动）	pull, tear chat, gossip
	把……扯开	pull…apart
	把画儿从墙上扯下来	pull a picture off the wall
	随便扯家常	chit-chat

一、请从左页中选择合适的词语填入括号：

1. 刚下过雨，草地显得很（　　）。
2. 我本来不想同他（　　）的。
3. 前方施工，（　　）请绕行。
4. 像刚才那样紧张的（　　），他还是头一回遇到。
5. 上月回家因病（　　）了两天假。
6. 我们一定要（　　）完成任务。
7. 每次她都（　　）小胡同，这样可以省半个小时的路程。
8. 对不起，这张（　　）是假的。
9. 每到春节前，铁路交通就会出现民工返乡（　　）。
10. 他双手（　　）住了小偷的衣领。
11. 前边就是卧铺（　　）。

二、选择合适的词语填空：

　　　　场地　　场面　　场合　　场

1. 老头爱面子，儿子结婚，_____ 的讲究是村里数一数二的。
2. 在这样正式的 _____ 下，我只好不发言了。
3. 由于下了一天的雨，比赛 _____ 上积了很多的水。
4. 运动员们已经上 _____ 了。
5. 我在车站亲眼见到了欢迎英雄归来的激动人心的 _____。

三、选择与划线词语意思最相近的解释：

1. A．随便谈　　B．撕；撕下　　C．拉
   (1) 他们几个老太太坐在果园里扯开了。（　　）
   (2) 她给每个女儿都扯了一块料子。（　　）
   (3) 警察接到命令后，把街上所有的标语都扯了。（　　）
   (4) 母亲把孩子的手扯得紧紧的。（　　）

2. A．从侧面或近路过去　　B．照着底稿写　　C．照着别人的写下来当作自己的
   (1) 这一段是从一本小说里抄来的。（　　）
   (2) 这首诗我抄了两份。（　　）
   (3) 他沿着这条石子路朝村东抄过去了。（　　）

239. 撤　chè　（动）　　　　　　　withdraw, retreat
　　　分批撤军　　　　　　　　　　withdraw troops in phases
240. 尘土　chéntǔ　（名）　　　　　dust
　　　积了一层尘土　　　　　　　　gathered a layer of dust
241. 沉　chén　（动、形）　　　　　sink, feel heavy or uncomfortable; heavy
　　　船迅速下沉　　　　　　　　　The boat is sinking fast.
　　　箱子太沉　　　　　　　　　　The box is too heavy.
　　　我的腿发沉　　　　　　　　　My legs feel heavy.
242. 沉思　chénsī　（动）　　　　　ponder
　　　打断沉思　　　　　　　　　　interrupt one's meditation
243. 沉重　chénzhòng　（形）　　　heavy
　　　负担/心情沉重　　　　　　　 burdensome task/heavy heart
　　　沉重的打击/代价　　　　　　 a heavy blow/pay a high price
244. 陈列　chénliè　（动）　　　　 display, exhibit
　　　陈列在博物馆　　　　　　　　on display in the museum
　　　陈列文物　　　　　　　　　　display cultural relics
245. 撑　chēng　（动）　　　　　　support, prop up
　　　撑着桌子/床　　　　　　　　 prop up against a table/bed
　　　撑船　　　　　　　　　　　　pole a boat
246. 称呼　chēnghu　（动、名）　　call; address
　　　亲热地称呼　　　　　　　　　a term of endearment
　　　常用的称呼　　　　　　　　　a usual form of address
247. 成　chéng　（量）　　　　　　one tenth
　　　七成新　　　　　　　　　　　seventy percent new
248. 成本　chéngběn　（名）　　　　cost
　　　降低生产成本　　　　　　　　reduce production cost
249. *成分　chéngfèn　（名）　　　social status
　　　家庭成分　　　　　　　　　　class status of one's family
250. 成立　chénglì　（动）　　　　 establish, be tenable
　　　结论/理论成立　　　　　　　 the conclusion/the theory is tenable

一、请从左页中选择合适的词语填入括号：

1. 企业要力求节约能源,降低(　　)。
2. 这个估计能不能(　　),还要看一看。
3. 居民已(　　)出了危险地带。
4. 他连床上的(　　)也没有扫一扫,就倒头睡下了。
5. 他迈着(　　)的脚步走了进来。
6. 村里今年收获的庄稼比去年增长了两(　　)。
7. 我(　　)半天,才意识到自己错了。
8. 王大姐总(　　)她那位先生为老头子。
9. 在轻纺工业展览馆里,(　　)着许多新产品。
10. 他双手(　　)着下巴沉思。
11. 过去,人们往往错误地强调个人(　　)和家庭出身。
12. 他感到肩上的担子很(　　)。

二、选择合适的词语填空：

1. 建立　　成立
   (1)他的论据充分,这个观点可以_____。
   (2)时间一长,我和这只小狗_____起了深厚的感情。
   (3)1986年我国_____了中国南极长城观测站。

2. 沉重　　沉重
   (1)从老刘家出来,我的心情一直非常_____。
   (2)这次他病得很_____。
   (3)这个箱子太_____了。

3. 陈列　　布置
   (1)老师每天都给我们_____很多家庭作业。
   (2)我们这次展览_____出来的样品都是经过反复挑选的。

三、选择与划线词语意思最相近的解释：

1. 我觉得头<u>沉</u>得抬不起来。
   A. 在水里往下落　　B. 分量重　　C. 不舒服
2. 我们为了安全把三号井的工人全部<u>撤</u>了上来。
   A. 除去　　　　　B. 退出　　　C. 抽出　　D. 取掉

43

251. 成千上万 chéng qiān shàng wàn — tens of thousands
    成千上万的人 — tens of thousands of people
252. 成天 chéngtiān （副）— all day long, all the time
    成天叹气/玩儿 — sigh /have fun all day long
253. 成语 chéngyǔ （名）— idiom
    成语故事 — stories about idioms
254. 成员 chéngyuán （名）— member
    家庭/公司的成员 — family members, company employees
255. *成长 chéngzhǎng （动）— grow up
    健康成长 — healthy growth
    成长为…… — grow into ...
256. 乘 chéng （动）— multiply
    2乘3等于6。— Two times three is six.
257. 乘客 chéngkè （名）— passenger
    一名乘客 — a passenger
    运送乘客 — transport passengers
258. 盛 chéng （动）— ladle, contain
    盛粥 — ladle out porridge
    盛东西/水果 — contain something/fruit
259. *程度 chéngdù （名）— level, degree
    达到……程度 — reach a ... degree
260. 程序 chéngxù （名）— program
    设计程序 — design a program, programming
    一套简单的程序 — a simple program
261. 承包 chéngbāo （动）— contract
    单独承包了果园 — contract an orchard by oneself
262. 承担 chéngdān （动）— undertake
    承担义务 — undertake obligations
    承担责任 — undertake responsibilities
263. *吃 chī （动）— depend on certain things for one's living, wipe out
    靠山吃山,靠水吃水 — live off the mountains where your home is
    吃了对方两个棋子儿 — take two chessmen of one's opponent

一、请从左页中选择合适的词语填入括号：

1．机器按照规定的（　　）进行操作。
2．每到夏天，就有（　　）的人到这里来避暑。
3．你要对一切后果（　　）全部责任。
4．老人把自己的住房租出去，靠（　　）房租生活。
5．我现在成了作家协会的一名（　　）。
6．他已（　　）为一名出色的工程师。
7．这次洪水的破坏（　　）不太严重。
8．箱子里（　　）了许多旧瓷器。
9．汉语的（　　）很丰富。
10．楼上那家（　　）放音乐，闹得四邻不安。
11．他把工程（　　）给了一家建筑公司。
12．车厢里挤满了（　　）。
13．用长度（　　）宽度就是面积。

二、选择合适的词语填空：

1．承包　　承担　　承认

（1）你们作为儿女应该 _____ 供养父母的义务。

（2）第二天早上，我妻子就 _____ 了清扫院子的任务。

（3）这笔费用他们 _____ 一半。

（4）由于来自多方的压力，他终于 _____ 了错误。

2．成长　　生长　　发展

（1）党和政府都非常关心青少年的 _____。

（2）我们的经济建设事业正在迅速 _____。

（3）弯弯曲曲的小河两岸 _____ 着大片的绿树和竹林。

三、选择与划线词语意思最相近的解释：

A．成为；变为　B．可以；行　C．完成；成功　D．表示数量；比例

1．几年以后，这一带<u>成</u>了居民区。　（　　）
2．那个一点儿也不引人注意的小伙子终于<u>成</u>了大事。　（　　）
3．<u>成</u>，文件就放在这儿吧。　（　　）
4．做这件事，他只用了八<u>成</u>的力。　（　　）

264. 吃苦　chī kǔ　　　　　　　　endure hardsships, suffer
　　　能/怕吃苦　　　　　　　　capable of enduring hardships, be afraid of hardships
　　　吃不了苦　　　　　　　　cannot endure hardship
265. 吃亏　chī kuī　　　　　　　at a disadvantaged situation
　　　不让顾客吃亏　　　　　　give customers a fair deal
　　　吃了自私的亏　　　　　　suffer from one's own selfishness
266. 吃力　chī lì　（形）　　　　with effort, painstakingly
　　　工作/感到吃力　　　　　　work laboriously/have difficulties
　　　吃力地睁开眼　　　　　　open one's eyes with effort
267. 持久　chíjiǔ　（形）　　　　lasting, enduring
　　　持久地工作　　　　　　　sustained work
268. 池　chí　（名）　　　　　　pool
　　　池深/池浅　　　　　　　　deep pool/shallow pool
269. 迟　chí　（形）　　　　　　late
　　　迟迟不来　　　　　　　　slow in coming
　　　时间迟了几天　　　　　　have been delayed several days
270. 尺寸　chǐcùn　（名）　　　　measurement, size
　　　量裤子的尺寸　　　　　　take in inches of one's pants
271. 尺子　chǐzi　（名）　　　　 ruler
　　　一把尺子　　　　　　　　a ruler
272. 赤道　chìdào　（名）　　　　equator
273. 充实　chōngshí　（形、动）　rich; enrich
　　　内容/生活充实　　　　　　substantial content /a full life
　　　充实队伍　　　　　　　　reinforce the staff
274. *冲　chōng　（动）　　　　 pour water on
　　　冲个澡　　　　　　　　　take a shower
　　　冲冲手　　　　　　　　　rinse one's hands
275. 冲击　chōngjī　（动、名）　 impact, affect; lash, assault
　　　猛烈地冲击岩石　　　　　lash the rocks fiercely
　　　向……发起冲击　　　　　 make an assault on ...
276. 冲突　chōngtū　（动、名）　 conflict, contradict
　　　内容前后冲突　　　　　　contradictory content
　　　利害/武装冲突　　　　　　conflict of interests/armed conflict

一、请从左页中选择合适的词语填入括号：

1．厂房后面有一大片荷花（　　）供人们观赏。
2．工作中我可是（　　）了不少不会外语的（　　）。
3．新旧思想的（　　），看起来是不可避免的。
4．他对数学的兴趣不会（　　）。
5．这篇文章他写得相当（　　）。
6．这家商店为购买家具的顾客准备了（　　）。
7．读书人忘了带鞋子的（　　）就回家去取。
8．战士们勇敢地向敌人的阵地（　　）。
9．我们把绕地球表面距离南北两极相等的圆周线叫（　　）。
10．这本书字数不多，内容却很（　　）。
11．玉米地被大水（　　）了。
12．为了工作让我（　　）什么（　　）都行。
13．意见提上去了好几个星期，却（　　）（　　）得不到解决。

二、选择合适的词语填空：

1．充实　　充满　　充分　　充足

(1)我们有_____的信心完成这项任务。
(2)国家普及九年制义务教育，要大量_____教师队伍。
(3)这种花必须得到_____的阳光才会生长得好。
(4)这些年轻人_____了朝气。

2．冲击　　冲突　　冲

(1)怎样解决双方的_____，是这次会议的重点。
(2)在转弯的地方，水流猛烈_____着河岸。
(3)胡同里突然_____出一辆汽车，把我吓了一跳。
(4)暴雨把路面_____得很干净。

三、选择与划线词语意思最相近的解释：

　　A．在某个出售食物的地方吃　　B．靠别人或某种事物生活　　C．消灭

1．那些懒人现在还在<u>吃</u>国家呢。（　　）
2．这次战斗我们又<u>吃</u>了敌人一个连。（　　）
3．在学校学习的这段时期，几乎天天<u>吃</u>食堂。（　　）

277. 冲　chòng　（动、介）　　　　face; towards
　　冲着窗户　　　　　　　　　　face the window
　　冲我走来　　　　　　　　　　walk towards me
278. *抽　chōu　（动）　　　　　　draw, lash, whip
　　抽烟/抽血　　　　　　　　　 smoke, draw blood
　　抽嘴巴/了一鞭子　　　　　　 slap one's face, lash
279. 仇　chóu　（名）　　　　　　 foe, enemy, enmity
　　记仇　　　　　　　　　　　　nurse a grievance
　　疾恶如仇　　　　　　　　　　hate evil like an enemy
280. 仇恨　chóuhèn　（动、名）　　hate; hatred, hostility
　　仇恨敌人/凶手　　　　　　　 hate one's enemy/the murderer
　　招来仇恨　　　　　　　　　　incur enmity
281. 丑　chǒu　（形）　　　　　　 ugly
　　长相/样子丑　　　　　　　　 ugly look
282. *臭　chòu　（形）　　　　　　stinking, bad smell
　　臭毛病/架子　　　　　　　　 bad habits/put on disgusting airs
283. *初　chū　（头）　　　　　　 first (in order)
　　正月初一　　　　　　　　　　the first day of the first month of the lunar year
284. 初期　chūqī　（名）　　　　　initial stage
　　建国初期　　　　　　　　　　the early days of our republic
285. 初中　chūzhōng　（名）　　　 middle school
　　初中毕业　　　　　　　　　　graduate from middle school
286. *出　chū　（动）　　　　　　 produce, originate from, go beyond
　　出节目/主意　　　　　　　　 give a performance/offer advice
　　出界　　　　　　　　　　　　out-of-bounds
　　出问题　　　　　　　　　　　go wrong
　　出自南方　　　　　　　　　　be from the south
287. *出发　chūfā　（动）　　　　 set off
　　从实际出发　　　　　　　　　start from the reality
288. 出路　chūlù　（名）　　　　　the way out
　　找到一条出路　　　　　　　　find a way out
　　解决问题的出路　　　　　　　solution to a problem

一、请从左页中选择合适的词语填入括号：

1. 他用（　　）的眼光看了我一眼。
2. 解放（　　），我国的经济还很落后。
3. 发展中国家的根本（　　）就是发展经济，增强国力。
4. 农历大年（　　）一家家户户都包饺子。
5. 考虑问题应该从群众需要（　　）。
6. 这个人在我们单位可（　　）了。
7. 你今天为什么（　　）人家发那么大的火？
8. 人家说她越长越（　　）了。
9. 现在从小学升（　　）不需要考试了。
10. 每到新学年开始时学校都会（　　）车到火车站接新同学。
11. 这可怜的马让他（　　）了好一会儿了。
12. 我没想到，这么小的孩子还挺记（　　）。

二、选择合适的词语填空：

　　　　冲　　朝　　向　　往

1. 那批货已经运 _____ 北京了。
2. 他 _____ 窗外望去。
3. 我 _____ 大家表示感谢。
4. 图书馆的正门正 _____ 着马路。
5. 你替我 _____ 方老师问好。
6. 所有人的目光都转 _____ 了我。

三、选择与划线词语意思最相近的解释：

　A．把夹在中间的东西取出　　B．吸
　C．打　　　　　　　　　　　D．从全部中取出一部分

1. 我们从各省<u>抽</u>来了一批人才。（　　）
2. 他从书架上<u>抽</u>出一本书递给我。（　　）
3. 每个办公室<u>抽</u>两个人打扫卫生。（　　）
4. 为了清理池底，我们<u>抽</u>干了池里的水。（　　）
5. 他生气时就<u>抽</u>那头黄牛。（　　）

289. 出卖 chūmài （动）	sell
出卖家产/厂房	sell one's family property/the workshop
290. 出门 chū mén	go-off
出门买点儿菜	go out to buy some vegetable
出趟远门	make a long journey
291. 出难题 chū nántí	pose a difficult question
给……出了不少难题	pose many difficult questions to …
292. 出身 chūshēn （动、名）	family background
出身于工人家庭	have a working-class background
出身贫苦	come from an impoverished family
293. 出事 chū shì	have an accident
火车出事	train disaster
294. 出息 chūxi （名）	prospects
有/没出息	have a bright future/be good for nothing
295. 出洋相 chū yángxiàng	cut a sorry figure
喜欢/好出洋相	love to make an exhibition of oneself
296. 出租 chūzū （动）	rent out
出租房屋/录像带	house to let/video tapes for hire
297. *除 chú （动）	divide
3 除 12 等于 4。	Three divide twelve is four.
除不进	not divisible, indivisible
298. 除 chú （介）	except for
除……外,都/还/只……	in addition to, except for
除了……就是……	either … or …
299. 除非 chúfēi （连）	otherwise
除非……,才/否则/不然……	only when, only if, unless
300. *处 chǔ （动）	be situated in
处于……的环境(中)	be in a situation of …
处在伟大的历史时代	be in a historic era
301. *处理 chǔlǐ （动）	sell at reduced prices
处理积压服装	dispose of an old stock of clothes
302. 处于 chǔyú （动）	be
处于有利地位	be in an advantageous position

一、请从左页中选择合适的词语填入括号：

1. 这几天（　　）了刮风,就是下雪,真烦人。
2. 他刚（　　）,我估计他一会儿就回来。
3. 同其他对手相比,他明显地（　　）优势地位。
4. 这家商店正在减价（　　）彩电。
5. 他在酒会上喝醉了,大（　　）。
6. 他不愿意自己显得太没有（　　）。
7. 我们正（　　）在一个伟大的历史时代。
8. 公园里的（　　）游船是按小时收费的。
9. 这种飞机还从来没（　　）过什么（　　）。
10. （　　）买到明天的机票,否则,很难按时到达。
11. 时间紧,资料又不全,你这不是给我们（　　）吗？
12. 这批鞋因质量问题被（　　）了。
13. 他（　　）于商人家庭。

二、选择合适的词语填空：

　　　出息　　前途　　理想

1. 这里是个比较 _____ 的学习环境。
2. 你还年轻,希望你能珍惜自己的 _____。
3. 这孩子比以前长 _____ 了。

三、选择与划线词语意思最相近的解释：

1. A. 往外拿；提供　B. 出产；产生　C. 发出来；发泄　D. 超出
   (1) 关于放假的安排,请看办公室出的通知。（　　）
   (2) 我有一肚子的气,没地方出。（　　）
   (3) 五号队员没接住,球出了边界。（　　）
   (4) 近年来我国出过不少的科学家。（　　）
   (5) 要防止出同样的事故。（　　）

2. A. 跟别人一起生活；交往　B. 存在；居于某种情况、条件等
   (1) 我和李华处了八年,一直都很愉快。（　　）
   (2) 处在你这样的地位,就更要注意影响。（　　）
   (3) 你跟他处熟了就会发现他有很多优点。（　　）

303. 处处 chùchù （副） everywhere
    处处受到照顾 be well taken care of in everything
304. *穿 chuān （动） through
    我看穿了他。 I have seen through him.
    把墙穿个洞 drill a hole in the wall
305. *传 chuán （动） transmit, summon
    传热/传音 transmit heat/sound
    传犯人/证人 summon a prisoner/witness
306. 传达 chuándá （动） pass on information, convey, relay
    传达文件 relay a document
307. 传染 chuánrǎn （动） infect, be contagious
    传染上了感冒 be infected with flu
    把困劲儿传染给了我 You've given me your sleepiness.
308. 传说 chuánshuō （动、名） it is said; legend
    传说开了 The word got spread out.
    美丽的/古老的传说 beautiful/ancient legend
309. 喘 chuǎn （动） pant, gasp
    喘粗气 puff and blow
    喘不过气来 gasp for breath
310. 串 chuàn （动、量） string together; bunch
    串珠子/台词 string the beads, run through the lines (of a play, etc.)
    几个人串在一起 several persons gang up
    一串葡萄/珠子 a cluster of grapes/a string of beads
311. 窗口 chuāngkǒu （名） window
    坐在窗口 sit by the window
    售票窗口 ticket window
312. 窗帘 chuānglián （名） curtain
    拉开/挂上窗帘 undraw/draw the curtain
313. 窗台 chuāngtái （名） windowsill
    窗台上的鲜花 flowers on the windowsill
314. 床单 chuángdān （名） bedsheet
    布床单 cotton bedsheet

一、请从左页中选择合适的词语填入括号：

1. 热从暖气片这一头（　　）到另一头。
2. 烟头把羽绒服烧（　　）了一个洞。
3. 外面光线太刺眼，拉上（　　）吧。
4. 这个文件（　　）得很及时。
5. 我把洗干净的（　　）叠好了。
6. 对广泛流传于群众中的那些（　　），我们应及时加以收集和整理。
7. 跑到公共汽车站后，他（　　）得相当厉害。
8. 他们（　　）受到热烈欢迎。
9. 坐在（　　）里的小姐快速地为我办好了手续。
10. 像是受到了志强的（　　），小梅也笑了起来。
11. 注意别让孩子爬上（　　）。
12. 把钥匙（　　）起来，免得丢了。

二、选择合适的词语填空：

　　　　处处　　到处

1. 你到哪儿去了？我 _____ 找你。
2. 你要 _____ 严格要求自己。
3. 公园里 _____ 都是游人。

三、选择与划线词语意思最相近的解释：

1. A. 通过孔、洞等　　B. 破　　C. 把衣服等套在身上　　D. 透

   (1) 那件西服他穿了好几年。（　　）
   (2) 走了这么远的路，鞋底都快磨穿了。（　　）
   (3) 他一眼就看穿了我的心思。（　　）
   (4) 奶奶眼睛不好，经常让我替她穿针。（　　）

2. A. 把学问、技术教给别人　　B. 广泛散布
   C. 发出命令叫人来　　D. 从物体的一部分到另一部分

   (1) 根据科学家的实验这种材料能传电。（　　）
   (2) 胜利的消息迅速传遍了小镇。（　　）
   (3) 老人把手艺传给了年轻人。（　　）
   (4) 他们被传到法庭去了。（　　）

315. *闯 chuǎng（动）		go around
	闯牌子	establish a name for oneself
316. 创立 chuànglì（动）		establish, set up
	创立一门学说	create a theory
317. 创新 chuàngxīn（动、名）		innovate; creativity
	大胆创新	be bold in blazing new trails
	有创新精神	with an original mind
318. *吹 chuī（动）		blow, boast, break off
	吹小号/笛子	blow the trumpet/flute
	自吹自擂	boast about oneself
	跟男朋友吹了	She broke off with her boyfriend.
319. 垂 chuí（动）		hang down, droop
	垂下头	hang one's head
320. 垂直 chuízhí（动）		vetical, perpendicular
	两线垂直相交	The two lines meet at right angles.
321. 春季 chūnjì（名）		spring
	春季作物	spring crops
322. 纯 chún（形）		pure
	纯棉	pure cotton
	动机不纯	ulterior motive
323. 纯洁 chúnjié（形、动）		pure; purify
	纯洁的友谊	pure friendship
	纯洁组织	purify an organization
324. 瓷 cí（名）		porcelain
	细瓷碗	a fine porcelain bowl
325. *词 cí（名）		poetry written to certain tunes with strict tonal patterns and rhyme schemes and in fixed numbers of lines and words
	一首宋词	a ci poem of the Song Dynasty
326. 词汇 cíhuì（名）		vocabulary, words
	扩大英语/汉语词汇	enlarge one's English/Chinese vocabulary
327. 此刻 cǐkè（名）		at the moment
	此时此刻	at this very moment

一、请从左页中选择合适的词语填入括号：

1. 小姐，请问这件西服是( )羊毛的吗？
2. ( )就动身，你还能赶上飞机。
3. 这是明代烧制的青( )瓶。
4. 我们要加强管理，( )我们的队伍。
5. 你先别( )，做出具体成绩来再说。
6. 两条直线相交成直角时，就说这两条直线互相( )。
7. 每年四月底学校都举行( )运动会。
8. 这种产品刚上市，还没有( )出牌子。
9. 他一直( )着手跟在刘医生的身后。
10. 勇于实践，大胆( )。
11. 这是毛泽东主席在1938年作的一首( )。
12. 通过大量阅读扩大( )量是一种有效的方法。
13. 这个理论是爱因斯坦( )的。

二、选择合适的词语填空：

1. 建立　　创立

(1) 震后，他们又＿＿＿＿了一个新家庭。
(2) 学校为每一位教师都＿＿＿＿了业务档案。
(3) 不经过艰苦努力就很难＿＿＿＿一门新学说。
(4) 通过两年的努力，双方＿＿＿＿起了良好的关系。

2. 创新　　重新　　革新

(1) 我们鼓励在艺术的道路上不断＿＿＿＿。
(2) 他们日夜工作终于搞出了具有重大意义的技术＿＿＿＿。
(3) 我提的意见希望你能＿＿＿＿考虑一下。

三、选择与划线词语意思最相近的解释：

A. 吹气演奏　　B. 说大话　　C. 爱情、友谊破裂　　D. 事情不成功

1. 一个小伙子在大门口吹起了小号。（ ）
2. 这笔买卖你不是很有把握吗？怎么就吹了呢？（ ）
3. 他俩谈了五年，可最终还是吹了。（ ）
4. 他常吹自己多么能干，别人如何佩服他。（ ）

55

328.	*刺 cì（动）	irritate, assassinate
	刺眼/刺鼻	irritate one's eyes/nose
	遇刺	be attacked by an assassin
329.	刺激 cìjī（动、名）	stimulate, provoke; stimulation
	刺激皮肤/神经	stimulate the skin/nerves
	刺激购买力	stimulate purchasing power
	深深地刺激了他的心	He felt deeply hurt.
	受到精神上的刺激	a traumatic experience
330.	次 cì（形）	shoddy
	质量/成绩次	of poor quality/bad grade
331.	次要 cìyào（形）	less important
	次要的地位/问题	a less important position/problem
332.	伺候 cìhou（动）	wait upon, serve
	耐心地伺候老人/病人	attend an elder/a patient with patience
333.	匆忙 cōngmáng（形）	haste, in a hurry, in haste
	走得匆匆忙忙	leave in a hurry
334.	从容 cóngróng（形）	calm, unhurried
	举止从容	carry oneself with ease
	从从容容地回答	answer a question calmly
335.	*从事 cóngshì（动）	deal with
	谨慎/鲁莽从事	act carefully/rashly
336.	丛 cóng（名）	clump, crowd
	灌木丛	bushes and shrubs
	人丛/译丛	crowds of people/collection of translations
337.	凑 còu（动）	gather together
	凑钱	pool money
	凑到耳朵边	draw close to one's earside
338.	*粗 cū（形）	coarse, gruff, rough, rude
	粗沙子	coarse sand
	粗嗓子	coarse voice
	手艺/皮肤粗	crude craftsmanship/rough skin
	粗话	vulgar language

一、请从左页中选择合适的词语填入括号：

1. 他整天钻在书（　　）里搞他的科研。
2. 她的精神受到强烈的（　　）。
3. 我们（　　）在一起研究一下儿要采取的步骤。
4. 他这人（　　），你得要多提醒他。
5. 由于公司里的事务，他不能在家里（　　）父母。
6. 这篇文章是（　　）之间写的，请你修改一下。
7. 看他那（　　）的样子，简直使人忘了他还是一个少年。
8. 内容是主要的，形式是（　　）的。
9. 外面（　　）骨的冷风刮得正猛。
10. 这件丝绸衬衫的做工并不（　　）于那件。
11. 这件事要仔细调查，小心（　　）。

二、选择合适的词语填空：

1. 纯　　纯洁　　干净　　纯净

　　(1) 从他的行动就可以看出他的目的不_____。
　　(2) 清晨，清新_____的空气使人的身心感到无比舒畅。
　　(3) 把碗里的饭吃_____。
　　(4) 他们的品质是那么的_____和高尚。

2. 刺　　刺激

　　(1) 他的话像箭一样深深地_____伤了她的心。
　　(2) 公司采取这种办法是为了_____职员们的积极性。
　　(3) 这话对他_____很厉害。
　　(4) 刚果总统昨日在他的家中遇_____身亡。

三、选择与划线词语意思最相近的解释：

　　A. 接近　　B. 把零碎的放在一起　　C. 人们集中到一块

1. 这些原料是从各处凑来的。（　　）
2. 吃了晚饭，村民们都凑到这里来听他讲故事。（　　）
3. 我进来时，他正凑着蜡烛看书呢。（　　）
4. 他们到月底还没凑足活动的经费。（　　）

57

339. 粗心　cūxīn　（形）	careless
办事/学习粗心	handle things/study carelessly
340. 粗心大意　cūxīn dàyì	careless, negligent
干活儿粗心大意	work carelessly
341. *醋　cù　（名）	vinegar, jealousy
吃醋	feel jealous
醋坛子	person eaten up with jealousy
342. 促使　cùshǐ　（动）	impel, urge, spur
促使双方达成协议	urge the two sides to reach an agreement
促使发展	stimulate development
343. 窜　cuàn　（动）	flee, scurry, skedaddle
乱窜	wallop
窜起来/上来	leap up/jump up
344. 摧毁　cuīhuǐ　（动）	destroy
摧毁城市	destroy a city
345. 村庄　cūnzhuāng　（名）	village
一个富裕的村庄	a rich village
346. 村子　cūnzi　（名）	village
美丽的村子	a beautiful village
347. *存　cún　（动）	cherish, deposit
存心/存希望	on purpose/cherish hopes
348. 搓　cuō　（动）	rub with hands
搓手/搓背	rub one's hands/scrub sb.'s back
349. 挫折　cuòzhé　（名）	setback, frustration
遭受/受到挫折	suffer a defeat/setback
350. 错字　cuòzì　（名）	wrongly written character
写错字	write a character wrong

D

351. *搭　dā　（动）	put in, hang over, put up, take
搭时间	put in time
搭毛巾/被子	hang a towel/quilt
搭桌子/柜子	put up a table/cupboard
搭火车/飞机	take a train/airplane

一、请从左页中选择合适的词语填入括号：
 1.今天找大家来,主要是讨论新( )的规划。
 2.处理这类事一定要谨慎,( )不得。
 3.他每次都把衬衫穿得很脏,洗的时候,要( )半天。
 4.祖母的病死,( )他坚定了学医的决心。
 5.这工作不轻,还得( )上个人帮他才行。
 6.这个( )有四五十户人。
 7.由于年久失修,那座大桥被洪水( )了。
 8.他是个典型的( )的人,做什么事都叫人放心不下。
 9.升学已经不可能,你就不要再( )什么幻想了。
 10.你看看,还是大学生呢,( )这么多。
 11.一个人不能因为遇到点儿( )就灰心。
 12.看到男朋友和别的女孩子说笑,这下儿可打翻了她的( )。
 13.火苗顺着墙向上( ),几乎烧到了二楼。

二、选择合适的词语填空：
 1.农村　　村庄
  (1)我母亲是在_____长大的。
  (2)这个_____人很少,但风景美丽。
 2.促使　　促进
  (1)改革开放的政策_____了科学文化的繁荣和发展。
  (2)大家做了很多工作,最终_____他们两人消除了误会。
 3.存　　存在
  (3)他这个人有什么话都_____不住。
  (4)这种现象在现实生活中大量_____。

三、选择与划线词语意思最相近的解释：
  A.颗粒大　　B.声音大而低　　C.做得不精细　　D.说话没礼貌
 1.这个人的手艺太粗。　( )
 2.这批玉米面粗得很。　( )
 3.窗外传来大新粗声粗气的叫声。　( )
 4.你是从哪儿学来的这些粗话?　( )

352. 答复 dáfù （动、名）   reply
    答复对方/职工   reply to the other side/employees
    对……作出答复   reply to ...

353. 达 dá （动）   reach, extend, convey
    四通八达   extend to all directions
    直达   non-stop
    长达 5 分钟   last five minutes
    词不达意   one's words do not convey one's ideas

354. 达成 dáchéng   reach (an agreement)
    达成协议/一致   reach an agreement/consensus

355. *打 dǎ （动）   do, dig, knit, make, collect
    打井/打洞   dig a well/drill a hole
    打毛衣   knit a sweater
    打基础/打家具   lay a foundation/make furniture
    打柴/打草   gather firewood/hay
    打官司/打赌   sue, go to the court/bet

356. 打 dǎ （介）   from, since
    打美国来/毕业后   come from the U.S.A./since graduation

357. 打败 dǎbài   defeat, beat
    打败对手/敌人   defeat one's opponent/enemy
    女队打败了。   The women's team lost the game.

358. 打击 dǎjī （动）   beat, combat
    打击乐器   percussion instruments
    打击不正之风   combat unhealthy social trends

359. 打架 dǎ jià   fistfight, scuffle, fight
    和/跟……打了一架   had a fight with ...

360. 打交道 dǎ jiāodào   make or come into contact with
    跟/和……打了很多交道   have frequent contacts/dealings with ...

361. 打量 dǎliang （动）   size up
    仔细地/上上下下地打量   scrutinize closely/up and down
    我打量他会赢。   I suppose he will win.

362. 打破 dǎpò   break
    打破了花瓶   break a vase
    打破常规/纪录   break conventions/a record

一、请从左页中选择合适的词语填入括号：
 1．双方就会议议程（　　）协议。
 2．小心点儿，别（　　）玻璃。
 3．希望你给我一个满意的（　　）。
 4．他（　　）心里讨厌别人叫他胖子。
 5．他们决心在这场比赛中（　　）对手。
 6．她仔细（　　）了一下眼前的小伙子。
 7．两个喝醉酒的青年吵着吵着就（　　）起（　　）来。
 8．刘师傅是个裁缝，跟针线（　　）了一辈子交道。
 9．这次的失败使大家的情绪受到沉重的（　　）。
 10．抚仙湖湖面面积212平方公里，湖水深（　　）157米，风景十分美丽。

二、选择合适的词语填空：
 1．答应　答复　答案　回答
  （1）你们交上来的报告，领导还没有_____。
  （2）我_____过星期天晚上陪她看电影。
  （3）上课时，我最怕_____老师的提问。
  （4）这个问题的_____不难找到。
 2．达成　达到
  （1）你不能用欺骗的办法_____个人的目的。
  （2）经过一个月的谈判，双方终于_____了一致意见。
 3．打击　打败
  （1）这支球队多次_____过强队。
  （2）政府下半年要全力_____经济犯罪活动。
 4．打量　观察
  （1）姑娘被经理_____得有点儿发慌。
  （2）他的病情还不太稳定，需要再_____一段时间。

三、选择与划线词语意思最相近的解释：
  A．通　B．达到　C．表达
 1．本次列车直达上海。（　　）
 2．他的论文长达五万字。（　　）
 3．下午开会传达报告。（　　）

61

363. 打扫 dǎsǎo （动） sweep, clean
    打扫房间 clean the room
364. 打仗 dǎ zhàng fight, battle
    跟……打了一仗 fight with ...
365. 打招呼 dǎ zhāohu greet
    和/跟……打招呼 greet sb.
    来之前打个招呼 please notify us before you come
366. *大 dà （形） Used before a phrase of time for emphasis
    大冬天/晴天 a very cold winter day/a sunny day
367. 大半 dàbàn （名、副） more than half
    大半天 more than half a day, quite a while
    他大半不会来了。 Most probably he will not come.
368. 大便 dàbiàn （名） stool, refuse, feces
    拉大便 go to stool
    大便不正常 irregular bowel movement
369. 大大 dàdà （副） greatly, a lot
    大大增加/提高 increase substantially/rise sharply
370. 大道 dàdào （名） avenue, boulevard
    林荫(yīn)大道 boulevard
371. 大地 dàdì （名） earth, land
    广阔的/干旱的大地 vast/droughty land
372. 大都 dàdōu （副） for the most part, mostly
    大都是学生 mostly students
373. 大队 dàduì （名） a military unit, brigade, group
    警察大队 a group of policemen
374. 大方 dàfang （形） generous, liberal, open-handed
    花钱/待人大方 generous with money/people
    说话大大方方的 talk with easy grace
375. 大哥 dàgē （名） eldest brother, a polite form to address a man about one's own age
    我/你大哥 my/your elder brother
    张/李大哥 Brother Zhang/Li
376. 大力 dàlì （副） energetically, vigorously
    大力支持 strongly support

一、请从左页中选择合适的词语填入括号：

1. 听口音，他（　　）是上海人。
2. 在提高质量上争取（　　）个胜（　　）。
3. 老王，（　　）过节的还加班哪！
4. 院墙外就是村边的（　　）。
5. 战斗结束后，战士们迅速（　　）战场。
6. 大夫让我化验一下（　　）。
7. 感谢联想公司给予我校教学工作的（　　）帮助。
8. 她（　　）地走上台唱了起来。
9. 春天，（　　）一片新绿。
10. 想要我帮忙，尽管（　　）。
11. 美国空军一个（　　）由两个以上的中队组成。
12. 今年的出口（　　）超过了进口。
13. 小妹，你的自行车隔壁刘（　　）已经帮你修好了。
14. 来参观的人（　　）是中小学的学生。

二、选择合适的词语填空：

1. 大半　　大大　　大量

    (1) 这个商店_____方便了附近的居民。

    (2) 第三册已学完_____了。

    (3) 采用了新方法后，节省了_____资金。

2. 大方　　自然

    (1) 小王花钱特_____。

    (2) 他的表情十分_____。

三、选择与划线词语意思最相近的解释：

　　A. 挖；钻　　B. 编织　　C. 建立　　D. 制造　　E. 砍；割　　F. 从

1. 妻子在我们恋爱的时候给我<u>打</u>过一条围巾。（　　）
2. 改革开放以前，城里人结婚时的床、柜子大都是自己请木匠<u>打</u>的。（　　）
3. 放学的路上顺便给牛<u>打</u>点儿草。（　　）
4. 他们靠信心和勇气终于<u>打</u>通了隧道(suìdào)。（　　）
5. 你这是<u>打</u>哪儿来啊？（　　）

377. 大脑 dànǎo （名） brain
　　 人/动物的大脑 human/animal brain
378. 大嫂 dàsǎo （名） elder sister-in-law, a polite form to address a middle-aged woman
　　 大哥和大嫂 elder brother and sister-in-law
　　 卖水果的大嫂 a woman who sells fruits
379. 大使 dàshǐ （名） ambassador
　　 中国/外国大使 Chinese/foreign ambassador
380. 大意 dàyì （名、形） gist, main idea; careless
　　 故事/文章大意 main idea of a story/an article
　　 粗心大意 be careless
381. 大致 dàzhì （形） approximately, roughly
　　 大致的想法 unrefined thought
　　 大致了解 a rough understanding
　　 大致的印象 general impression
382. 大众 dàzhòng （名） general public
　　 依靠/团结人民大众 rely on/unite the people
383. 大自然 dàzìrán （名） nature
　　 利用/保护大自然 utilize/protect the nature
384. *呆 dāi （形） blank, wooden, dumbstuck
　　 发呆 be stupefied
　　 吓呆了 be dumbfounded
　　 呆呆地站着 stand stupefied
385. *带 dài （动） lead; simultaneously
　　 连跑带跳 running and jumping
　　 带着大家唱 lead people to sing
386. 带儿 dàir （名） belt, string, ribbon
　　 鞋带儿/裙带儿 shoestrings/a skirt ribbon
387. 带动 dàidòng （动） drive
　　 带动机器 operate machines
　　 带动生产 give impetus to production
388. 带领 dàilǐng （动） guide
　　 带领部队/孩子 direct the army/lead the children

一、请从左页中选择合适的词语填入括号：

1. 今天我（　　）大家去参观一个非常特别的地方。
2. 父母死后，我就跟着大哥、（　　）一起生活。
3. 江主席今天接见了法国的新任驻华（　　）。
4. 人体的感觉都是通过神经传送到（　　）的。
5. 在美丽广阔的（　　）中，有许多值得细心观察的事物。
6. 这种（　　）杂志通俗易懂，很受欢迎。
7. 先进地区应该用自己的技术、设备（　　）一（　　）落后地区。
8. 他实在是吓坏了，坐在地上（　　）了半天。
9. 今年不流行系（　　）的鞋。
10. 想办法把大家的积极性（　　）起来。
11. 这项工程（　　）在年底可以完工。
12. 文章的（　　）我还记得。

二、选择合适的词语填空：

1. 大概　　大致　　大约

(1) 厂长给我们介绍了工厂的 _____ 情况。

(2) 公司的情况我只了解个 _____ 。

(3) 你们提的方案 _____ 相同。

(4) 看样子，他 _____ 五十岁上下。

2. 带　　带领　　带动

(1) 全店职工在总经理的 _____ 下，开展了新年特卖活动。

(2) 老大爷坚持上山种树，他的行动 _____ 了一大批年轻人。

(3) 这么多年来，老人已经记不清 _____ 了多少徒弟了。

(4) 他这么一说，大家的兴趣都被 _____ 起来了。

三、选择与划线词语意思最相近的解释：

A．反应慢；不灵敏　　B．面部表情死板　　C．停留

1. 你可真呆，这么半天还没明白过来。（　　）
2. 这鬼地方，我一分钟也不愿意多呆了。（　　）
3. 听到这个消息后，他呆呆地站了半天。（　　）

389. 带头　dài tóu　　　　　　take the lead
　　　带头完成任务　　　　　　take the lead in finishing one's task
　　　带头作用　　　　　　　　(play) a leading role
390. 代　dài　(动)　　　　　　take the place of
　　　代课　　　　　　　　　　substitute for an absent teacher
　　　代我向……问好　　　　　Please give my regards to ...
391. 代办　dàibàn　(动、名)　　act on behalf of; chargé d'affaires
　　　临时代办　　　　　　　　chargé d'affaires ad interim
　　　代办托运　　　　　　　　undertake shipping
392. *代表　dàibiǎo　(动)　　　represent
　　　代表时代精神　　　　　　embody the spirit of the times
393. 代价　dàijià　(名)　　　　price, cost
　　　付出巨大代价　　　　　　pay dearly (for ...)
　　　爱情的代价　　　　　　　the price/consequence of love
394. 代理　dàilǐ　(动)　　　　 act for a person in a responsible position
　　　代理校长的职务　　　　　act for the president
395. *待　dài　(动)　　　　　　pending, yet to
　　　待解决/研究　　　　　　 pending solution/have yet to be studied
396. 待遇　dàiyù　(名)　　　　 treatment, benefits
　　　待遇平等/特殊　　　　　 treat equally/specially
　　　福利待遇丰厚　　　　　　attractive benefits
397. 逮捕　dàibǔ　(动)　　　　 arrest
　　　逮捕罪犯　　　　　　　　arrest a crimial
398. 耽误　dānwu　(动)　　　　 delay
　　　耽误时间/工夫　　　　　 lose time
399. 担　dān　(动)　　　　　　 take on
　　　担一桶水　　　　　　　　carry a pail of water
　　　担责任/风险　　　　　　 take the blame/run the risk
400. 担负　dānfù　(动)　　　　 bear
　　　担负损失　　　　　　　　bear the incurred losses
　　　担负起……的责任　　　　 shoulder responsibility
401. *单　dān　(形)　　　　　　single, unpadded
　　　单衣/单裤　　　　　　　 unpadded shirt/pants

一、请从左页中选择合适的词语填入括号：

1.这几年小刘在工作上还是能够(　　)的。
2.都十二月了,他还只穿一双(　　)鞋。
3.我没时间,这件事请你(　　)吧。
4.(　　)来的水果全都卖光了。
5.警察(　　)了这名罪犯。
6.总统住院期间,总统职务由副总统(　　)。
7.我们为胜利付出了巨大的(　　)。
8.(　　)的好坏,他没想过,他只想去那儿能充分发挥自己的能力。
9.李老师给我们(　　)了两节课。
10.(　　)酒馆儿要关门时,他才从从容容地走回家。
11.由于能力的问题,这种工作我(　　)不了。
12.红灯(　　)停车,绿灯(　　)通行。
13.千万不能为了几个钱把孩子的前途(　　)了。

二、选择合适的词语填空：

1.带头　　带动
　(1)改革开放 _____ 了经济发展。
　(2)听说要去农村参观,山本 _____ 报了名。

2.代理　　代办
　(1)我出版社 _____ 邮购,欢迎读者订阅。
　(2)麻烦你帮我 _____ 一下入学手续。
　(3)我出差的时候,办公室的事由你 _____ 。
　(4)张科长一次也没 _____ 过主任的职务。

3.代价　　价钱
　(1)为了爱情,这样的 _____ 似乎太大了。
　(2)不管 _____ 多少,我们都得买来。

4.担　　担负　　负担
　(1)你放心吧,真出了事,有什么责任我 _____ 着。
　(2)一百元的学费,对于贫困地区的家庭来说,可是不小的 _____ 。
　(3)每个公民都有义务 _____ 保卫祖国的责任。

402. 单纯　dānchún　（形） naive, simplistic
　　　思想/目的单纯 unsophisticated/a single objective
403. 单独　dāndú　（形） on one's own, alone
　　　单独完成 finish single-handedly
404. 胆　dǎn　（名） gallbladder, courage
　　　苦胆 gall bladder
　　　胆大/胆小 bold, courageous/timid
405. *淡　dàn　（形） light
　　　淡红色/绿色 pink/light green
406. 诞生　dànshēng　（动） be born
　　　诞生在湖南长沙 be born in Changsha, Hunan
　　　清末诞生的文学名著 a literary work written at the end of the Qing Dynasty
407. 蛋白质　dànbáizhì　（名） protein
　　　蛋白质(的)含量 the protein content
408. *当　dāng　（动、助动） manage; should, ought to
　　　当家 run the household
　　　不知道当说不当说 do not know whether I should say it or not
409. 当初　dāngchū　（名） previous situation
　　　现在和当初大不一样了 Now it is very different from before.
410. 当代　dāngdài　（名） present age
　　　当代社会 the present society
411. 当家　dāng jiā run a household
　　　没当过家 have never run a household
412. 当面　dāng miàn to sb.'s face
　　　当面解释 explain to sb.'s face
　　　当着大家的面 in the presence of everybody
413. 当中　dāngzhōng　（名） in the middle
　　　院子当中 in the middle of the courtyard
　　　老师当中 among the teachers
414. 党派　dǎngpài　（名） party
　　　民主党派 democratic parties

一、请从左页中选择合适的词语填入括号：
1. 这件毛衣样子不错，就是颜色（　　）了点儿。
2. 各民主（　　）在政治生活中发挥着重要作用。
3. 这家伙（　　）可真大，浪这么大还敢出海。
4. 他虽然是大学生了，但说话、做事仍显得很（　　）。
5. 1949年，新中国（　　）了。
6. （　　）是人体不可缺少的物质。
7. 喝酒的趣味（　　）是酒杯在嘴边的那一时刻吧。
8. 你要（　　）向她道歉，她才会原谅你。
9. 和平与发展是（　　）的两大主题。
10. 他说这，你说那，你们俩到底谁（　　）？
11. （　　），要没有他的帮助，我哪儿有今天。
12. 我校毕业生（　　）现在有不少人担任了重要职务。
13. 我要（　　）去广州一趟。

二、选择合适的词语填空：
1. 单独　　单个　　独立　　单纯
　(1) 这是一套邮票，不_____卖。
　(2) 他已经长大了，生活上可以_____了。
　(3) 经理找他_____谈了一次话。
　(4) _____追求升学率的做法是极其错误的。

2. 诞生　　出生
　(1) 中国共产党的_____，在中国历史上揭开了新的一页。
　(2) 我是1947年_____的。

3. 诞生　　成立
　(1) 你这套理论毫无根据，完全不能_____。
　(2) 鲁迅_____在浙江绍兴。

4. 当初　　当时
　(1) 老李答应你的时候，_____只有我和小刘在场。
　(2) 我真后悔_____没听你的话。
　(3) 早知今日，何必_____。

415. 党委　dǎngwěi　（名）　　　party committee
　　　厂党委　　　　　　　　　　the party committee of a factory
　　　党委指示　　　　　　　　　instructions from the party committee
416. *当　dàng　（动）　　　　 treat as/think
　　　把……当……　　　　　　　take ... for ...
　　　我当是谁，原来……　　　　It turned out to be someone other than whom I thought.
417. 档案　dàng'àn　（名）　　　archive
　　　历史档案　　　　　　　　　historical archives
　　　保管/整理档案　　　　　　 safeguard/classify archives
418. *倒　dǎo　（动）　　　　　 collapse, fall, switch
　　　银行倒了　　　　　　　　　The bank went bankrupt.
　　　倒课/倒教室　　　　　　　 change classes/classrooms
419. 倒霉　dǎo méi　　　　　　　have a bad luck
　　　认倒霉　　　　　　　　　　be resigned to one's bad luck
　　　倒霉的天气　　　　　　　　bad weather
420. 倒腾　dǎoteng　（动）　　　turn upside down
　　　倒腾抽屉　　　　　　　　　rummage in a drawer
421. 岛屿　dǎoyǔ　（名）　　　　island
　　　太平洋上的一座岛屿　　　　a Pacific island
422. 导弹　dǎodàn　（名）　　　 missile
　　　一枚远程导弹　　　　　　　a long-range missile
　　　发射地对空导弹　　　　　　launch a ground-to-air missile
423. 导师　dǎoshī　（名）　　　 tutor, supervisor, major professor
　　　博士生导师　　　　　　　　supervisor for doctoral students
　　　中国人民的导师　　　　　　leader of the Chinese people
424. 导演　dǎoyǎn　（名、动）　 diretor; direct
　　　成功地导演　　　　　　　　direct successfully
　　　电影/话剧导演　　　　　　 a film/drama diretor
425. 导致　dǎozhì　（动）　　　 lead to, result in
　　　导致失败/战争　　　　　　 lead to failure/result in a war
426. *到　dào　（形）　　　　　 *used as a verb complemeat to indicate the result of an action*
　　　想得到　　　　　　　　　　can anticipate
427. *到底　dàodǐ　（副）　　　 in the end, at last
　　　他到底还是来了。　　　　　He finally came.

一、请从左页中选择合适的词语填入括号：

1. 我们一致同意（　　）的意见。
2. 太平洋上（　　）众多。
3. 这是我国独立研制的一种新型地对空（　　）。
4. 张艺谋（　　）的电影多次在国际电影节上获奖。
5. 怎么（　　）事儿全让我碰上了？
6. 马绕着场子奔跑，十几个人也拦不住，（　　）把老孙头扔了下来。
7. 我（　　）是谁呢，原来是你啊！
8. 故宫里保存着明清两代的（　　）资料。
9. （　　）给我的毕业论文提了很多意见。
10. 从这儿到王府井，路上要（　　）两次车。
11. 由于天气的原因（　　）首都机场的数十个航班未能正常起飞。
12. 你明天跟我一起把柜子里的衣服（　　）（　　）。
13. 有照顾不（　　）的地方，请多多原谅。

二、选择与划线词语意思最相近的解释：

1. A. 抵得上　　　B. 看作；看成　　　C. 以为
   (1) 别把我当客人看待。（　　）
   (2) 你真的当我愿意去？我那是没办法。（　　）
   (3) 这些战士非常勇敢，可以以一当十。（　　）

2. A. 转换　　　B. 失败；垮台　　　C. 横躺下来
   (1) 地方太小，倒不开身。（　　）
   (2) 大家照我的意思把屋子倒空了。（　　）
   (3) 他倒在沙发上就睡着了。（　　）
   (4) 他们想用降价的手段把我们挤倒。（　　）

3. A. 到终点；到尽头　　B. 终于；最终　　C. 究竟
   (1) 到底是什么使你能坚持这么多年？（　　）
   (2) 随便你想干什么，我都奉陪到底。（　　）
   (3) 劝了半天，他到底被我说服了。（　　）
   (4) 说到底，哪儿都不如家里好。（　　）

428.	到……为止 dào……wéizhǐ	up to
	到目前为止	up to now
429.	*倒 dào （动）	reverse, back up
	倒车	back up a car
430.	*倒(是) dào(shi) （副）	*indicating contrast*
	说得倒(是)容易	it's easy to say
	他人倒(是)不错，就是脾气坏。	He is a nice person, only has a bad temper.
	你倒(是)说话呀！	Out with it.
431.	*道 dào （动）	say, express
	道喜/道谢	congratulate/express thanks
432.	*道 dào （名）	Taoism, Taoist
	道家思想	Taoism
433.	*得 dé （动）	be finished, be ready, *indicating permission*
	做得了	should be able to finish
	不得进入	no admission without permission
434.	得病 dé bìng	fall ill
	得了(一)场大病	had a serious illness
435.	得了 déliǎo	terrible, disastrous, awful
	真不得了	my God!
	那还得了	How disastrous!
436.	得意 déyì （形）	pleased with oneself, complacent
	得意地笑	complacent smile
	你得什么意？	Do not be too proud of yourself.
437.	灯火 dēnghuǒ （名）	lights
	万家灯火	myriad of twinkling lights
438.	灯笼 dēnglong （名）	lantern
	糊/挂灯笼	make/hang a lantern
439.	*登 dēng （动）	mount, climb
	登着桌子	mount a table
440.	蹬 dēng （动）	pedal
	蹬自行车	ride a bicycle
441.	*等 děng （动）	equate
	大小不等	different sizes
442.	等到 děngdào （连）	by the time, when, till
	等到饭后再谈工作	not start the work until after dinner

一、请从左页中选择合适的词语填入括号：

1. 我小的时候,孩子们过年都喜欢打着(　　)在院子里玩儿。
2. 这么小的孩子就学会了吸烟,这怎么(　　)?
3. 明天,你(　　)是去不去呀?
4. 饭做(　　)了,叫我一声。
5. (　　)我赶到时,天已黑了。
6. 老刘师傅抱上了孙子,邻居们知道消息后都来给他(　　)喜。
7. 经理当着同事们的面表扬了他,他心里暗暗(　　)。
8. 夜晚,从电视塔上望下去,整个北京城(　　)辉煌。
9. (　　)昨天(　　),中国体育代表团已经取得了26块金牌。
10. 他(　　)着我的肩膀爬上了墙头。
11. 休息一会儿吧,我实在(　　)不动了。
12. 他们都存在着程度不(　　)的问题。
13. 小时侯,他(　　)了一场(　　)。病好了,可耳朵却听不见了。

二、选择合适的词语填空：

1. 倒(是)　　却
   (1)爸爸 _____ 不会反对你们的婚事,妈妈可就难说了。
   (2)他虽然参加了座谈会, _____ 没有发言。
   (3)我 _____ 听说过他的名字,不过没见过面。
   (4)这种苹果看着很好看,吃起来 _____ 不一定好吃。

2. 道　　说　　讲
   (1)这门课要 _____ 到下个学期。
   (2)他在信中写 _____ :"叔叔,我上学了。"
   (3) _____ 好的事情怎么能随随便便地就改了呢?

三、选择与划线词语意思最相近的解释：

　　A．表示让步　　　　　　B．表示催促或追问
　　C．表示事情不是那样　　D．向反方向移动

1. 要是时光可以<u>倒</u>回20年,该有多好啊! (　　)
2. 你说得<u>倒</u>是轻松,你来试试看! (　　)
3. 你<u>倒</u>是快想个办法呀! (　　)
4. 认识<u>倒</u>认识,就是不太熟。 (　　)

443. 等候 děnghòu （动） wait
 等候命令/安排 wait for orders/assignment
444. 瞪 dèng （动） stare
 眼睛瞪得大大的 stare with one's eyes wide open
 生气地瞪了他一眼 give him an angry look
445. 凳子 dèngzi （名） stool
 木凳子/高凳子 wooden stool/ladder
446. 堤 dī （名） dike, embankment
 修建一道/条大堤 build an embankment
447. 滴 dī （动） drop
 滴眼药 use eye drops
448. 抵 dǐ （动） support, resist, make good, match
 抵着下巴 prop one's chin
 抵住进攻 withstand a counterattack
 抵债 pay debt in kind or by labour
 一个(人)抵得上三个 one person is as good as three persons
449. 抵抗 dǐkàng （动） resist
 抵抗敌军 resist against enemies
450. 底 dǐ （名） bottom, end of a year or month
 鞋底 sole
 年底 end of a year
451. 底片 dǐpiàn （名） (photo) negative
 底片处理 film processing
452. *底下 dǐxià （名） following, subsequent
 底下的事 what happened later
453. *地 dì （名） ground, field
 绿地红花 red flowers in green field
454. 地板 dìbǎn （名） floor
 铺木地板 floor the room with planks
455. 地步 dìbù （名） condition, situation
 落到这种地步 get into such a plight
 病到这种地步 be so ill

一、请从左页中选择合适的词语填入括号：

1. 他用房子（　　）了二十万元，开了家洗衣店。
2. 事情已经发展到了不可收拾的（　　）。
3. 窗户太高，你登个（　　）上去擦吧。
4. 等车的同志请自觉地站在白色安全线内（　　）。
5. 药水顺着管子一点一点地往下（　　）。
6. 这条江（　　）可以防五十年一遇的洪水。
7. 敌人没做任何（　　）就放下了武器。
8. 爆炸之后我昏倒了，（　　）的事就不知道了。
9. 我把（　　）弄丢了，没办法再冲洗了。
10. 中国有句成语叫井（　　）之蛙，比喻眼光短浅的人。
11. 我买了一块白（　　）兰花的窗帘。
12. 你（　　）着我做什么？还不快追！
13. 快把（　　）上的水擦干净。

二、选择合适的词语填空：

　　反抗　　抵抗

(1) 经过三天三夜的战斗，我们终于_____住了敌人的进攻。
(2) 老人用大衣给我_____风寒。
(3) 哪里有压迫，哪里就有_____。
(4) 新事物在成长过程中一定会遇到旧习惯、旧传统的_____。

三、选择与划线词语意思最相近的解释：

1. A. 抵押；抵偿　　B. 抵抗；抵挡　　C. 支撑　　D. 相当

(1) 怎么赔也抵不了我的损失。（　　）
(2) 一个鸡蛋的蛋白质抵得上半磅牛肉。（　　）
(3) 风太大，用这张桌子把门抵住。（　　）
(4) 这么大的压力恐怕她抵不住。（　　）

2. A. 以后　　　　B. 物体的下面　　C. 引申指下级

(1) 你告诉我，这事完了，底下该干什么了？（　　）
(2) 手底下有三百多工人。（　　）

75

456. 地道 dìdao （形） genuine, typical
   地地道道的北京人 a typical Beijing native
   功夫/人地道 excellent *Gongfu*/a good person
457. 地理 dìlǐ （名） geographical features of a place
   北京的地理位置 the geographical position of Beijing
458. 地势 dìshì （名） topography
   地势复杂 varied topography
459. 地毯 dìtǎn （名） carpet, rug
   铺一条纯毛地毯 cover with a woolen carpet
460. *地下 dìxià （名） underground
   地下工厂/报纸 underground factory/newspaper
461. 地形 dìxíng （名） topography, terrain
   观察地形 observe the terrain
462. 地震 dìzhèn （名） earthquake
   发生强烈地震 an intense earthquake happened
463. 地质 dìzhì （名） geology
   地质学家 geologist
464. 地主 dìzhǔ （名） landlord
   村里的地主 the landlord of a village
465. 弟兄 dìxiong （名） brother
   弟兄三个 three brothers
466. *点 diǎn （名） decimal, dot
   七点一(7.1) seven point one
   小数点 decimal point
467. *点 diǎn （动） drip, check, touch on briefly, hint
   点钱/点货 count the money/goods
   点眼药 put drops in the eyes
   轻轻点一下 touch on something lightly
   一点就透 take the hint quickly
468. 典礼 diǎnlǐ （名） ceremony
   毕业/结婚典礼 graduation/wedding ceremony
469. 典型 diǎnxíng （名、形） model; typical
   成为典型 become a model
   典型的球迷 a typical football fan

一、请从左页中选择合适的词语填入括号：

1. 你们家（　　）几个？
2. 他不是北京人,可普通话却说得非常（　　）。
3. 祥林嫂是鲁迅先生笔下旧中国妇女的（　　）形象。
4. 每当有外国领导人来访时,人民大会堂东门前都会铺上红（　　）。
5. 上高中时,我最喜欢上（　　）课。
6. 开学（　　）上,李校长简单介绍了一下学校的历史。
7. 昨天,印度发生了7.1级的强烈（　　）。
8. 解放后,土地收为国有,（　　）已经不存在了。
9. 解放前,他一直在上海搞（　　）工作。
10. 你是聪明人,一（　　）就明白。
11. 他从小生活在这里,对这儿的（　　）非常熟悉。
12. 北京的（　　）是东南低,西北高。
13. 李四光是中国著名的（　　）学家。

二、选择合适的词语填空：

1. 地形　　地势

   (1) 地理学上讲的 _____ 一般有平原、高原、山地、盆地、丘陵等。
   (2) 必须赶在洪水到来之前,把村民转移到 _____ 高的地方。

2. 典型　　榜样

   (1) 他举的例子很 _____,很能说明问题。
   (2) 雷锋是乐于助人的 _____。

三、选择与划线词语意思最相近的解释：

1. A. 使液体一滴一滴往下落　　B. 一个一个查对数目
   C. 触到物体后马上离开　　D. 指点；启发

   (1) 他的话<u>点</u>出了问题的关键。（　　）
   (2) 这是五千元,你<u>点</u>点。（　　）
   (3) 机器转得慢了,往里边<u>点</u>点儿油,就好了。（　　）
   (4) 他一边看着报,一边手指在大腿上轻轻地<u>点</u>着。（　　）

2. A. 真正；纯粹　　B. 好；实在；够标准

   (1) 北京烤鸭还是全聚德做的最<u>地道</u>。（　　）
   (2) 这是个<u>地地道道</u>的老北京四合院。（　　）

470.	电池　diànchí　（名）	cell, battery
	5号电池	size 5 battery
471.	电力　diànlì　（名）	electricity
	电力供给	electricity supply
472.	电铃　diànlíng　（名）	door bell
	按电铃	press the door bell
473.	电流　diànliú　（名）	electric current
	一股强大的电流	a powerful electric current
474.	电炉　diànlú　（名）	electric stove
	一台电炉	an electric stove
475.	电脑　diànnǎo　（名）	computer
	电脑软件	computer software
476.	电器　diànqì　（名）	eletric appliances/devices
	选购家用电器	buy household electric appliances
477.	电线　diànxiàn　（名）	electric wire
	拉一根电线	mount an electric wire
478.	电压　diànyā　（名）	voltage
	高/低电压	high/low voltage
	电压不稳	unsteady voltage
479.	电子　diànzǐ　（名）	electron, quartz
	电子表	quartz watch
480.	惦记　diànjì　（动）	keep thinking about
	惦记家人	be worried about one's family
481.	垫　diàn　（动）	put underneath
	把桌子垫平	put sth. under a table to make it level
482.	奠定　diàndìng　（动）	lay the foundation, establish
	奠定基础	lay the foundation
	奠定地位	stablize one's position
483.	雕刻　diāokè　（动、名）	carve, engrave; sculpture
	在石头上雕刻图案	engrave a stone with designs
	玉石雕刻	jade carving
484.	*掉　diào　（动）	drop, lose, turn round
	掉了五斤	lose 5 pounds
	（车）掉头	(of a vehicle) turn round

一、请从左页中选择合适的词语填入括号：

1. 每年春季，电脑的价格都会（　　）下来。
2. 三峡工程建成后，将为我国工农业生产提供丰富的（　　）资源。
3. 院门的（　　）响了，你去看看谁来了。
4. 我国民间艺术家的玉石（　　），深受国际友人的称赞。
5. 为了安全，学校规定宿舍里不许使用（　　）。
6. 柜子不稳，在下面（　　）点儿东西。
7. 去年，（　　）拉进了山，现在村里家家户户都用上了电。
8. 五道口新开了一家（　　）商场，品种挺全的。
9. （　　）不稳给（　　）的使用带来了不便。
10. 八十年代初，带（　　）表是很时髦的。
11. 这么多年了，他还一直（　　）着我们。
12. 这种收音机使用的是两节七号（　　）。
13. 上半场最后五分钟的进球，为取得全场比赛的胜利（　　）了基础。
14. 旧式收音机的（　　）声很大。
15. 现在，生产的全过程已经实现了（　　）控制。

二、选择合适的词语填空：

1. 惦记　　想念
   (1) 父亲把他收藏了多年的古画儿献给了国家，这回几个儿子都甭＿＿＿了。
   (2) 妈妈一天到晚＿＿＿你的吃，＿＿＿你的喝，操了多少心呀！
   (3) 这几年在国外工作，我没有一天不＿＿＿＿你们的。

2. 垫　　顶
   (1) 朝鲜族妇女有个习惯，运送东西用头＿＿＿＿。
   (2) 妈妈给生病的小明＿＿＿＿了个枕头，好让他靠得舒服些。

三、选择与划线词语意思最相近的解释：

A. 回；转　　B. 降低；减少　　C. 遗失；丢失　　D. 落

1. 这次旅行我掉了不少肉。（　　）
2. 司机把车掉了个头。（　　）
3. 那块手表在我游泳的时候掉了。（　　）

79

485. 调动 diàodòng （动） — transfer, mobilize
    调动职位 — transfer to another post
    调动积极性 — mobilize the enthusiasm of
486. 爹 diē （名） — dad, father
    我爹 — my father
487. 叠 dié （动） — pile up
    把书叠在一起 — pile up books
    叠衣服 — fold up the clothes
488. 丁 dīng （名） — male, cube, fourth
    壮丁 — strong men
    肉丁 — meat cubes
    园丁 — gardener
    丁级 — fourth grade
489. 盯 dīng （动） — fix one's eyes on, stare
    紧紧盯着照片 — look at a photo closely
490. 钉 dīng （动） — guard, follow closely
    钉着对方后卫 — guard the full back of the other team
    钉着点儿，别忘了 — keep reminding somebody not to forget
491. 钉子 dīngzi（名） — nail
    钉钉子 — hammer a nail
492. *顶 dǐng （动） — gore, use sth. against sth. else to drive it in
    顶了个大包 — have made a bump
    顶嘴 — talk back, retort
    顶出了小芽 — The sprouts have pushed through the ground.
    顶着风 — against the wind
493. *顶 dǐng （副） — most, very, extremely
    顶喜欢苹果了 — like apples best of all
494. *顶 dǐng （量） — a measure word used for sth. that has a top
    一顶草帽 — a straw hat
495. 定期 dìngqī （动、形） — set a date; regular, fixed
    会议还未定期 — The date for the meeting hasn't been decided on.
    定期检查 — regular check-ups
496. *订 dìng （动） — staple together
    把文件订起来 — staple the documents together

一、请从左页中选择合适的词语填入括号：

1. 你要紧紧（　　）住他，别让他跑了。
2. 这是水泥墙，钉不进去（　　）。
3. 黄瓜、鸡肉都切成（　　）。
4. 把这些文件（　　）在一起。
5. 为了学生的充分发展，教师要努力（　　）他们的创造力。
6. 你先走吧，这儿我（　　）着。
7. 妻子快生了，眼看我就要当（　　）了。
8. 他在课上跟老师（　　）了起来。
9. 为了保证工人的身体健康，厂里每年都（　　）为工人体检。
10. 他用纸（　　）成一架小飞机。

二、选择合适的词语填空：

1. 定期　　按期

(1) 请经理放心，我一定 _____ 完成工作。

(2) 先生，您这笔钱想存 _____ 还是活期？

(3) 为了保证饮食卫生，卫生部门要不_____地对饮食行业进行检查。

(4) 从图书馆借的书要 _____ 归还。

2. 调　　调动

(1) 组织上 _____ 他来京工作。

(2) 这项政策 _____ 起了大家的工作热情。

(3) 在边疆工作二十年了，现在也该 _____ _____ 了。

(4) 这里非常缺人，再给我们 _____ 几个来吧。

三、选择与划线词语意思最相近的解释：

1. A. 紧跟着不放松　　B. 催问；督促　　C. 用力打进去

(1) 小王把对方8号<u>钉</u>得死死的。（　　）

(2) 你要<u>钉</u>着点，让他们把活儿尽快干完。（　　）

2. A. 表示程度高　　B. 从下面拱起　　C. 对面迎着

(1) 记得小时候脚长得特别快，经常把布鞋前头<u>顶</u>个洞。（　　）

(2) 你们几个<u>顶</u>数小王聪明。（　　）

(3) 现在有点儿<u>顶</u>风，没关系，回来就顺风了。（　　）

497.	订婚(定婚) dìng hūn	be engaged
	从小就订了婚	be engaged since one's childhood
498.	*东西 dōngxi (名)	(*used to express affection or hatred for a person or animal*) thing, creature
	他不是东西。	He is a mean creature.
499.	冬季 dōngjì (名)	winter
	寒冷的冬季	a cold winter
500.	懂事 dǒng shì	sensible, mature, considerate
	不懂事的孩子	a silly-behaved child
501.	*动 dòng (动)	move, touch
	动了感情	be touched
502.	动机 dòngjī (名)	motive
	动机不纯	have ulterior motives
	良好的动机	good motive
503.	动静 dòngjing (名)	movement, sound
	没有一点儿动静	It was dead quiet.
	敌人的动静	enemy's movements
504.	动力 dònglì (名)	motive, driving force
	社会发展的强大动力	the strong driving force of the society
505.	*动手 dòng shǒu	hit out
	动手打人	hit someone with hands
506.	动摇 dòngyáo (动)	vacillate, waver, shake
	动摇信心	lose confidence
507.	抖 dǒu (动)	tremble, shiver, quiver
	全身发抖	tremble all over
	抖抖肩上的雪	shake the snow off one's shoulders
508.	陡 dǒu (形)	steep, precipitous
	山坡很陡	steep slope
509.	斗 dòu (动)	fight, struggle
	和……斗	fight against sb.
	斗牛/斗鸡	bull fight/gamecock
510.	*斗争 dòuzhēng (动)	expose, denounce, accuse
	斗争坏分子	denounce evildoers

一、请从左页中选择合适的词语填入括号：
1. 我们要和社会上的不正之风做坚决的（　　）。
2. 快把那（　　）拿走，我顶讨厌猫了。
3. 是他先（　　）的，为什么批评我？
4. 你怎么这么不（　　）？
5. 哈尔滨每年（　　）都举办冰雪节，吸引了大批游客。
6. 你这么做的（　　）是什么？
7. 坡太（　　），汽车上不去。
8. 爱情也能产生巨大的（　　）。
9. 刚遇到一点儿小问题，你就（　　）了吗？
10. 你先别（　　）气，听他把话说完。
11. 把被子拿出去好好（　　）。
12. 他侧着耳朵听了半天，一点儿（　　）也没有。
13. 西班牙的（　　）牛比赛吸引了世界各地的游客前去观看。
14. 小王让我告诉你，他和小梅（　　）了，下星期就办事儿。

二、选择合适的词语填空：
1. 动机　　想法
(1) 你的 ＿＿＿＿ 不纯，不会有好结果。
(2) 这个 ＿＿＿＿ 不错，可以试试。

2. 动静　　声音
(1) 远处传来了狗叫的 ＿＿＿＿ 。
(2) 院子里一点儿 ＿＿＿＿ 也没有。
(3) 他们早就答应办理，可至今不见 ＿＿＿＿ 。
(4) 一有 ＿＿＿＿ ，就来报告。

3. 动摇　　摇动
(1) 树枝在风中 ＿＿＿＿ 。
(2) 由于时代的发展不少人旧有的信念开始 ＿＿＿＿ 。

三、选择与划线词语意思最相近的解释：
虽然他很生气，但还是忍住没有<u>动</u>手。
A. 开始做；做　　B. 打人　　C. 用手接触；摸

511. 豆浆　dòujiāng　（名）　　soy-bean milk
　　　喝豆浆　　　　　　　　　drink soy-bean milk
512. 豆子　dòuzi　（名）　　　bean
　　　种豆子　　　　　　　　　sow beans
　　　吃豆子　　　　　　　　　eat beans
513. 毒　dú　（形、动）　　　　toxic, noxious, cruel; kill with poison
　　　很毒的太阳　　　　　　　the scorching sun
　　　毒蛇　　　　　　　　　　poisonous snakes
　　　毒死老鼠　　　　　　　　poison rats
514. 毒　dú　（名）　　　　　　poison, toxin, anything pernicious to the mind, narcotics
　　　有毒/中毒　　　　　　　 toxic/toxicosis
　　　流毒　　　　　　　　　　baneful influence
　　　吸毒/戒毒　　　　　　　 take/abstain from drugs
515. 独特　dútè　（形）　　　　unique
　　　功能独特　　　　　　　　unique function
516. 独自　dúzì　（副）　　　　alone, by oneself
　　　独自生活　　　　　　　　live alone
517. 读物　dúwù　（名）　　　　reading materials
　　　儿童读物　　　　　　　　children's books
518. 端　duān　（名）　　　　　end, extremity
　　　绳子的一端　　　　　　　one end of a string
519. 端正　duānzhèng　（形、动）upright, proper; correct
　　　坐得/写得端端正正　　　　sit upright/write a fair hand
　　　品行/作风端正　　　　　　a good character/be upright
　　　端正态度　　　　　　　　change one's wrong attitude
520. *断　duàn　（动）　　　　　judge
　　　断案子　　　　　　　　　judge a case
521. 堆　duī　（名、量）　　　　heap, pile, stack
　　　雪堆　　　　　　　　　　heap of snow
　　　一堆人　　　　　　　　　a crowd
522. 堆积　duījī　（动）　　　　pile up
　　　堆积木料　　　　　　　　pile up timber
523. 兑换　duìhuàn　（动）　　　exchange
　　　兑换外币　　　　　　　　exchange foreign currency

一、请从左页中选择合适的词语填入括号：

1．你在这个问题上要（　　）认识。
2．弟弟很喜欢玩儿电脑中的吃（　　）游戏。
3．一般在饭店里都可以（　　）外币。
4．码头上（　　）着许多等待运上船的货物。
5．（　　）是中国人早餐中的主要食品。
6．现在，专门为中小学生出版的（　　）越来越多。
7．走廊的一（　　）摆着几盆花儿。
8．他（　　）一人在校园里闲逛。
9．中国有句俗话叫作清官难（　　）家务事。
10．他找到我家来，摆出一大（　　）困难，目的是想再要几个帮手。
11．中医有自己的（　　）的治疗方法。
12．孔乙己因为偷书挨了一顿（　　）打。

二、选择合适的词语填空：

1．特　　　特别　　　独特

(1)本次列车是从北京开往杭州的 T31 次 _____ 快车。
(2)故宫体现了我国古代建筑艺术的优良传统和 _____ 风格。
(3)他的脾气很 _____。

2．独自　　　单独

(1)很多留学生都愿意请老师 _____ 辅导。
(2)周末，她常常 _____ 一人到图书馆看书。

3．端正　　　改正

(1)把错误的态度 _____ 过来。
(2)你身上的这些毛病一定要 _____。

三、选择与划线词语意思最相近的解释：

A．猛烈；狠毒　B．对思想有害的事物　C．对人体有害的物质　D．害死

1．别喝，酒里有毒。（　　）
2．一些人中了这种书的毒，走上了犯罪的道路。（　　）
3．老鼠被毒死了。（　　）
4．他的心很毒。（　　）

524. *队伍 duìwu （名） contingent, troops
 　　教师/干部队伍 contingent of teachers/cadres
525. 队员 duìyuán （名） team member
 　　消防队员 fireman
526. *对 duì （动） add, mix
 　　酒里对点儿水 add a little water to the wine
527. 对得起 duìdeqǐ treat fairly, live up to
 　　对得起父母 live up to parental expectations
528. 对……来说 duì……láishuō as far as ... is concerned
 　　对留学生来说 as far as foreign students are concerned
529. 对了 duìle right, there, *used as an interjection to indicate sth. occurred to one's memory*
 　　对了，忘了告诉你下午有会。 Oh, I forgot to tell you there is a meeting this afternoon.
 　　说对了 You are right.
530. 对立 duìlì （动） oppose
 　　观点对立 conflicting points of view
531. 对门 duìmén （名） (of two houses) face each other
 　　住对门 live cross from somebody
532. *对象 duìxiàng （名） boy/girl friend
 　　搞对象 dating each other
533. *蹲 dūn （动） stay
 　　在家蹲着 stay at home
 　　蹲监狱 be imprisoned
534. 顿时 dùnshí （副） at once, immediately, suddenly
 　　会场顿时静了下来。 The meeting place suddenly quieted down.
535. 哆嗦 duōsuo （动） tremble, shiver
 　　嘴唇/手哆哆嗦嗦 trembling lips/hands
 　　冷得打哆嗦 shiver with cold
536. 多半 duōbàn （副） mostly
 　　他多半是病了。 He is most likely ill.
537. 多亏 duōkuī （动、副） thanks to; fortunately
 　　多亏有你在场 Luckily you were on the scene.
 　　多亏了你的帮助 Thanks to your help.

一、请从左页中选择合适的词语填入括号：

1. 教师是知识分子（　　）中一个重要组成部分。
2. （　　）了你的帮助，我才能顺利通过考试。
3. （　　）的山本经常找我来聊天儿。
4. 这项工作（　　）你（　　），并不难。
5. 他（　　）得像风雨中的树叶。
6. 咖啡里（　　）点儿牛奶。
7. 别老（　　）在家里喝闷酒，出去走走。
8. （　　），该吃药了。
9. 我要努力工作，这样才（　　）所有关心我、爱护我的人。
10. 消息一传来，村子里（　　）热闹起来。
11. 绝大多数中国人都希望改变海峡两岸的（　　）局面。
12. 对门王大妈给小梅介绍了个（　　）。
13. 雨下得这么大，他（　　）不会来了。
14. 比赛开始前，（　　）们都显得格外兴奋。

二、选择合适的词语填空：

1. 部队　　队伍

（1）养好伤以后，小王又回到了_____。

（2）搞好教师_____的建设是办学的关键。

2. 多亏　　幸亏

（1）_____了小王画的这张图，我才找到了这儿。

（2）他们_____带了伞，才没挨淋。

3. 顿时　　马上

（1）演出一开始，整个剧场_____安静了下来。

（2）你等一下，他_____就回来。

4. 颤抖　　哆嗦

（1）老人气得直打_____。

（2）她激动得嘴唇_____起来。

（3）空气在_____，仿佛天空在燃烧。

538. 多劳多得 duō láo duō dé | more work more pay
多劳多得的方针 | the policy of to each according to his work
539. 多余 duōyú（形）| surplus, unnecessary
多余的农产品 | surplus farm produce
多余告诉他 | It is not necessary to tell him.
540. 夺取 duóqǔ（动）| capture
夺取政权 | seize the power
夺取胜利 | strive for victories

E

541. 俄语(俄文) Éyǔ（名）| Russian
学/说俄语 | learn/speak Russian
542. 恶心 ěxin（动）| feel nauseated
见了血就恶心 | feel sick at the sight of blood
让人恶心的话 | disgusting remarks/words
543. 恶 è（形）| evil
恶狼 | ferocious wolf
恶人 | evil man
恶言恶语 | evil language
544. 恶化 èhuà（动）| take a turn for the worsen, deteriorate
病情恶化 | deteriorating condition of an illness
545. 恶劣 èliè（形）| bad, odious
品质/天气恶劣 | evil character/inclement weather
546. *而 ér（连）| but, whereas, *used to express coordination by joining two parallel adjectives or other elements*
有其名而无其实 | in name but not in reality
因贫穷而退学 | leave school because of poverty
547. 儿女 érnǚ（名）| sons and daughters, children, offspring
抚养/惦记儿女 | raise/miss one's children

F

548. *发 fā（动）| generate, strike rich, become
发芽/发霉 | sprout/mildew came out
发家 | build up a family fortune
发红/发软 | turn red/soft

一、请从左页中选择合适的词语填入括号：
1. 这次事件使巴勒斯坦与以色列的关系再次（   ）。
2. （   ）都结婚了，我们也该轻松轻松了。
3. 运动员决心继续努力（   ）更多的奖牌。
4. 总理的出国访问因这次地震（   ）不得不取消。
5. 这些话也许是（   ）的，但我还是要说。
6. 这里的工作条件非常（   ）。
7. 社会主义市场经济也是鼓励（   ）的。
8. 我们学校非常缺（   ）教师。
9. 现在，有些国家掌握了用垃圾（   ）电的技术。
10. 他和人说话总是（   ）言（   ）语，很不礼貌。
11. 他做的事真叫人（   ）。

二、选择合适的词语填空：
1. 夺取　　争取
  (1) 你们要_____时间，早日完成任务。
  (2) 我好不容易_____到了这个出国的机会。
  (3) 部队先后_____了好几个敌人占领的重要城市。
  (4) 我们要集中力量，_____农业更大的丰收。

2. 多余　　富裕　　剩余
  (1) 你_____为他操那份心。
  (2) 我看时间还_____，就先去了趟书店。
  (3) 由于人口增长过快，中国的_____劳动力问题很严重。
  (4) 马克思的_____价值理论得到了许多经济学家的承认。

3. 恶心　　讨厌
  (1) 刺鼻的汽油味儿让人感到_____。
  (2) 他的行为真叫人_____。
  (3) 我最_____说假话的孩子。

4. 儿女　　孩子
  (1) 他们都是中华民族的优秀_____。
  (2) 这_____真不听话。

549.	发电　fā diàn	generate electricity
	水力发电	hydro-power electricity
550.	*发挥　fāhuī（动）	develop
	借题发挥	make use of a topic under discussion to put across one's own ideas
551.	发觉　fājué（动）	find, discover, detect
	发觉受骗	realize that one is deceived
552.	发射　fāshè（动）	launch
	发射导弹	launch a missile
553.	发行　fāxíng（动）	issue, publish
	发行刊物/邮票	circulate publications/issue stamps
554.	发育　fāyù（动）	grow, develop
	健康发育	healthy growth
555.	罚　fá（动）	punish, fine
	罚钱/罚酒	fine/make sb. drink wine as a forfeit
556.	法令　fǎlìng（名）	laws and decrees
	制定/遵守法令	make a law/obey the laws
557.	法院　fǎyuàn（名）	court
	中级法院	intermediate court
558.	法制　fǎzhì（名）	legal system
	加强法制	strengthen the legal system
	法制教育	education in the law
559.	法子　fǎzi（名）	way, method
	想/有法子	think of some ways/find a way
560.	番　fān（量）	times
	三番五次	time and again
	下一番功夫	put in a lot of efforts
561.	*翻　fān（动）	turn over, climb over, multiply, translate, fall out, quarel
	翻过山	climb over a mountain
	翻成英文	translate into English
	翻了一倍	be doubled
	跟……翻了脸	fall out with somebody

一、请从左页中选择合适的词语填入括号：

1. 小梅上班迟到,奖金被(　　)掉了。
2. 这座城市的最高建筑就是电视台的信号(　　)塔。
3. 由于缺少燃料,电厂(　　)不了(　　)了。
4. 中国正在努力把自己建立成一个(　　)的国家。
5. 十四岁正是孩子身体(　　)的阶段。
6. 小梅躲在哥哥身后,哥哥一直没有(　　)。
7. 我们应该自觉地遵守国家的(　　)。
8. 这个意思你应该再(　　)(　　)。
9. 我有一个在(　　)工作的朋友。
10. 她耐心地向我解释了一(　　)。
11. 本书将由新华书店(　　)。
12. 一家人闹(　　)了。
13. 这(　　)还真有用,孩子马上就不哭了。

二、选择合适的词语填空：

1. 发挥　　发扬　　表达

(1) 这场比赛中国队_____出了自己的优势。

(2) 这些优良传统我们应该进一步_____。

(3) 新时代妇女应该_____更重要的社会作用。

(4) 这篇小说_____了作者对美好生活的热爱。

2. 发觉　　发现

(1) 等_____错了,他们已经走出二里地了。

(2) 她摸了摸山本的头,_____很烫。

(3) 哥伦布_____了美洲大陆。

三、选择与划线词语意思最相近的解释：

A. 产生;发生　　B. 得到大量钱财　　C. 因变化而显现　　D. 感到

1. 我全身<u>发</u>冷,大概是发烧了。(　　)
2. 他这两年靠跑长途<u>发</u>了。(　　)
3. 春天来了,小草又<u>发</u>绿了。(　　)
4. 春天来了,小草又<u>发</u>芽了。(　　)

91

562.	翻身　fān shēn	turn over, free oneself
	来回翻身	toss (in bed) from side to side
	翻身做了主人	be freed and become master of one's own fate
563.	繁殖　fánzhí（动）	breed, reproduce
	人工繁殖	artificially reproduce
564.	凡是　fánshì（副）	so long as
	凡是小说，我都爱读。	So long as they are novels, I love to read.
565.	烦　fán（形、动）	upset, troubled; bother
	心特烦	be upset
	别烦我	Don't bother me.
	烦您给他打个电话。	May I ask you to call him up?
566.	反　fǎn（形、动）	on the contrary; reverse, combat
	穿反了	wear inside out
	反封建/侵略	oppose feudalism/resist invasion
567.	反　fǎn（副）	on the contrary, instead
	听他一说，大家反笑了。	Unexpectedly, everybody laughed at his words.
568.	反而　fǎn'ér（副）	on the contrary, instead
	一点儿没简单，反而更麻烦了。	It does not make things easy, on the contrary, they become more complicated.
569.	反击　fǎnjī（动、名）	strike or hit back; counterattack
	对……进行反击	deal a counterblow at …
	有力的反击	a vigorous counterattack
570.	反问　fǎnwèn（动）	question in return as a retort
	突然/大胆反问	retort suddenly/courageously
571.	返　fǎn（动）	return, go back
	返校/返工	go back to school/redo one's work
572.	犯人　fànrén（名）	prisoner
	关押/看守犯人	put in prison, watch over prisoners
573.	犯罪　fàn zuì	commit a crime
	故意犯罪	intentional offence
	犯了严重的罪	commit a serious crime
574.	饭馆　fànguǎn（名）	restaurant
	一家饭馆	a restaurant
	下饭馆	go to a restaurant

一、请从左页中选择合适的词语填入括号：

1. 我问你呢,你怎么(　　)起我来了?
2. 他病得很重,连(　　)的力气也没有了。
3. (　　)的合法权利应该受到保护。
4. 这种事你还是别(　　)他吧。
5. 你不必跟她解释,一解释她(　　)会多想。
6. 你把我的意思理解(　　)了。
7. 这条街上有大大小小十几家(　　)。
8. 文章有力地(　　)了这种错误观点。
9. (　　)重大问题都应经过集体讨论共同决定。
10. 由于自然环境越来越恶化,有些生物无法继续(　　)。
11. 现在经济(　　)的情况越来越严重。
12. 那种艰苦的日子一去不复(　　)了。

二、选择合适的词语填空：

1. 凡是　　只要
   (1)_____ 他朋友去,他就去。
   (2)_____ 错误的思想都应受到批评。
   (3)_____ 跟他一起工作过的人,没有不称赞他的。

2. 反而　　而且
   (1)雨不但没停,_____ 越下越大。
   (2)春天到了,怎么 _____ 下起雪来了?
   (3)我们可以 _____ 必须完成这个任务。
   (4)他不但是个历史学家,_____ 还是个作家。

3. 返　　回
   (1)_____ 国的机票已经买好了。
   (2)你们哪天 _____ 校?

4. 打击　　反击
   (1)这次战斗,给了敌人以沉重的_____。
   (2)对于敌人的进攻,我们要坚决地_____。
   (3)同男朋友的分手,使她受到很大_____。

575. 泛滥 fànlàn （动）		flood
	洪水泛滥	be seriously flooded
576. 方 fāng （名）		direction
	四面八方	in all directions
577. 方便 fāngbiàn （形）		convenient
	手头不方便	have no money to spare
578. 房屋 fángwū （名）		house
	出租/翻修房屋	rent/overhaul a house
579. 防守 fángshǒu （动）		defend, guard
	防守阵地/球门	defend one's position/keep goal
580. 防御 fángyù （动）		defend, guard
	防御工事	defence works
	防御外来侵略	guard against external aggression
581. 防治 fángzhì （动）		prevent and cure
	防治虫害	pest control
582. 防碍 fáng'ài （动）		hinder, hamper, obstruct
	防碍视线	obstruct the view
583. 纺 fǎng （动）		spin
	纺纱/纺棉花	spin yarn/cotton
584. *放 fàng （动）		let out, enlarge
	放照片	enlarge a photo
	放长裤子	let down the hemline of the trousers
	放冷静点	cool off a bit
	问题先放放	shelve the question for the time being
585. 放手 fàng shǒu		let go
	你放开手	let go your hands
586. 放松 fàngsōng （动）		relax, loosen
	精神放松	relax oneself
	放松管理	relax the management
587. 放学 fàng xué		school lets out
	放学回家	return home after school

一、请从左页中选择合适的词语填入括号：
 1.战争时期,朱德总司令也自己动手(　　)过线。
 2.历史上黄河多次(　　)。
 3.地方病的(　　)工作取得了令人满意的成果。
 4.请问,你们这里有没有(　　)出租？
 5.进攻是最好的(　　)。
 6.下午五六点钟,学校门口总有一些家长等着接(　　)的孩子。
 7.作为邻居他可不愿意(　　)别人的休息。
 8.对孩子的教育(　　)不得。
 9.小孩儿把玩具紧紧地抓住,不肯(　　)。
 10.这种错误思想容易在青年人中(　　)。
 11.我刚买了房,手头也不(　　),借不了你。

二、选择合适的词语填空：
 1.房屋　　房间　　房子
　(1)我进去一看,_____里已经坐满了人。
　(2)我住在友谊宾馆3016号_____。
　(3)洪水摧毁了全村所有的_____。
　(4)王老师刚买的那套 _____ 有五个_____。
 2.防守　　防御
　(1)对方采取了人钉人 _____ 方法。
　(2)我们正在紧张地修筑阵地,_____敌人的进攻。

三、选择与划线词语意思最相近的解释：
 1.A.方面　　B.方法　　C.方向
　(1)李老师的儿子考上了北大,大家都说李老师教子有方。(　　)
　(2)一方有难,八方支援。(　　)
　(3)前方道路施工,车辆请绕行。(　　)
 2.A.加大；扩展　B.控制速度、态度等　C.暂时放一边；不考虑
　(1)说话放和气点儿。(　　)
　(2)这个事先放一放,等我出差回来后再说。(　　)
　(3)麻烦你帮我把裤腿放长半寸。(　　)

588.	放映 fàngyìng （动）	show, project
	放映一部影片	show a film
589.	非 fēi （形）	not
	非法	illegal
590.	非 fēi （副）	*used to modify a sentence to indicate a strong resolution*
	非他不嫁	will not marry if cannot marry him
	为什么非要他来？	Why must he be asked to come?
591.	*飞 fēi （动）	fly
	雪花/柳絮飞	snowflake/catkin is flying
592.	飞快 fēikuài （形）	very fast
	动作飞快	act very fast
	磨得飞快的刀	a very sharp knife
593.	飞行 fēixíng （动）	fly
	小鸟/飞机飞行	a bird/plane is flying
594.	飞跃 fēiyuè （名）	leap
	实现/产生飞跃	actualize/bring about a leap
595.	*肥 féi （形）	fertile, fat
	土地肥	fertile land
	裤子肥	loose-fitting pants
596.	肥料 féiliào （名）	fertilizer
	化学肥料	chemical fertilizer
597.	肥皂 féizào （名）	soap
	一块肥皂	a cake of soap
598.	废 fèi （形、动）	useless; abolish, stop using
	废铁	scrap iron
	废掉旧的设备	dispose old equipments
599.	废除 fèichú （动）	abolish
	废除制度/特权	abolish rules/privileges
600.	废话 fèihuà （名）	nonsense
	少说废话	No nonsense.
601.	废墟 fèixū （名）	ruins
	变成一片废墟	become ruins

一、请从左页中选择合适的词语填入括号：

1. 不合理的制度就该(　　)。
2. 我不让他买,他(　　)买。
3. 大街上树叶、垃圾袋到处乱(　　)。
4. 地震后,这个城市变为一片(　　)。
5. 这部电影的(　　)曾引起过激烈的争论。
6. 有中国特色的社会主义理论是认识上的一个(　　)。
7. (　　)!谁不知道这么办不行?
8. 他是一名有着多年(　　)经验的飞机驾驶员。
9. 手太脏,多用几遍(　　)。
10. (　　)用得太多,对庄稼并不好。
11. 中国东北的黑土地特别(　　)。
12. (　　)电池收集起来,既可以再利用,又减少了对环境的污染。
13. 她在纸上(　　)地写了几个字。

二、选择合适的词语填空：

1. 废除　　消除　　取消　　清除

(1)解放以后,西藏的农奴制_____了。

(2)随着科学的发展,人们对这个问题的疑问渐渐_____了。

(3)大家一起动手把那些垃圾_____掉了。

(4)比赛因天气的原因而_____了。

2. 飞快　　迅速　　赶快

(1)_____的汽车从桥上冲了下来。

(2)刀子磨得_____。

(3)我们得_____走,否则就迟到了。

(4)她的反应非常_____。

三、选择与划线词语意思最相近的解释：

A. 含脂肪多　B. 土地含有适合植物生长的养分　C. 衣服、鞋太大

1. 别的都行,就是裤腿肥了点儿。(　　)

2. 最近,我开始减肥。(　　)

3. 这是全村最肥的一块田。(　　)

602.	沸腾 fèiténg (动)	boil
	沸腾的水/汤	boiling water/soup
	热血沸腾	one's blood boils
603.	费力 fèi lì	be strenuous
	费了不少力	with great efforts
604.	分布 fēnbù (动)	distribute
	人口/资源分布	population/resource distribution
	分布广泛	widely despersed
605.	分割 fēngē (动)	cut apart
	把……和……分割开	separate from …
606.	分工 fēn gōng	division of labour
	分一下儿工	divide up the work
	分工负责	division of labour with individual responsibility
607.	分解 fēnjiě (动)	break down, disintegrate
	分解他们之间的矛盾	resolve the conflicts between them
	分解这个集体	disintegrate the group
608.	分离 fēnlí (动)	separate
	分离杂质	remove the impurities
	亲人分离	separated from one's family
609.	分裂 fēnliè (动)	split, break up
	分裂国家/细胞	split the country/mitosis
610.	分泌 fēnmì (动)	secrete
	分泌液体	secrete liquid
611.	分明 fēnmíng (形、副)	clear, distinct, obvious; clearly, evidently
	是非分明	a strong sense of right and wrong
	你分明是在说假话。	Obviously you are lying.
612.	*分配 fēnpèi (动)	distribute
	分配毕业生	assign jobs to colleage graduates
	服从分配	accept the job assigned to one
613.	分散 fēnsàn (动、形)	disperse; scattered, dispersed
	分散注意力	distract sb.'s attention
	内容太分散	the contents are too dispersed

一、请从左页中选择合适的词语填入括号：
1.(　　)五十年的兄弟又在北京相聚了。
2.他(　　)地拉着车,一步步地向前走去。
3.这件事(　　)是他干的。
4.有什么矛盾让他替你们(　　)(　　)。
5.工作上,我们既有(　　)也有合作。
6.我们要防止内部可能出现的(　　)。
7.我国森林(　　)地区很广。
8.这种树会(　　)出一种有毒的液体。
9.全国各地到处都可以看到(　　)的建筑工地。
10.毕业后,他被(　　)到了县里工作。
11.到了香山公园以后,同学们就(　　)活动了。
12.台湾是我国领土不可(　　)的一部分。

二、选择合适的词语填空：
1. 费力　　吃力
(1)虽然那个活儿 _____ 得很,但很多人都抢着去干。
(2)我没怎么 _____ ,就完成了这项工作。
(3)他 _____ 地从病床上坐起来。
(4)你就帮我抄抄,不 _____ 你什么 _____ 。

2. 分散　　分布　　散布
(1)这种投币电话 _____ 在全市各个街道。
(2)许多管理工作 _____ 了他的精力。

3. 分割　　分开
(1)每个人的命运与国家的命运是不可 _____ 地联系在一起的。
(2)这是两个性质完全不同的问题,当然要 _____ 研究。

4. 分裂　　分解　　分离
(1)我们要注意团结,防止敌人搞_____。
(2)理论和实践不可以_____。
(3)多年的矛盾难以_____。
(4)中国在历史上曾多次_____,但最终还是挡不住统一的脚步。

614. 分数　fēnshù　（名）　　　score, point, grade, mark
　　　分数不及格　　　　　　　　failing grade, fail to pass
615. 分子　fēnzǐ　（名）　　　　numerator
　　　分子和分母　　　　　　　　numerator and denominator
616. 坟　fén　（名）　　　　　　grave, tomb
　　　上坟　　　　　　　　　　　visit a grave (to honour the memory of the dead)
　　　修/挖一座坟　　　　　　　build/dig a grave
617. 粉　fěn　（名）　　　　　　powder
　　　面粉/奶粉　　　　　　　　flour/milk powder
　　　脸上擦/抹粉　　　　　　　puff power on one's face
618. 粉碎　fěnsuì　（动）　　　break into pieces, crush, smash
　　　粉碎敌人的阴谋　　　　　　dash the enemy's conspiracy
　　　粉碎饲料/矿石　　　　　　grind fodder/ore
619. 分量　fènliàng　（名）　　weight
　　　分量给得足/不够　　　　　give full/short measure
　　　称称分量　　　　　　　　　weigh
620. 分子　fènzǐ　（名）　　　　member, element
　　　知识/积极分子　　　　　　intellectual/active member
621. 粪　fèn　（名）　　　　　　excrement, faeces, dung, droppings
　　　马粪/鸟粪　　　　　　　　horse dung/bird's droppings
622. 丰产　fēngchǎn　（动）　　high yield, bumper crop
　　　粮食丰产　　　　　　　　　yield good crops
　　　丰产田　　　　　　　　　　high-yield cropland
623. 丰收　fēngshōu　（动）　　bumper harvest, big harvest
　　　农业丰收　　　　　　　　　bumper harvest in agriculture
624. 封　fēng　（动）　　　　　 seal, close
　　　封山　　　　　　　　　　　no access to the mountain
625. 封锁　fēngsuǒ　（动）　　　blockade, seal, close
　　　封锁消息/信息　　　　　　blank off news/information
　　　封锁港口/机场　　　　　　block ports/airports

一、请从左页中选择合适的词语填入括号：

1．敌人从经济上（　　）了我们。
2．玉米夺得了大（　　）。
3．农民常说："庄稼一枝花,全靠（　　）当家。"这说明了肥料在农业生产中的作用是多么重要。
4．她每天又擦油又抹（　　）的,总是不停地打扮。
5．对这些破坏社会安定的犯罪（　　）要严厉打击。
6．这箱苹果的（　　）不足二十斤。
7．清明节快到了,该去给奶奶上（　　）了。
8．你这样的（　　）想考上清华大学是不太可能的。
9．科学种田是粮食（　　）的重要保障。
10．大雪（　　）了所有上山的路。
11．矿石经过（　　）后再送去挑选。
12．$\frac{3}{5}$这个数,上面的是（　　）。

二、选择合适的词语填空：

1．丰产　　丰收
 (1)农业科学院的专家们为我们村建立了两块 _____ 田。
 (2)他在大会上介绍了获得 _____ 的经验。
 (3)今年夏粮的 _____ ,是在克服了自然灾害的情况下取得的。
 (4)今年公司在各个项目上都取得了好成绩,真可以说是大____了。

2．粉碎　　打败　　摧毁
 (1)敌人的进攻被 _____ 了。
 (2)敌人的阴谋被 _____ 了。
 (3)我军用大炮 _____ 了敌人的阵地。
 (4)车间半个小时后就把所有的材料都 _____ 了。

3．封　　封锁
 (1)军队 _____ 了该市所有的道路、车站、机场和码头。
 (2)这个消息要严密 _____ 。
 (3)出于安全的考虑,他们把所有文件和材料都 _____ 了起来。
 (4)喂,同志,你的信还没 _____ 口。

626. 风格 fēnggé (名)		character, style
	发扬风格	develop one's style
	语言/艺术风格	the linguistic/artistic style
627. 风气 fēngqì (名)		practice, atmosphere, tone
	树立良好的社会风气	foster a healthy social atmosphere
	风气不正/败坏	corrupted social morals
628. 疯 fēng (形)		insane, mad, deranged, crazy
	发疯	go mad
	撒酒疯	be roaring drunk
629. 疯狂 fēngkuáng (形)		wild, crazy, frenzied, unbridled
	流氓疯狂	an unruly rascal
	疯狂地攻击/破坏	ruthlessly attack/destroy
630. 缝 féng (动)		sew
	缝扣子/被子	sew on a button/stitch a cover on a quilt
631. 讽刺 fěngcì (动)		satirize, ridicule
	深刻/巧妙地讽刺	poignant/skillful satire
632. 佛教 Fójiào (名)		Buddhism
	佛教徒	buddhist
633. 夫妻 fūqī (名)		husband and wife, couple
	一对青年夫妻	a young couple
634. 服 fú (动)		serve, obey
	服兵役/服刑	serve in the army/a sentence
	不服老	refuse to believe one is too old to be useful
	服药	take medicine
	水土不服	not acclimatized to a local environment
635. 俯 fǔ (动)		bend down
	俯首/俯看	bow one's head, stoop, bend down to look
636. 腐蚀 fǔshí (动)		corrode, erode, etch, corrupt, deprave
	腐蚀皮肤/船体	corrode the skin/a hull
	腐蚀青年的心灵	deprave young people's souls
637. 腐朽 fǔxiǔ (形)		rotten, decay, decadent, deprave
	木屋顶腐朽了	The wooden roof has gone rotten.
	生活/观念腐朽	depraved life/decadent

一、请从左页中选择合适的词语填入括号：

1. 伤口很深，需要（　　）针。
2. 这篇文章深刻地（　　）了走后门这种不良现象。
3. 比赛胜利后，球迷们聚集在大街上（　　）地唱呀，跳呀。
4. 她（　　）身看了看孩子的腿。
5. 现在的学者一般认为，（　　）是在西汉末年从印度传入中国的。
6. 这座古建筑未得到很好的保护，长期的风吹雨打，木头都（　　）了。
7. 这里的学习（　　）很浓。
8. 在事实面前，他不得不（　　），承认自己的方法不行。
9. （　　）之间难免会发生一些矛盾。
10. 才用两天的时间就做完了，我算是（　　）了他了。
11. 运动员们赛出了水平，赛出了（　　）。
12. 这些化学品有（　　）作用，要小心保管。
13. 在"文革"时期，有不少人被逼（　　）了。

二、选择合适的词语填空：

1. 风格　　作风　　特点

   (1) 这部作品的民族 _____ 表现得非常充分。
   (2) 每个时代都有每个时代的_____。
   (3) 老舍是一位具有独特 _____ 的艺术家。
   (4) 他的工作 _____ 受到大家的称赞。
   (5) 这种树的 _____ 是生长快、适应能力强。

2. 腐朽　　腐蚀

   (1) 这部小说深刻地揭露了封建统治者的_____。
   (2) 这种书对青少年有很强的 _____ 作用。

三、选择与划线词语意思最相近的解释：

　　A．适应　　B．承当义务或惩罚　　C．吃药　　D．服从；信服

1. 你看，瓶子上写着：每日服三次，每次一片。（　　）
2. 说他不行，他从心里不服。（　　）
3. 你的脸色不太好，看来这里的环境你还是有点儿不服。（　　）
4. 王大妈的小儿子正在服役。（　　）

638. *副　fù（量）　　　　　　　used to indicate facial expression
　　　一副笑脸/可怜相　　　　　a smiling face/a pitiful look
639. *副　fù（形）　　　　　　　secondary
　　　副产品/副食　　　　　　　by-product/non-staple food
640. 复活节　Fùhuó Jié　　　　　Easter
　　　过/欢度复活节　　　　　　spend Easter joyfully
641. 复制　fùzhì（动）　　　　　duplicate, copy
　　　复制磁带　　　　　　　　　copy a tape
642. 负　fù（动）　　　　　　　　shoulder, bear, suffer, owe
　　　负重　　　　　　　　　　　shoulder a heavy burden
　　　负责任　　　　　　　　　　undertake responsibility
　　　负了重伤　　　　　　　　　suffer serious injuries
　　　负债　　　　　　　　　　　be in debt
643. 负担　fùdān（动、名）　　　bear; burden
　　　负担医疗费　　　　　　　　bear the medical expenses
　　　减轻农民负担　　　　　　　relieve peasants' burden
644. 富有　fùyǒu（形）　　　　　rich
　　　富有的家庭　　　　　　　　a wealthy family
645. 富裕　fùyù（形）　　　　　　well-to-do
　　　富裕的农民　　　　　　　　well-to-do peasants
　　　生活富裕　　　　　　　　　be well off
646. 妇人　fùrén（名）　　　　　woman, lady
　　　一位贵妇人　　　　　　　　a rich woman

G

647. 改编　gǎibiān（动）　　　　revise, adapt
　　　把小说改编成剧本　　　　　adapt a novel for a play
648. 改良　gǎiliáng（动）　　　　improve
　　　改良品种/土壤　　　　　　　improve breeds/the soil
　　　对……进行改良　　　　　　improve something
649. *盖　gài（动）　　　　　　　cover, affix a seal
　　　盖公章　　　　　　　　　　put the official seal on something
650. 盖子　gàizi（名）　　　　　lid
　　　盖/揭开盖子　　　　　　　cap/lift up the lid

104

一、请从左页中选择合适的词语填入括号：
1. 她出生在一个很（　　）的商人家庭。
2. 去年的（　　）我是和几个韩国朋友一起过的。
3. 我把这幅画送到荣宝斋请专家鉴定过，是（　　）的。
4. 这个茶杯的（　　）摔碎了。
5. 父亲靠这点儿工资（　　）不起一家四口人的生活。
6. 你放心吧，出了什么事，责任我（　　）。
7. 这几年市场上的（　　）食品种类越来越丰富。
8. 这位老（　　）今天显得格外高兴。
9. 我们的生活比以前（　　）多了。
10. 为了满足市场需要，他们（　　）了苹果的品种。
11. 这份合同没（　　）公司的章，所以不行。
12. 这部电影是根据同名小说（　　）的。

二、选择合适的词语填空：
1. 改良　　改善　　改进　　改造
　(1)汽车厂正在对旧厂房进行 _____。
　(2)合理使用肥料可以使土壤得到 _____。
　(3)新教学楼建成后，同学们的学习条件将得到极大的_____。
　(4)作为首都的窗口，服务行业应该积极 _____ 工作。

2. 富裕　　富有
　(1)党的政策是使农民们走上共同 _____ 的道路。
　(2)只有这样，大家才能过上 _____ 的生活。
　(3)日子过得很_____。
　(4)他是一位 _____ 的老板。

三、选择与划线词语意思最相近的解释：
　A. 亏欠；拖欠　　B. 遭受　　C. 用背(bèi)背　　D. 负担；担当
1. 他因负了重伤而不得不退出比赛。（　　）
2. 我肩负重任，所以不敢有半点马虎。（　　）
3. 公司现在已经是负债经营了。（　　）
4. 战士们每天要负着20公斤的沙袋跑10公里。（　　）

651. *干　gān（形）　　　　　　　empty, futile, in vain
　　　钱用干了　　　　　　　　　be broke
　　　干哭　　　　　　　　　　　tearless cry
　　　干着急　　　　　　　　　　anxious to no avail
652. 干旱　gānhàn（形）　　　　　dry, drought
　　　干旱地区　　　　　　　　　arid area
653. 干扰　gānrǎo（动）　　　　　disturb, interfere
　　　干扰比赛　　　　　　　　　disturb a game
　　　受到/排除干扰　　　　　　 suffer/eliminate interference
654. 干涉　gānshè（动）　　　　　interfere, meddle
　　　干涉别人私事　　　　　　　meddle in other people's private affairs
655. 甘　gān（形）　　　　　　　sweet
　　　甘泉　　　　　　　　　　　tasty and refreshing spring water
656. *赶　gǎn（动）　　　　　　　run after, chase
　　　赶火车　　　　　　　　　　catch a train
　　　赶牲口　　　　　　　　　　herd livestock
　　　赶鸭子/蚊子　　　　　　　 chase ducks / drive away mosquitos
657. 赶忙　gǎnmáng（副）　　　　　haste, hurry
　　　赶忙说对不起　　　　　　　immediately apologize
658. 赶上　gǎnshang　　　　　　　catch up with
　　　赶不上他　　　　　　　　　cannot catch up with him
　　　赶上一场大雪　　　　　　　be caught in a heavy snow
659. *感觉　gǎnjué（名）　　　　　feeling
　　　麻木/不安的感觉　　　　　 numb/uneasy feeling
660. 感受　gǎnshòu（名、动）　　　experience, impression; be affected by
　　　感受很深　　　　　　　　　be deeply impressed
　　　感受到活力/温暖　　　　　 feel the vigour/warmth
661. 敢于　gǎnyú（动）　　　　　　dare
　　　敢于创新　　　　　　　　　dare to innovate
662. *干　gàn（动）　　　　　　　do
　　　干翻译/导游　　　　　　　 work as a translator/guide

106

一、请从左页中选择合适的词语填入括号：

1. 我们是同（　　）共苦的朋友。
2. 哥哥在大学生时代（　　）过学生会主席。
3. 听见敲门声，我（　　）去开门。
4. 对女儿的婚事，我们做父母的最好不要（　　）。
5. 他忘了带电影票，（　　）着急进不去。
6. 清晨，老大爷又（　　）着马车上路了。
7. 这里气候（　　），降雨很少。
8. 这种（　　）已经存在很久了。
9. 因为有充分的把握，他才（　　）这么办。
10. 回到北京正（　　）过中秋节。
11. 对这件事（　　）最深的是我们的班长。
12. 他的科研工作经常受到（　　）。

二、选择合适的词语填空：

1. 干扰　　打扰
   (1) 客人们在休息，请不要_____。
   (2) 信号受到_____，电视转播中断了十分钟。

2. 赶忙　　赶快
   (1) 你_____把这份合同给王经理送去，他等得着急了。
   (2) 看见客人来了，妻子_____下楼去买菜。

3. 感受　　感觉　　觉得
   (1) 这次旅行回来，他有很多_____。
   (2) 我_____小王应该去学学电脑。
   (3) 这一点我已经_____到了。
   (4) 读完这篇文章，请谈谈你的_____。

三、选择与划线词语意思最相近的解释：

　A．空虚；什么也没有　　B．只有形式的　　C．白白地；没有效果地

1. 眼看着庄稼被洪水冲走，他们只有干瞪眼，毫无办法。（　　）
2. 水缸干了。（　　）
3. 他无可奈何地朝我干笑了一下，转身走了。（　　）

107

663. 干劲　gànjìn　（名）　　　vigour
　　　有干劲　　　　　　　　　full of vigour
　　　鼓足干劲　　　　　　　　brim over with vigour
664. *刚　gāng　（副）　　　　just now, barely, no more than
　　　刚到六点　　　　　　　　It is just six o'colck.
665. 缸　gāng　（名）　　　　　jar, vat
　　　水缸/鱼缸　　　　　　　　water vat/fish bowl
666. 纲领　gānglǐng　（名）　　creed
　　　政治纲领　　　　　　　　political programme
　　　制定/学习纲领　　　　　　make/study programme
667. 岗位　gǎngwèi　（名）　　post, station, job
　　　重要/平凡的岗位　　　　　an important/ordinary post
　　　离开岗位　　　　　　　　quit a job
668. 港币　gǎngbì　（名）　　　Hongkong dollar
　　　把港币兑换成人民币　　　exchange Hongkong dollar for RMB
669. 港口　gǎngkǒu　（名）　　port, harbor
　　　客运/货运港口　　　　　　passenger transport/freight port
670. *高　gāo　（形）　　　　　high
　　　高标准/层次　　　　　　　high standard/level
671. 高潮　gāocháo　（名）　　climax, upsurge, high tide
　　　建设的高潮　　　　　　　an upsurge in construction
　　　达到高潮　　　　　　　　reach the climax
672. 高等　gāoděng　（形）　　high, senior, advanced
　　　高等数学/院校　　　　　　advanced mathematics, colleges and universities
673. 高峰　gāofēng　（名）　　peak, summit
　　　攀登高峰　　　　　　　　reach the summit
　　　运输/上下班高峰　　　　　peak hour/rush hours
674. 高级　gāojí　（形）　　　　senior, high-ranking, advanced
　　　高级轿车　　　　　　　　luxury car
　　　高级工程师　　　　　　　senior engineer
675. 高粱　gāoliang　（名）　　broomcorn
　　　种/收割高粱　　　　　　　grow/reap broomcorn

108

一、请从左页中选择合适的词语填入括号：

1. 农民们尝到了承包的甜头，现在（　　）可足了。
2. 他出差都住（　　）宾馆，坐（　　）轿车。
3. （　　）是中国北方的一种粮食作物，主要用于造酒。
4. 联合国千年大会上，制定了新世纪的行动（　　）。
5. 他愉快地走上了新的工作（　　）。
6. （　　）与人民币现在还不可以自由兑换。
7. 天津塘沽是中国北方的一个重要（　　）。
8. 鱼（　　）里的水要定期换。
9. 改革开放后，中国大地出现了前所未有的建设（　　）。
10. 我没学过（　　）数学。
11. 中国的古典诗歌在唐朝达到了艺术的（　　）。
12. 河水很浅，最深的地方也才（　　）到我的腰部。
13. 他的见解比别人（　　）。

二、选择合适的词语填空：

1. 高潮　　高峰
   (1) 春节期间是中国铁路运输的＿＿＿＿期。
   (2) 小凤的死使剧情发展到了＿＿＿＿。

2. 高等　　高级
   (1) 北京大学是中国著名的＿＿＿＿学府。
   (2) 我没看出这块手表有多＿＿＿＿。

三、选择与划线词语意思最相近的解释：

A. 表示时间、数量等正合适的意思　　B. 行动、情况发生在不久前
C. 表示勉强达到某种程度；仅仅

(1) 他刚来过。（　　）
(2) 这块布刚够做一件衬衫。（　　）
(3) 这件大衣我穿刚好。（　　）
(4) 我的成绩也就刚过分数线。（　　）

676. 高尚　gāoshàng　（形）　　　　noble
　　　高尚的道德/品质　　　　　　　high morality/noble character
677. 高速　gāosù　（形）　　　　　high speed
　　　高速公路/火车　　　　　　　highway/high-speed train
　　　高速行驶/发展　　　　　　　run/develop at top speed
678. 高压　gāoyā　（名）　　　　　high pressure/voltage
　　　高压锅　　　　　　　　　　pressure cooker
　　　高压线　　　　　　　　　　high-tension line
　　　血的高压　　　　　　　　　high blood pressure
679. 高中　gāozhōng　（名）　　　high school
　　　普通/重点高中　　　　　　　regular/key high school
　　　考高中　　　　　　　　　　take exams for high school
680. 稿　gǎo　（名）　　　　　　draft
　　　原稿/初稿　　　　　　　　original manuscript/first draft
　　　投稿/定稿　　　　　　　　submit manuscript/finalize a paper
681. *告　gào　（动）　　　　　ask for, request
　　　告假/告饶　　　　　　　　ask for leave/beg for mercy
682. *告别　gàobié　（动）　　　say goodbye
　　　向……告别　　　　　　　pay last respects to sb.
683. 告辞　gàocí　（动）　　　　take leave of, say goodbye to
　　　向主人告辞　　　　　　　take leave of one's host
684. 歌唱　gēchàng　（动）　　　sing
　　　高声歌唱　　　　　　　　sing loudly
685. 歌剧　gējù　（名）　　　　opera
　　　听了一场古典歌剧　　　　listen to a classical opera
686. 歌曲　gēqǔ　（名）　　　　song
　　　演唱/播送歌曲　　　　　sing/broadcast songs
　　　校园/流行歌曲　　　　　campus/popular song
687. 歌颂　gēsòng　（动）　　　sing the praise of
　　　歌颂未来/和平　　　　　sing the praise of the future/peace
688. *搁　gē　（动）　　　　　put in
　　　多搁点儿盐/糖　　　　　put in more salt/sugar

一、请从左页中选择合适的词语填入括号：

1. 你喝咖啡,一般(　　)几块糖?
2. 幼儿园里孩子们在草地上愉快地(　　)。
3. 中国的经济在(　　)地发展。
4. 由于家庭困难,他(　　)毕业后就匆匆忙忙地参加工作了。
5. 出版社向我约的(　　)还没动笔呢。
6. 你同意的话,我就先(　　)退了。
7. 他们的品质是那样的纯洁而(　　)。
8. 我看他很忙,在他家坐了一会儿就(　　)了。
9. 这种设备是利用(　　)来杀死细菌。
10. 这个时期他的作品(　　)了普通工人的精神世界。
11. 张教授前天夜里去世了,下午小礼堂有个(　　)仪式。
12. 我不爱听(　　),通俗(　　)还可以。

二、选择合适的词语填空：

1. 告别　　告辞
   (1) 他 _____ 故乡,迅速赶往广州。
   (2) 天晚了,我 _____ 了。
   (3) 你别送了,咱们就在这儿 _____ 吧。

2. 崇高　　高尚
   (1) 他的这一 _____ 理想一定会实现。
   (2) 他是一位道德 _____ 的人。
   (3) 这件事充分表现了他舍己为人的 _____ 精神。

3. 歌颂　　歌唱
   (1) 我们要大力 _____ 改革开放以来,经济建设所取得的巨大成就。
   (2) 演员们在舞台上放声 _____ 。
   (3) 清晨,小鸟们在枝头自由地 _____ 。

4. 高速　　迅速
   (1) 汽车在 _____ 公路上飞快地行驶着。
   (2) 新一代的科研人员 _____ 成长起来了。
   (3) 采取积极的政策,保持国民经济 _____ 、稳定、健康的发展。

689.	鸽子　gēzi　（名）	pigeon
	养/放鸽子	keep/fly pigeon
690.	革新　géxīn　（名、动）	innovation; innovate
	技术革新	technological innovation
	革新思想	innovative ideas
691.	格外　géwài　（副）	exceptionally
	印象格外深	exceptionally deep impression
692.	*隔　gé　（动）	separate
	隔着一条河	be separated by a river
693.	隔阂　géhé　（名）	estrangement
	产生/消除隔阂	cause/end estrangement
694.	*个　gè　（量）	*a unit, used as a measure word*
	每周都要来个一两趟	come once or twice every week
	喜欢画个画儿，写个字什么的	be fond of drawing pictures and practising calligraphy
695.	个儿　gèr　（名）	size
	个儿大的苹果	big apple
696.	*个人　gèrén　（名）	individual, personal
	我个人认为	in my personal opinion
697.	个体户　gètǐhù　（名）	individually-owned business, self-employed businessman
	运输个体户	a selfemployed transportation businessman
698.	个性　gèxìng　（名）	personality
	个性强的人	an individual with a strong personality
699.	各式各样　gè shì gè yàng	various kinds or styles
	各式各样的服装	dresses of all styles
700.	各自　gèzì　（代）	respective, individual
	各自的需要	one's respective needs
701.	*给　gěi　（动、介）	give; for
	给他一拳	give him a blow
	给我出去	Get out!
702.	给以　gěiyǐ　（动）	give
	给以适当照顾	show due consideration

一、请从左页中选择合适的词语填入括号：

1. 邻居之间这样毫无（　　），实在是难得。
2. 技术（　　）成功了，新产品也开发出来了，我的心情（　　）激动。
3. 我（　　）并不反对这项计划。
4. 我实在忍不住，（　　）了他一脚。
5. 他不会说英语，结果吃了（　　）大亏。
6. 他各方面条件都够，就是（　　）太矮。
7. 感谢你对我们（　　）的热情帮助。
8. 他干了几年服装（　　），挣了不少钱。
9. 她的（　　）温和，对人也很诚恳。
10. 客厅的柜子里摆着（　　）的工艺品，布置得很漂亮。
11. 既要（　　）努力，也要彼此帮助。
12. 在感情上我俩之间一直（　　）着点儿什么。
13. 当代商城前的广场上有一群（　　），每天都吸引了不少老人和孩子。

二、选择合适的词语填空：

1. 个儿　　个子
   (1) 他是我们班 _____ 最高的同学。
   (2) 这柜子 _____ 太大了，显得有点儿笨。

2. 格外　　特别
   (1) 他觉得今天的天气 _____ 好。
   (2) 今天的天气 _____ 糟糕。

3. 各自　　自己
   (1) 买东西时，大家 _____ 付 _____ 的钱。
   (2) 你要相信 _____ 的能力。

三、选择与划线词语意思最相近的解释：

A. 阻断；分开　　B. 距离；间隔

1. 打那以后我们之间就被一道无形的墙<u>隔</u>开了。（　　）
2. 两人<u>隔</u>得很远。（　　）
3. 每<u>隔</u>十五分钟发一辆车。（　　）

113

703.	*根 gēn（名）	cause, reason
	病根儿	cause of illness
704.	根源 gēnyuán（名）	source, origin
	查清事故的根源	investigate the cause of an accident
705.	耕地 gēngdì（名）	till/cultivate land
	改良耕地	improve the farmland
706.	工地 gōngdì（名）	site
	建筑工地	construction site
707.	工龄 gōnglíng（名）	years of working
	计算工龄	calculate one's years of working
708.	工钱 gōngqian（名）	pay
	发/领工钱	pay/draw wages/salary
709.	工序 gōngxù（名）	work procedure
	加工工序	processing procedure
710.	攻 gōng（动）	attack
	攻城	attack a city
711.	攻击 gōngjī（动、名）	attack
	发动/受到攻击	launch an attack/come under attack
	公开攻击政府	attack the government in public
	敌人的攻击	an enemy's attack
712.	攻克 gōngkè（动）	capture
	攻克一道难关	overcome a great difficulty
713.	功课 gōngkè（名）	schoolwork, homework
	复习三门功课	review three courses
714.	功劳 gōngláo（名）	contribution
	特殊功劳	special contribution
	功劳大/小/显著	great/small/outstanding contribution
715.	功能 gōngnéng（名）	function
	功能齐全	comprehensive functions
	记忆功能	memory
	丧失功能	lose the function

一、请从左页中选择合适的词语填入括号：

1. 问题的（　　）是多方面的。
2. 这病治了好几年了,也没除（　　）。
3. 现在教育部门正在努力减轻中小学生的（　　）压力。
4. 因为他对人民有过（　　）,所以我们今天还纪念他。
5. 公司对满三十年（　　）的老工人给以特殊休假的待遇。
6. 这本杂志上个月（　　）了政府的教育政策。
7. 生产的每一道（　　）都在计算机的严格控制之下。
8. 喝茶不仅为了解渴,还因为它有帮助消化的（　　）。
9. 上班迟到是要扣（　　）的。
10. 修建三峡水库的一道道技术难题都被水利专家们（　　）了。
11. 中国沙漠化问题日益严重,（　　）面积正在逐渐减少。
12. 进入建筑（　　）时,必须要戴安全帽。
13. 战士们（　　）了三天三夜,终于占领了阵地。

二、选择合适的词语填空：

1. 根源　来源　起源　根本

   (1) 关于服装的 _____,目前大致有三种认识。
   (2) 养鸡是李大爷一家的主要经济 _____。
   (3) 要进一步了解他犯罪的 _____,才能更好地帮助他。
   (4) 必须从 _____ 上解决问题。

2. 功劳　　贡献

   (1) 他把青春 _____ 给了祖国的医学事业。
   (2) 孩子们也为绿化祖国立下了一份 _____。

3. 攻击　　进攻

   (1) 这两位先生各自在报纸上发表文章 _____ 对方。
   (2) 我军深入到敌人的后方,向敌人发动了猛烈的 _____。

4. 工钱　　工资

   (1) 这套衣服要多少 _____？
   (2) 上个月公司给他长了 _____。

716. 供应 gōngyìng （动）　　supply
　　供应紧张/充足　　be in an inadequate/abundant supply
717. 公 gōng （形、名）　　public, male; respectful term
　　公物/公款　　public property/money
　　公愤/公论　　pulic indignation/opinion
　　公斤　　kilogram
　　公牛　　bull
　　办公　　handle official business
　　张公　　Mr. Zhang
718. 公安 gōng'ān （名）　　public security
　　公安人员　　policeman
719. 公布 gōngbù （动）　　announce, publicize
　　公布命令/方案　　issue an order/announce one's plan
　　定期公布　　regularly publicize
720. 公民 gōngmín （名）　　citizen
　　合法公民　　a legal citizen
　　公民的权益　　rights of a citizen
721. 公顷 gōngqǐng （量）　　hectare
　　5公顷土地　　five hectares of land
722. 公式 gōngshì （名）　　formula
　　数学公式　　mathematical formula
　　公式化的写作方法　　stereotyped writing
723. 公用 gōngyòng （动）　　shared, for public use
　　公用卫生间/厨房　　shared toilet/kitchen
724. 宫 gōng （名）　　palace
　　行宫　　emperor's temporary palace
　　龙宫　　the palace of the Dragon King
　　少年/文化宫　　children's palace/cultural palace
725. 宫殿 gōngdiàn （名）　　palace
　　一座漂亮的宫殿　　a beautiful palace
726. 弓 gōng （名）　　bow
　　一张弓　　a bow
　　拉弓/开弓　　draw a bow

一、请从左页中选择合适的词语填入括号：
1. 颐和园是清朝皇帝的夏（　　）。
2. 他常利用（　　）余时间学习外语。
3. 食堂早餐（　　）馒头、包子、鸡蛋、牛奶等。
4. 这台洗衣机是全宿舍同学（　　）的。
5. （　　）和箭在古代是武器，而现在更多地用于体育比赛了。
6. 老李一家承包了十（　　）的山地，打算种一些果树。
7. 这道题用什么（　　）计算呀？
8. 松赞干布按照唐朝的建筑风格建造了一座（　　）。
9. 分房方案应该在充分讨论的基础上才能（　　）。
10. （　　）人员接到报警后迅速赶到犯罪现场。
11. 现在中国（　　）出国旅游的手续比以前简单多了。

二、选择合适的词语填空：
1. 供应　　供给　　提供
  (1) 发展生产才能保证＿＿＿＿。
  (2) 你们需要的技术资料全部由对方＿＿＿＿。
  (3) 过去，民族、师范类院校学生的生活费用由国家＿＿＿＿。
  (4) 节日的市场上，商品＿＿＿＿充足。
2. 公布　　宣布　　发表
  (1) 婚姻法已经＿＿＿＿近五年了。
  (2) 食堂每月＿＿＿＿一次账目。
  (3) 考试成绩已经＿＿＿＿出来了。
  (4) 1949年10月1日毛泽东主席庄严地向全世界＿＿＿＿中华人民共和国成立了。
  (5) 中国政府就此事＿＿＿＿了一个正式声明。
  (6) 老师一口气把前十名的学生名字全＿＿＿＿完了。

三、选择与划线词语意思最相近的解释：
　　A. 属于国家或集体的　　B. 共同的；大家承认的　　C. 属于国际间的
1. <u>公</u>物（　） 2. <u>公</u>里（　） 3. <u>公</u>约（　） 4. <u>公</u>德（　）
5. <u>公</u>差（　） 6. <u>公</u>房（　） 7. <u>公</u>海（　） 8. <u>公</u>论（　）

727. *共　gòng　（副）　share
　　　共事/共管　work together/joint management
728. 共和国　gònghéguó　（名）　republic
　　　保卫/成立共和国　safeguard/establish a republic
729. 共青团　gòngqīngtuán　（名）　the Communist Youth League
　　　加入共青团　join the Communist Youth League
　　　共青团团员　member of the Communist Youth League
730. 钩　gōu　（动）　hook
　　　钩住树枝　catch on a branch of a tree
731. 钩子　gōuzi　（名）　hook
　　　衣服钩子　clothes-hook
732. 勾结　gōujié　（动）　collude, gang up with
　　　勾结敌人　be in collusion with the enemy
733. 沟　gōu　（名）　ditch
　　　水沟/河沟　water ditch/brook, stream
　　　阴沟/地沟　sewerage/drain-pipe
734. 购　gòu　（动）　buy
　　　购物/购货　go shopping/purchase goods
735. 购买　gòumǎi　（动）　buy
　　　购买住房/文具　buy a house/stationery
　　　大量/高价购买　buy in /buy at a high price
736. 辜负　gūfù　（动）　fail to live up to, let down
　　　辜负了……的期望/信任　fail to live up to sb.'s expectations/trust
737. 孤立　gūlì　（形、动）　isolated; isolate
　　　显得/感到孤立　look/feel forsaken
　　　孤立的问题/现象　isolated problem/phenomenon
　　　把敌人孤立起来　isolate the enemy
738. *鼓　gǔ　（名）　drum-shaped object
　　　耳鼓　drumhead
739. 鼓动　gǔdòng　（动）　mobilize
　　　鼓动工人罢工　call workers to have a strike
　　　把大家的情绪鼓动起来　mobilize people

一、请从左页中选择合适的词语填入括号：

1. 他们（　　）在一起干坏事。
2. 声音通过耳（　　）会产生振动。
3. （　　）是共产党领导下的先进青年的群众性组织。
4. 1999年10月1日（　　）迎来了她50岁的生日。
5. 你可千万不要（　　）她的这番好意。
6. 和平（　　）处五项原则已经成为了国际社会普遍承认的外交原则。
7. 地（　　）堵了，给居民的生活带来了极大的不便。
8. 本店商品品种全，价格低，质量好，欢迎顾客前来选（　　）。
9. 我替孩子们把挂在树上的羽毛球（　　）了下来。
10. 几句话把大家的情绪都（　　）起来了。
11. 在这样的环境中生活，她觉得很（　　）。
12. 不少居民以分期付款的方式（　　）了自己的住房。
13. 他找来了一个（　　），把掉进水里的衣服钩了上来。

二、选择合适的词语填空：

1. 勾结　　团结
   (1) 现在各族人民_____得更加紧密了。
   (2) 我们的班是一个非常_____的集体。
   (3) 他们_____当地的不法分子走私汽车。
   (4) _____就是力量。

2. 孤立　　独立
   (1) 在单位他被同事们_____起来了。
   (2) 要锻炼孩子_____生活的能力。
   (3) 这是他第一次_____完成工作。

3. 鼓动　　发动．鼓励　　鼓舞
   (1) 学校用奖学金_____成绩优秀的学生。
   (2) 学生们_____工人起来罢工。
   (3) 党员要积极_____群众，要在群众中起带头作用。
   (4) 天气太冷，汽车怎么也_____不起来了。
   (5) 他的话给了我们极大的_____。

740. 古典 gǔdiǎn （形）		classical
	古典文学/音乐	classical literature/music
741. 骨干 gǔgàn （名）		backbone, core, mainstay
	骨干分子/企业	core member/enterprise
	科研骨干	leading researcher
742. *骨头 gǔtou （名）		bone, character
	懒/软骨头	lazybone/coward
743. 谷子 gǔzi （名）		grain
	种/收谷子	grow/harvest rice
744. 股 gǔ （量）		a measure word
	一股线	a piece of thread
	一股香味/力量	a whiff of scent/a burst of energy
	一股敌人	a group of enemy soldiers
745. 雇 gù （动）		hire
	雇临时工	hire temporary workers
	雇一辆出租车	call a taxi
746. *顾 gù （动）		look at
	左顾右盼	look around
	环顾	look around
747. 顾问 gùwèn （名）		adviser
	法律顾问	a legal adviser
748. 固定 gùdìng （形、动）		fixed; fix, settle
	固定的时间/收入	fixed time/regular income
	把……固定下来	regularize
749. 固体 gùtǐ （名）		solid
	固体物质/状态	solid matter/state
750. 瓜 guā （名）		melon
	西瓜/冬瓜	watermelon/wax gourd
	种瓜/切瓜/摘瓜	grow/cut/pick melons
751. 瓜子 guāzǐ （名）		melon seeds
	嗑(kè)/吃一颗瓜子	crack/eat melon seeds

一、请从左页中选择合适的词语填入括号：

1. 中国人常说：种（　　）得（　　），种豆得豆。意思是做什么样的事，就会得到什么样的结果。
2. 不管敌人怎么毒打他，他也不说，真是个硬（　　）。
3. 看他左（　　）右盼的样子，大概是在等什么人。
4. 这块地太薄，只能种点儿（　　）、玉米什么的。
5. 我对欧洲的（　　）建筑一直很感兴趣。
6. 由于工作的需要，公司（　　）了很多临时工。
7. 我们要在青年人中培养一批教学（　　）力量。
8. 一（　　）冷风从门缝里吹进来。
9. 教室的座位不（　　），学生来了随便坐。
10. （　　）是中国人喝茶聊天时吃的一种食品。
11. 火箭的发动机使用的是（　　）燃料。
12. 现在在北京也出现很多（　　）公司。

二、选择合适的词语填空：

1. 骨干　　主力

   (1) 这场比赛有两名 _____ 队员都因伤而不能上场。
   (2) 他是我们公司的技术 _____。
   (3) 敌人的 _____ 部队被消灭了。

2. 固定　　稳定

   (1) 他来北京五六年了，可工作一直不太 _____。
   (2) 我们有 _____ 工资，另外还有一些奖金。
   (3) 这几年，他结了婚，生了孩子，生活过得一直很 _____。
   (4) 研究人员对这群相对 _____ 的象群进行了长期观察。

三、把下列短语中的量词按意思分类：

A. 成条的东西　　B. 用于气体、气味、力气　　C. 用于成批的人

1. 一<u>股</u>泉水（　）　　2. 一<u>股</u>部队（　）　　3. 一<u>股</u>头发（　）
4. 一<u>股</u>热气（　）　　5. 一<u>股</u>酸劲儿（　）　　6. 一<u>股</u>花香（　）
7. 一<u>股</u>敌人（　）　　8. 一<u>股</u>线（　）　　9. 一<u>股</u>浓烟（　）

752. 固然 gùrán （连） no doubt, admitted that
　　工作固然重要,但也要注意休息。 Work is no doubt very important, but rest is also necessary.
753. 寡妇 guǎfu （名） widow
　　成了寡妇 become a widow
754. *挂 guà （动） hang
　　挂断电话 hang up
　　挂号/挂失 register/report the loss of something
755. *挂号 guà hào register a letter
　　挂号信 a registered letter
756. 乖 guāi （形） (a child) well-behaved
　　乖孩子 a good child
757. *拐 guǎi （动） limp
　　一拐一拐地走 walk with a limp
758. 拐弯儿 guǎi wānr indirect
　　拐不过弯来 slow to comprehend
759. 怪 guài （动） blame
　　怪别人/怪老师 blame others/the teacher
760. 怪 guài （副） rather, quite
　　怪可爱的 so lovely
　　心里怪不舒服的 feel rather bad
761. 怪不得 guài bu de cannot blame, no wonder
　　怪不得别人,只能怪自己。 Nobody but he himself is to blame.
　　怪不得没来,原来他病了。 He is ill. No wonder he didn't come.
762. *关 guān （动、名） concern
　　关你什么事？ What has it got to do with you?
　　边关/关口 strategic pass at the border/checkpoint
　　进出海关 enter and exit customs
　　关税 duty
　　难关/年关 difficulty/the end of the year
763. 关怀 guānhuái （动） care for
　　关怀群众/孩子 care for the people/children
　　受到关怀 be cared for

一、请从左页中选择合适的词语填入括号：

1. 你怎么（　　）到我头上来了？
2. 丈夫死后，她成了（　　），独自一人带着小女儿生活。
3. 今天我起床晚了，专家号没（　　）上。
4. 这种方法（　　）可以，别的方法也可以试试。
5. 这封信要寄（　　）吗？
6. 学校（　　）每个学生的健康成长。
7. 开车上山，（　　）的时候，一定要减速慢行。
8. 这孩子睡觉真（　　），很少哭闹。
9. 这不（　　）你的事，你就别问了。
10. （　　）宿舍这么干净，原来你打扫过了。
11. 小王在隔壁，你别（　　）电话，我去叫他。
12. 是你自己没听清楚，（　　）别人。
13. 看着她那伤心的样子，我心里（　　）不舒服的。
14. 他在比赛中受了伤，走路一（　　）一（　　）的。

二、选择合适的词语填空：

1. 固然　　虽然

　(1) 步行＿＿＿＿安全，可就是要慢得多。

　(2) ＿＿＿＿质量好，可是价钱太贵。

　(3) 质量＿＿＿＿好，可是价钱太贵。

　(4) 考上大学＿＿＿＿好，考不上大学也一样可以干一番事业。

2. 怪　　批评

　(1) 经理把我叫到他的办公室，严厉地＿＿＿＿了我一顿。

　(2) 这可＿＿＿＿不着我。

　(3) 这事＿＿＿＿我没说清楚。

3. 关怀　　关心

　(1) 同学们都非常＿＿＿＿考试的成绩。

　(2) 在领导的＿＿＿＿下，他们胜利地完成了任务。

　(3) 工作固然重要，可自己的生活也不能不＿＿＿＿呀。

764.	关头 guāntóu （名）	juncture
	紧要/生死关头	critical moment/moment of life and death
765.	*关照 guānzhào （动）	tell
	关照一下司机	let the driver know
766.	官僚主义 guānliáo zhǔyì	bureaucratism
	官僚主义作风	bureaucratic style of work
767.	观测 guāncè （动）	observation
	观测气象	observe the weather
	随时观测	observe at any moment
768.	观看 guānkàn （动）	watch
	观看表演/展览	watch a show/exhibition
769.	观念 guānniàn （名）	concept, ideas, thinking
	传统/消费观念	traditional thinking/concept of consumption
	改变/树立观念	change/foster an idea
770.	*管 guǎn （动）	manage, run, control
	管闲事	mind other's business, be nosy
771.	管道 guǎndào （名）	pipeline
	一根下水管道	a sewage pipe
772.	管子 guǎnzi （名）	tube, pipe
	一条粗的皮管子	a thick rubber tube
	管子裂了	The pipe is cracked.
773.	罐 guàn （名）	jar
	药罐/瓦罐/水罐	drug jar, terra cotta jar, pitcher
774.	惯 guàn （形）	be used to
	过惯了艰苦的生活	become used to hard life
	住不惯	be not used to living in ...
775.	灌 guàn （动）	pour/fill in water
	引水灌地	channel water to irrigate the fields
	灌满了酒	be filled up with wine
776.	灌溉 guàngài （动）	irrigate, water
	灌溉农田/小麦	water the fields/wheat

一、请从左页中选择合适的词语填入括号：

1. 你这个人就是爱（　　）别人家的闲事。
2. 不关心群众利益,不进行调查研究,就会犯（　　）的毛病。
3. 中国菜你吃得（　　）吗？
4. 农民用这样的水（　　）蔬菜,能没有污染吗？
5. 这是多年的传统（　　）了,改变起来很难。
6. 他聚精会神地（　　）着足球比赛。
7. 自来水（　　）裂了需要修理。
8. 工人们正在紧张地铺设石油（　　）。
9. 买来的茶叶放在那个玻璃（　　）里。
10. 几年来,他将土地沙漠化的（　　）结果都详细地记录了下来。
11. 我已经（　　）过秘书了,让她明天把合同准备好。
12. 在这紧要（　　）,公安人员及时赶到现场救出了被困的群众。
13. 大家（　　）了她一杯啤酒。

二、选择合适的词语填空：

1. 观察　　观看　　观测

　(1) 他的病很重,需要入院_____。
　(2) 科学家们用计算机对_____到的数据进行处理。
　(3) 这次去内蒙古草原旅游,亲眼_____了他们的民族表演。

2. 观念　　观点

　(1) 过去那种多子多福的传统_____已经开始改变了。
　(2) 这篇文章_____鲜明,论据充足,很有说服力。
　(3) 让孩子多参加一些集体活动,对培养他的组织_____有好处。

3. 关头　　关键

　(1) 这是考验我们意志的重要_____。
　(2) 这是考验我们意志的_____时刻。

4. 灌　　浇

　(1) 这花该_____水了。
　(2) 把开水_____进暖瓶里。
　(3) 大雨把全身的衣服都_____湿了。

125

777. 光 guāng （动）　　　　bare
　　　光着脚/膀子　　　　　　bare-footed/be stripped to the waist
778. 光彩 guāngcǎi （名、形）　luster; brilliance
　　　光彩照人　　　　　　　　brilliant with splendour
　　　放出光彩　　　　　　　　shine with splendour
　　　不光彩的角色　　　　　　ignominious role
779. 光滑 guānghuá （形）　　smooth
　　　光滑的路面　　　　　　　smooth road surface
　　　擦/磨得光滑　　　　　　　rub smooth/well polished
780. 光临 guānglín （动）　　be present
　　　欢迎/感谢光临　　　　　　welcome/thank you for your presence
　　　光临大会　　　　　　　　be present at a meeting
781. 广 guǎng （形）　　　　wide, broad
　　　知识面广　　　　　　　　have extensive knowledge
　　　流传广　　　　　　　　　be very popular
782. *广大 guǎngdà （形）　　vast
　　　广大的空间　　　　　　　immense space
　　　广大观众/读者　　　　　　a large audience, many readers
783. 规划 guīhuà （名、动）　plan; strategic planning
　　　规划具体/全面　　　　　　detailed plan/overall plan
　　　城市/十年规划　　　　　　city planning/ten-year plan
　　　规划蓝图　　　　　　　　blue-print
784. 归 guī （动）　　　　　return
　　　归国/归队　　　　　　　　return to one's home country/rejoin one's unit
　　　物归原主　　　　　　　　return sth. to its original owner
　　　剩下的归你　　　　　　　The remaining is yours.
　　　归他负责　　　　　　　　He is in charge of it.
785. 柜台 guìtái （名）　　　counter
　　　站柜台　　　　　　　　　serve behind the counter/be a salesperson
　　　销售柜台　　　　　　　　sales counter
786. 柜子 guìzi （名）　　　 cabinet
　　　衣服/玻璃柜子　　　　　　wardrobe, glass cabinet

一、请从左页中选择合适的词语填入括号：
1. 市长经常（　　）我的小饭馆。
2. 公司全面（　　）了明年的生产经营。
3. 这块布摸起来很（　　）。
4. 为了给老人以更多的照顾,商店里设有专门的中老年（　　）。
5. 奶奶为了教训犯了错误的孙子,让他（　　）着上身站在雪地里。
6. 中国的国土面积（　　）,资源丰富。
7. 今天我们听了一个关于未来五年城市（　　）的报告。
8. 在中国所有土地（　　）国家所有。
9. 这篇文章包括的内容很（　　）。
10. 这个（　　）放这儿不合适,进出多不方便呀。
11. 爸爸当上了校长,我们全家都感到（　　）。

二、选择合适的词语填空：
1. 光　　露
 (1) 手一直在外面 _____ 着。
 (2) 夏天他 _____ 着背还热得不行。
 (3) 他从窗户里 _____ 出头,向这边望了望。
2. 光彩　　光荣
 (1) 孩子当上了三好生,爸爸妈妈也觉得有 _____。
 (2) 中学毕业以后,他就 _____ 地参了军。
 (3) 节约 _____,浪费可耻。
 (4) 这块玉的 _____ 很好。
3. 广　　广大
 (1) 他交际很 _____,朋友很多。
 (2) 乡镇企业在农村已有了 _____ 的发展。
 (3) 为了方便 _____ 师生借阅图书,我馆决定延长借阅时间。
4. 规划　　计划
 (1) 公司领导对下一年的经营做了全面的 _____。
 (2) 我 _____ 下个月去趟广州。

787.	规矩 guīju （名、形）	rule; well-behaved
	守/懂规矩	obey/understand the rules
	规规矩矩地站着	stand well-disciplined
788.	规则 guīzé （名、形）	rule; regular
	考试/交通/游戏规则	the rules of an exam/traffic/a game
	不规则的三角形	an irrgular triangle
789.	轨道 guǐdào （名）	track, orbit
	火车/卫星轨道	railway track, satellite orbit
	铺轨道	lay the rails
790.	*鬼 guǐ （名）	ghost
	烟鬼	chainsmoker
	胆小/讨厌鬼	coward/a nuisance
791.	*贵 guì （形）	valuable, precious
	可贵	commendable
792.	贵宾 guìbīn （名）	honoured guest
	欢迎贵宾	welcome a distinguished guest
793.	*滚 gǔn （动）	get away
	滚蛋	get out
	滚开	get out of here
794.	棍子 gùnzi （名）	stick
	又粗又长的棍子	a long thick club
795.	锅炉 guōlú （名）	boiler
	锅炉房	boiler room
796.	国防 guófáng （名）	national defence
	国防建设	build-up of national defence
	加强国防	strengthen national defence
797.	国籍 guójí （名）	nationality
	加入/双重国籍	be naturalized as the citizen of a country/dual nationality
	具有……国籍	hold the nationality of …
798.	国旗 guóqí （名）	national flag
	飘扬的国旗	a flying national flag
799.	国庆节 Guóqìng Jié	National Day
	庆祝国庆节	celebrate the National Day

一、请从左页中选择合适的词语填入括号：
1. 你给我（　　）得远远的,我不想再见到你。
2. 这条马路弯弯曲曲,很不（　　）。
3. 骑车带人是违反交通（　　）的。
4. 他是个懒（　　）,宿舍脏得没法儿进人。
5. 十月一日是中国的（　　）。
6. 人们常说：物以稀为（　　）。意思是说,少的东西就比较珍贵。
7. 他已经提出了加入中国（　　）的申请。
8. 父亲（　　）很严,平时都不许孩子看电视。
9. 他在院子里支了一根晾衣服的竹（　　）。
10. 烧（　　）的王大嫂病了,我正找人替她呢。
11. 我国的（　　）工业一直受到党和政府的高度重视。
12. 火车站有专门的（　　）候车室。
13. 他们顺利地把人造地球卫星送上了（　　）。
14. 五星红旗在天安门广场上高高（　　）。

二、选择合适的词语填空：
　　　规则　　规矩　　规定
1. 学校 _____ 上课迟到十五分钟以上的,按旷课处理。
2. 这孩子 _____ 地站在那儿,一动也不敢动。
3. 他是新队员,动作还不太 _____ 。
4. 图书馆的借书 _____ 是新制定的。

三、选择与划线词语意思最相近的解释：
1. A. 人死后的魂　　B. 骂人的话；对人表示憎恶的称呼
  (1)恶<u>鬼</u>（　）　(2)讨厌<u>鬼</u>（　）　(3)吊死<u>鬼</u>（　）　(4)烟<u>鬼</u>（　）
  (5)酒<u>鬼</u>（　）　(6)胆小<u>鬼</u>（　）　(7)死<u>鬼</u>（　）　(8)怕死<u>鬼</u>（　）
  (9)饿死<u>鬼</u>（　）　(10)小气<u>鬼</u>（　）
2. A. 由(谁负责)　　B. 返回　　C. 属于
  (1)这笔钱<u>归</u>大家所有。（　）
  (2)他工作很忙,每天早出晚<u>归</u>。（　）
  (3)买菜<u>归</u>你,做饭<u>归</u>我。（　）

800.	国务院 guówùyuàn （名）	State Council
	在国务院工作	work in the State Council
801.	国营 guóyíng （形）	state-run, state-owned
	国营商店/企业	state-owned store/state-run enterprise
802.	果实 guǒshí （名）	fruit
	结满果实	fruit is hanging heavy on the trees
	劳动果实	fruits of labour
803.	果树 guǒshù （名）	fruit tree
	种了几棵果树	grow several fruit trees
804.	裹 guǒ （动）	wrap up
	裹紧围巾	wrap up tightly with a scarf
	裹上伤口	bind up the wound
805.	*过 guò （动）	*used afer a verb plus 得 or 不 to indicate superiority or inferiority, success or failure, etc.*
	说/跑不过	cannot defeat somebody in debate/cannot outrun sb.
806.	*过 guò （副）	over (adv.)
	过高/过快	too high/fast
807.	过渡 guòdù （动）	transition
	过渡措施	interim measures
	顺利/平稳过渡	successful/smooth transition
808.	过分 guòfèn （形）	excessive, too much
	过分劳累/客气	much exhausted/too polite
	宣传得过分	excessive propaganda
809.	*过来 guò lái	recover, return to the usual state of health
	醒/改过来	come round/correct
810.	*过去 guò qù	*indicating loss of normalcy or of original state*
	昏过去	faint

H

811.	咳 hāi （叹）	*used to express sorrow, regret, surprise, etc.*
	咳！真有这么巧的事儿！	My, what a coincidence!
812.	*还 hái （副）	passably, fairly, rather
	他唱得还可以。	He sings fairly well.
	老师还听不懂,何况我们呢?	Even our teacher cannot uderstand it, much less us.

一、请从左页中选择合适的词语填入括号：

1. 树上结满了（　　）。
2. （　　）企业要想办法走出目前的困境。
3. 饭（　　）吃不上呢，别说菜了。
4. 我们要珍惜别人的劳动（　　）。
5. 我还年轻，累了睡一觉就休息（　　）了。
6. 当地人喜欢在头上（　　）一条白毛巾。
7. 这种产品质量好，被消费者评为信得（　　）产品。
8. 老王承包的（　　）今年获得了大丰收。
9. 香港在1997年实现了政权的平稳（　　）。
10. （　　）总理朱镕基回答了记者的提问。
11. 我被车撞倒后，就昏（　　）了。
12. （　　）！最后还是输了。
13. 这个玩笑开得有点儿（　　）。

二、选择与划线词语意思最相近的解释：

1. A. 经过或度过某个地方或时间　　B. 超越了某种范围或限度
   C. 表示胜过　　　　　　　　　　D. 表示数量或程度过分

   (1) 过马路要注意来往的车辆。（　　）
   (2) 吃得过快对身体没有好处。（　　）
   (3) 过春节是孩子们最高兴的事。（　　）
   (4) 昨天太累了，早晨睡过了头。（　　）
   (5) 大家谁也说不过他，只好让他去了。（　　）
   (6) 图书馆的书过一天不还罚款两毛。（　　）
   (7) 他的身体比我棒，我跑不过他。（　　）
   (8) 他们辛辛苦苦地过了一辈子。（　　）
   (9) 我对他的能力估计过高了。（　　）

2. A. 表示程度上勉强过得去　　B. 尚且

   (1) 房间不大，收拾得倒还整齐。（　　）
   (2) 他的画儿画得还行。（　　）
   (3) 连你都不行，还用说我吗？（　　）

131

813. 海拔 hǎibá （名）	height above sea level, elevation
海拔500米	500 metres above sea level
814. 海军 hǎijūn （名）	navy, naval forces
建设一支强大的海军	build a powerful naval force
海军飞机/军服	naval aircraft/navy uniform
815. 海面 hǎimiàn （名）	sea surface, sea level
露出海面	show up at sea surface
平静的海面	calm surface of the sea
816. 海峡 hǎixiá （名）	ocean channel, strait
渡过台湾海峡	cross the Taiwan Strait
817. *害 hài （动）	kill, murder
遇害/被害	be killed
818. 害虫 hàichóng （名）	pest
消灭害虫	eliminate pests
819. *含 hán （动）	contain
含泪告别	say goodbye with tears in one's eyes
含糖/维生素	contain sugar/vitamins
820. 含糊 hánhu （形）	ambiguous, vague
意思/概念含糊	ambiguous meaning/vague concept
不能含糊	cannot treat it carelessly
821. 含量 hánliàng （名）	content
蛋白质含量	protein content
含量丰富	content-rich
822. 喊叫 hǎnjiào （动）	yell
大声喊叫	shout at the top of one's voice
823. 旱 hàn （形）	drought, dry spell
庄稼旱/天旱	the crops are stricken by drought/dry weather
旱路/旱伞	overland route/parasol
824. 焊 hàn （动）	weld, solder
气焊/电焊	gas/eletric welding
焊钢板	weld armor plate

一、请从左页中选择合适的词语填入括号：

1. 他（　　）着眼泪读完了这封信。
2. （　　）上一只船也看不见。
3. 珠穆朗玛峰的（　　）高度为8848米。
4. 今年河南大（　　），粮食大大地减产。
5. 李大钊先生是在北京遇（　　）的。
6. 这种蔬菜中维生素A的（　　）很高。
7. 他是一名（　　）军官。
8. 造船厂里，工人们正在（　　）钢缝。
9. 苍蝇、蚊子这些（　　）会传染很多疾病。
10. 忽然听到楼下有人大声（　　）："抓小偷啊！"
11. 台湾（　　）连接着大陆和台湾岛。
12. 你的话太（　　），我不明白你说的是什么意思。

二、选择"过来"和"过去"填空：

1. 你这毛病怎么就改不_____呢？
2. 大夫，病人又昏_____了。
3. 过了好半天她才慢慢地醒_____。
4. 我刚把他劝_____，你别再跟他说什么了。
5. 到今天我才明白_____，你为什么不让我去。

三、选择与划线词语意思最相近的解释：

A. 东西在嘴里，不咽也不吐　B. 包含　C. 带着某种意思、感情

(1) 蔬菜里<u>含</u>维生素比较丰富。（　　）
(2) 这种药必须<u>含</u>服。（　　）
(3) 他<u>含</u>恨离开了人间。（　　）

四、量词练习：

1. 解释一（　　）　　　2. 打一（　　）仗　　　3. 烙一（　　）饼
4. 挨一（　　）打　　　5. 擦一（　　）脸　　　6. 点一（　　）眼药
7. 跑一（　　）　　　　8. 缝了一（　　）　　　9. 百（　　）人
10. 播一（　　）消息　11. 进一（　　）货　　　12. 瞪了我一（　　）
13. 积了一（　　）尘土　14. 插一（　　）话　　15. 炒一（　　）菠菜

825.	行　háng　（名）	line, row
	排成四行	fall into four lines
826.	行列　hángliè　（名）	ranks
	加入/退出行列	join/quit a line
	先进/整齐的行列	advanced/orderly ranks
827.	行业　hángyè　（名）	trade, profession, industry
	传统行业	traditional professions
	行业发达	development of a profession
828.	航行　hángxíng　（动）	sail, fly
	飞机/轮船航行	a plane is flying/a ship is sailing
829.	毫米　háomǐ　（量）	millimeter
	降水量500毫米	precipitation measured 500 millimeters
830.	*好　hǎo　（形）	*used to express agreement, disappoval, surprise, etc.*
	好啊,看你还往哪儿跑!	Now, where else can you go?
831.	*好　hǎo　（副）	*used ironically to express dissatisfaction*
	好你个小王,敢骗我。	You, Xiao Wang, dare to cheat me!
832.	好　hǎo　（连）	in order to
	铲平土地好浇水	level the land for irrigation
833.	好比　hǎobǐ　（动）	compared to, just like
	时光好比流水	Time flies just like flowing water.
834.	*好看　hǎokàn　（形）	good-looking, interesting, attractive
	脸上/面子好看	feel greatly honoured
835.	*好听　hǎotīng　（形）	pleasant to the ear, palatable, fine
	他说话不好听。	What he says does not sound agreeable.
836.	耗　hào　（动）	consume, take, cost
	耗电量	energy consumption
837.	*号　hào　（名）	any brass wind instrument
	吹长/圆号	play trombone/French horn
	集合/冲锋号	sound service calls/bugle call to charge
838.	好奇　hàoqí　（形）	curious
	感到好奇	feel curious
	好奇的表情/目光	curious expressions/look

一、请从左页中选择合适的词语填入括号：

1. 夏天的杭州（　　）一个大火炉。
2. 这孩子真乖巧，净拣（　　）的说。
3. 现在最热门的（　　）是IT(Information Technology)业。
4. 孩子们（　　）地瞪大眼睛望着他。
5. 一（　　）（　　）柳树在风中摇摆。
6. 带上雨伞吧，下雨时（　　）用。
7. 这枝自动铅笔的笔心直径是0.5（　　）的。
8. 你再不听话，我要你（　　）！
9. 我终于加入了共青团员的光荣（　　）。
10. 你是学长（　　）还是圆（　　）？
11. 飞机在云层里平稳地（　　）。
12. 这事太（　　）神，我不想干了。

二、选择合适的词语填空：

1. 行　　行列
   (1) 这里风景真好，小桥流水，柳树成_____。
   (2) 为了争取民族解放，他加入了斗争的_____。

2. 行业　　职业
   (1) 对食品_____应加强管理。
   (2) 企业这几年开始重视_____培训了。

3. 好比　　比
   (1) 那时的条件跟现在没法_____。
   (2) 我们当前的工作_____一场战斗。

4. 好看　　美观
   (1) 这裙子你穿准_____。
   (2) 这种裙子样子_____大方，今年很流行。
   (3) 儿子干出这种事，爸妈的脸上也不_____。

5. 耗　　费
   (1) 这种洗衣机_____电多不多？
   (2) 我不愿在这些小事上_____时间。

839. 呵　hē　（叹）　　　　　　　　ah, oh
　　　呵，真烫！　　　　　　　　　Wow, it's scalding!
840. *喝　hē　（动）　　　　　　　drink
　　　爱喝两口　　　　　　　　　　love to drink wine
841. 核　hé/hú　（名）　　　　　　seed, kernel, pit, stone
　　　水果核　　　　　　　　　　　seed, kernel of fruits
　　　吐核　　　　　　　　　　　　spit out the kernel
842. 何必　hébì　（副）　　　　　　no need
　　　老朋友了，何必这么客气？　　There's no need for us old friends to stand on ceremony.
843. 何况　hékuàng　（连）　　　　much less, let alone, not to mention
　　　牺牲都不怕，何况这些困难。　We fear no death, let alone these difficulties.
844. *合　hé　（动）　　　　　　　conform with, suit, agree
　　　合……口味/规矩　　　　　　suit one's taste/follow the rules
845. 合唱　héchàng　（名）　　　　chorus
　　　男声/女声合唱　　　　　　　male/female chorus
846. 合成　héchéng　（动）　　　　compose, compound
　　　合成一种药　　　　　　　　　compound a medicine
847. 合法　héfǎ　（形）　　　　　　legal, lawful, legitimate, rightful
　　　合法婚姻/地位　　　　　　　lawful marriage/legal status
　　　合法地经营/买卖　　　　　　operate/trade legally
848. 合格　hégé　（形）　　　　　　qualified, up to standards
　　　质量/成绩合格　　　　　　　the quality/grade is up to the standard
　　　基本合格　　　　　　　　　　basically up to the standard
849. 合金　héjīn　（名）　　　　　　alloy
　　　合金钢　　　　　　　　　　　alloy steel
850. 合算　hésuàn　（形、动）　　　worthwhile, reckon up
　　　价钱合算　　　　　　　　　　a reasonable price
　　　这事儿得合算合算。　　　　　That needs planning.
851. 河流　héliú　（名）　　　　　　river
　　　清理/改造河流　　　　　　　clear up/transform the river

一、请从左页中选择合适的词语填入括号：

1. 都是好朋友,(   )那么客气？
2. 这根绳子是由三股细绳子(   )的。
3. 这笔买卖你(   )了,我可赔惨了。
4. 这次(   )非常成功。
5. 就算是陌生人我也会帮这个忙的,(   )是你呢？
6. 你办事很(   )我的心意。
7. (   )！这么多呀！
8. 这种水果的(   )很小。
9. 岁月的(   )静静地不知不觉地带走了我们的青春。
10. 要成为一名(   )的教师,我还要继续努力。
11. 这种(   )在建筑上应用很广泛。
12. 他们都(   )糊涂了,家都回不去了。
13. 有的事(   )不合情理,有的事却是合情不(   )。

二、选择合适的词语填空：

1. 何况　　何必
   (1) 为一点儿小事,_____生气呢？
   (2) 路不远,_____还有车,迟到不了。

2. 合成　　组成
   (1) 代表团由十位教师_____。
   (2) 这是他们几个_____一伙儿干的。

3. 合算　　便宜
   (1) 花这么多时间做这种事,不_____。
   (2) 这双皮鞋才80块钱,多_____呀！

4. 合算　　打算
   (1) 我今年的_____是年底买一辆车。
   (2) 这件事你再和爱人好好_____一下。

三、将下列带"合"的词语或短语按意思分类：

1. <u>合</u>眼　　2. <u>合</u>上书　　3. <u>合</u>班　　4. <u>合</u>心意
5. <u>合</u>情理　6. <u>合</u>买　　　7. <u>合</u>习惯　8. <u>合</u>标准

A.(　　　)　　B.(　　　)　　C.(　　　)

852. *黑　hēi　（形）　　　　　　　　black
　　　黑市/黑名单　　　　　　　　　black market/blacklist
853. 黑夜　hēiyè　（名）　　　　　　night
　　　当黑夜到来时　　　　　　　　as darkness is setting in
854. 痕迹　hénjì　（名）　　　　　　mark, trace
　　　车轮的痕迹　　　　　　　　　wheel tracks
855. 狠　hěn　（形）　　　　　　　　ruthless, relentless, cruel
　　　心狠　　　　　　　　　　　　ruthless
856. 恨不得　hèn bu de　　　　　　　be anxious to
　　　恨不得马上飞回家　　　　　　be anxious to go home immediately
857. *哼　hēng　（动）　　　　　　　hum
　　　哼小曲儿　　　　　　　　　　hum a tune
858. 横　héng　（动、形）　　　　　crosswise; horizontal
　　　把桌子横过来　　　　　　　　turn the table crosswise
　　　人行横道　　　　　　　　　　pedestrian crossing
　　　横线　　　　　　　　　　　　horizontal line
859. *红　hóng　（形）　　　　　　　red, hot, successful, popular
　　　演红了　　　　　　　　　　　become popular after the performance
　　　一颗红心　　　　　　　　　　a red heart
　　　红军　　　　　　　　　　　　Red Army
860. 宏伟　hóngwěi　（形）　　　　　magnificent, grand
　　　建筑宏伟　　　　　　　　　　magnificent construction
　　　宏伟的规划/目标　　　　　　　ambitious plan/goal
861. 洪水　hóngshuǐ　（名）　　　　　flood
　　　洪水猛涨/泛滥　　　　　　　　a bad flood
862. *红旗　hóngqí　（名）　　　　　red flag, red banner
　　　获得/插红旗　　　　　　　　　win/stick a red flag
　　　红旗车间/班组　　　　　　　　a red-banner workshop/team
863. 喉咙　hóulóng　（名）　　　　　throat
　　　喉咙发炎　　　　　　　　　　the throat is inflamed
864. 吼　hǒu　（动）　　　　　　　　roar, growl, shout
　　　狮吼/牛吼　　　　　　　　　　The lion roars./The ox bellows.
　　　狂吼/怒吼　　　　　　　　　　frantic shout/ angry roar

一、请从左页中选择合适的词语填入括号：

1．工厂奖励这个车间一面(　　　)。
2．我的(　　　)一直发痛,可能还有点儿发烧。
3．(　　　)像野马一样,一眨眼冲毁了整个村庄和农田。
4．她实在(　　　)不下心来,最后还是把孩子留在了身边。
5．她连续两年被评为三八(　　　)手。
6．是谁把车(　　　)在马路上,让人怎么过呀？
7．由于公司的大力宣传,这位演员很快就唱(　　　)了。
8．他嘴里(　　　)着小调,摇摇晃晃地走了过来,带着满身的酒气。
9．他们说的是(　　　)话,你听得懂吗？
10．岁月并没有在她脸上留下(　　　),她依然年轻漂亮。
11．人在(　　　)高大的建筑群里显得如此矮小。
12．他们是昨天(　　　)动身的。
13．走在密林里,远远听到有什么动物在(　　　),很是害怕。
14．爷爷养的兔子下了两只可爱的小兔子,我(　　　)马上飞到爷爷家。

二、将下列带"红"的词语或短语按意思分类：

　　A．像血的颜色　　　B．象征成功、喜庆、受欢迎等　　C．象征革命或觉悟高

1．红人(　　)　　　　2．红军(　　) 　　　　　3．红旗(　　)
4．晒红(　　) 　　　　5．染红(　　) 　　　　　6．开门红(　　)
7．红脸(　　) 　　　　8．演红(　　) 　　　　　9．满堂红(　　)
10．红布(　　) 　　　11．又红又专(　　) 　　12．红心(　　)

三、将下列带"黑"的词语或短语按意思分类：

　　A．像煤或墨的颜色　　B．没有光亮　　C．秘密的；不公开的

1．黑洞(　　) 　　　　2．黑眼珠(　　) 　　　3．黑人(　　)
4．天黑(　　) 　　　　5．涂黑(　　) 　　　　6．黑市(　　)
7．黑社会(　　) 　　　8．头发黑(　　) 　　　9．黑户口(　　)

四、选择与"雄伟""宏伟"合适的词语搭配：

1．大桥(　　) 　　　　2．山峰(　　) 　　　　3．日出景象(　　)
4．歌声(　　) 　　　　5．乐曲(　　) 　　　　6．目标(　　)
7．事业(　　) 　　　　8．建筑(　　) 　　　　9．规划(　　)
10．任务(　　) 　　　11．规模(　　) 　　　　12．组织(　　)

139

865. *厚 hòu（形）		deep, profound
	深情厚谊	profound friendship
	一份厚礼	a generous gift
866. *后 hòu（名）		offspring, progeny
	绝了后	without issue
	皇后/太后	queen/empress dowager
867. 后代 hòudài（名）		future generation
	后代人/艺术家	future generation/artists
	工人/英雄的后代	offsprings of workers/heros
	传给后代	pass on to future generations
868. 后方 hòufāng（名）		rear, behind, at the back, in the rear
	后方安全	the safety of the rear
	从后方追上来	catch up from behind
869. 后果 hòuguǒ（名）		consequence, aftermath
	后果严重/可怕	serious/terrible consequences
	造成严重后果	entail serious consequences
870. *后天 hòutiān（名）		nurtured, postnatal
	后天的条件	postnatal conditions
	后天不足	not well nurtured
871. 后头 hòutou（名）		at the back, in the rear, afterwards
	楼后头	at the back of the building
	跟在……后头	behind someone
872. 后退 hòutuì（动）		draw or fall back, retreat, back away
	军队后退	the troups retreated
	不准/拒绝后退	No retreat/refuse to retreat
873. *呼 hū（动）		call
	直呼其名	call somebody by his/her name
874. 呼呼 hūhū（象声）		onom.
	呼呼的风声	howling wind
	呼呼地吹/睡	blow hard/sound asleep
875. *呼吸 hūxī（动）		breathe, exhale
	军民同呼吸	the army and the people share feelings and sentiments

一、请从左页中选择合适的词语填入括号：

1．你现在想（　　）已经晚了。

2．对中国人来说对长辈直（　　）其名是很不礼貌的。

3．草房太破了，北风（　　）地往里吹，弟弟冻得缩成一团。

4．为了感谢他的帮助，小王送了一份（　　）礼。

5．不听医生建议，随便服用药物，可能会产生严重的（　　）。

6．我永远不会忘记，在最困难的时候与我同（　　）共命运的人。

7．聪明固然重要，但是要成功更需要（　　）的勤奋。

8．抗战期间，八路军在日军（　　）展开战斗。

9．他妻子生了个儿子，老母亲高兴极了："我们梁家总算有（　　）了！"

10．随着改革开放的进一步深入，中国人的好日子还在（　　）呢。

11．前辈的奋斗经历是我们（　　）最好的教材。

二、选择合适的词语填空：

1．后果　　结果　　成果

(1)这件事的_____是严重的。

(2)今天的成绩是我们大家共同努力的_____。

(3)他们的研究取得了可喜的_____。

2．后方　　后面　　后头

(1)屋子_____有一个小花园。

(2)考试时间不够，_____的题没做。

(3)她曾在战时的_____医院里工作过。

三、量词练习：

　　　　笔　　条　　副　　场　　股

1．一（　）钱　　　2．一（　）暴雨　　　3．一（　）笑脸　　　4．一（　）鲸鱼

5．一（　）眼镜　　6．一（　）大坝　　　7．一（　）好字　　　8．一（　）战争

9．一（　）电流　　10．一（　）手套　　11．一（　）面孔　　　12．一（　）账

13．一（　）经费　14．一（　）管道　　15．一（　）床单　　　16．一（　）大病

17．一（　）大雪　18．一（　）地毯　　19．一（　）表情　　　20．一（　）地震

21．一（　）生意　22．一（　）干劲　　23．一（　）规矩　　　24．一（　）动力

25．一（　）财产　26．一（　）胡同　　27．一（　）敌人　　　28．一（　）买卖

876. 忽视　hūshì　（动）　　ignore, overlook, disregard
　　　忽视人才/教育　　　　neglect talent/education
　　　不可忽视　　　　　　must not be ignored
877. 胡说　húshuō　（动）　　talk nonsense, drivel
　　　胡说一通　　　　　　talk nonsense
　　　胡说八道　　　　　　talk nonsense
　　　背后胡说　　　　　　talk nonsense behind sb.'s back
878. 胡同　hútòng　（名）　　lane, alley
　　　一条小/死胡同　　　　a blind alley, impasse
　　　胡同口　　　　　　　the entrance of an alley
879. 蝴蝶　húdié　（名）　　butterfly
　　　捉到一只蝴蝶　　　　capture a butterfly
880. *糊涂　hútu　（形）　　muddled, confused
　　　糊涂账　　　　　　　chaotic accounts
　　　一塌糊涂　　　　　　utter confusion
881. *户　hù　（名）　　　　family status
　　　门当户对　　　　　　be well matched in social and economic status
882. 护　hù　（动）　　　　protect, guard, shield
　　　护路　　　　　　　　patrol and guard a road or railway
883. 互助　hùzhù　（动）　　help each other
　　　团结互助　　　　　　unity and mutual help
　　　互助合作　　　　　　mutual aid and cooperation
884. *花　huā　（名、形）　　fireworks, pattern, design; blurred
　　　放花　　　　　　　　let off fireworks
　　　花裙子　　　　　　　a skirt with patterns
　　　眼花了　　　　　　　one's eyes get blurred
885. 花朵　huāduǒ　（名）　　flower, blossom
　　　五颜六色的花朵　　　flowers of various colours
886. 花生　huāshēng　（名）　peanut, groundnut
　　　炒/煮花生　　　　　　fried/boiled peanuts
887. 哗哗　huāhuā　（象声）　onom.
　　　河水哗哗直流　　　　The river gurgled on.
888. *划　huá　（动）　　　　scratch, cut the surface of
　　　划玻璃　　　　　　　cut a piece of glass

142

一、请从左页中选择合适的词语填入括号：

1. 儿童是祖国的（　　）。
2. 卖火柴的小女孩（　　）亮了一根火柴。
3. 不少外国游客喜欢逛北京的（　　）。
4. （　　）是一种好吃而且有营养的食物。
5. 到底是谁欠谁的，欠了多少，谁也说不清，简直是一笔（　　）账。
6. 环境保护是不容（　　）的世界性问题。
7. 每到假期，留校的同学就被组成（　　）校队负责学校的安全保卫工作。
8. 人应该有（　　）精神，这样我们生存的世界将会更加美好。
9. 国庆节晚上天安门广场将放（　　）庆祝。
10. 中国旧时的婚姻讲究门当（　　）对。
11. 在中国云南大理，每年三月就有无数（　　）在泉边聚会。
12. 窗外传来（　　）的雨声，他不禁担心正往家赶的妻子会不会淋到雨。
13. 这事你可不能（　　），让她知道你就麻烦了。

二、选择合适的词语填空：

1. 忽视　　轻视

(1) 对这些建议我们_____了其中最重要的一条。

(2) 从那儿以后弟弟就很_____这种工作。

2. 糊涂　　模糊　　含糊

(1) 小王办事太_____，你得多提醒他。

(2) 他心里无比激动，泪水_____了双眼。

(3) 雾越来越大，车窗外的景象变得_____不清了。

(4) 他的话很_____，谁也没明白是什么意思。

(5) 这篇文章的内容一塌_____。

三、量词练习：

　　　　串　　　　阵　　　　座

1. 一（　）教堂　　2. 一（　）珠子　　3. 一（　）坟　　4. 一（　）香气
5. 一（　）钥匙　　6. 一（　）铃声　　7. 一（　）宫殿　　8. 一（　）脚步声
9. 一（　）村庄　　10. 一（　）葡萄　　11. 一（　）仓库　　12. 一（　）风

143

889.	华侨 huáqiáo （名）	overseas Chinese
	归国华侨	returned overseas Chinese
890.	华人 huárén （名）	foreign citizens of Chinese origin or descent
	美籍华人	Chinese American
	华人地区/商店	the Chinese district/stores
891.	*滑 huá （形）	cunning, oily, crafty, slippery
	滑头滑脑	crafty, slick, sly, slippery
	耍滑	act in a slick way
892.	滑雪 huá xuě	ski, skiing
	滑雪运动/冠军	skiing/the champion of skiing
893.	画家 huàjiā （名）	painter, artist
	成了著名画家	become a famous painter
894.	画蛇添足 huà shé tiān zú	draw a snake and add feet to it—do sth. entirely unnecessary
	人家都明白,再解释就画蛇添足了。	No need to explain more for it is known by everyone.
895.	*化 huà（动、词尾）	turn; *indicate sth. or sb. is becoming or made to have certain attribute*
	化装	disguise
	化作蝴蝶	turn into a butterfly
	机械化	mechanize
896.	化工 huàgōng （名）	chemical industry
	化工机械/产品	chemical machinery/products
897.	化合 huàhé （动）	chemical combination
	化合反应	combination reaction
898.	化石 huàshí （名）	fossil
	发现恐龙化石	discover dinosaur fossils
899.	化验 huàyàn （动）	chemical or physical examination
	化验结果	result of laboratory test
900.	话剧 huàjù （名）	modern drama, stage play
	四幕话剧	a play in four scenes
901.	怀 huái （动、名）	cherish, keep in mind; nurse, chest
	怀着远大的理想	cherish high aspirations
	敞着怀	have one's jacket unbuttoned

一、请从左页中选择合适的词语填入括号：

1. 曾经引起生物学家极大关注的鱼（　　）居然是后人制造的。
2. 改革开放后，许多（　　）积极回家乡办厂。
3. （　　）已成为青年们非常喜欢的一种体育运动。
4. 经过（　　），这些药品都是禁止使用的。
5. 现在布置房间以简洁为美，你何必（　　）摆那么多盆假花呢？
6. 梁山伯与祝英台最后（　　）作了蝴蝶，双双飞上了蓝天。
7. （　　）行业目前普遍存在环境污染问题。
8. 他从小就想当一名（　　）。
9. 现在（　　）几乎遍布世界各地。
10. 留学生们自编自演的小（　　）深受广大师生的欢迎。
11. 我们（　　）着对过去的怀念、对未来的梦想，跨入了二十一世纪。
12. 两种透明液体经过（　　）反应会产生酸性物质。
13. 这家伙可（　　）了，工作交给他不可靠。

二、选择合适的词语填空：

1. 怀　抱

(1) 小学生们（　　）着极大的好奇心观看了展览。
(2) 我对这病已经不（　　）什么希望了。
(3) 我（　　）着激动的心情看完了这部电影。
(4) 他这么做不（　　）好意。
(5) 我是（　　）着向你学习的目的来的。

2. 化验　试验　实验

(1) 最近身体一直不太好，我想去做个（　　），查一查。
(2) 化学课、物理课都经常要做（　　）。
(3) 在兔子身上（　　）一下新药的性能。

三、量词练习：

　　　张　　份　　门　　项

1. 一（　　）学说　2. 一（　　）报纸　3. 一（　　）法令　4. 一（　　）钞票
5. 一（　　）草案　6. 一（　　）布告　7. 一（　　）档案　8. 一（　　）功课
9. 一（　　）弓　　10. 一（　　）经费　11. 一（　　）炮　　12. 一（　　）米饭

145

902. 怀念 huáiniàn （动）		cherish the memory of, miss
	日夜怀念家乡	miss one's hometown day and night
	引起对……的怀念	give rise to cherishing the memory of ...
903. 怀疑 huáiyí （动）		doubt, suspect
	表示/消除怀疑	cast/dispel doubts
	我怀疑他不会来了。	I suspect that he'll not show up.
904. 坏蛋 huàidàn （名）		rascal, scoundrel, bastard
	大坏蛋	the big bad wolf
905. 欢呼 huānhū （动）		hail, cheer, acclaim
	欢呼试验成功	hail the success of an experiment
	鼓掌欢呼	hail and applause
906. 欢乐 huānlè （形）		happy, merry, joyous
	欢乐的童年/歌声	happy childhood/merry songs
907. 欢喜 huānxǐ （形）		joyful, happy, delighted
	满心欢喜	be filled with real joy
	空欢喜一场	rejoice only to be let down
908. *还 huán （动）		go or come back, return, restore
	还乡	return to one's native place
909. *环 huán （名）		link
	重要的/薄弱的一环	a key/weak link
910. 缓和 huǎnhé （动、形）		alleviate, mitigate, relax
	缓和矛盾	mitigate contradictions
	语气/气氛缓和	easy mood/atmosphere
911. 缓缓 huǎnhuǎn （副）		slowly
	缓缓地流过	flow slowly
912. 缓慢 huǎnmàn （形）		slow, sluggish
	动作/脚步缓慢	slow in action/movement
913. 患 huàn （动、名）		trouble, peril, disaster; contract
	患病	fall ill
	患者	patient
	水患/外患	flood/foreign aggression
914. 幻灯 huàndēng （名）		slide show
	放/看幻灯	show/watch slides

一、请从左页中选择合适的词语填入括号：
1.（　　）的童年对儿童健康成长非常有好处。
2.你的（　　）不是没有道理的，但当天他并不在现场。
3.小明一进家门，就对我说："今天我看见警察叔叔抓了个（　　）。"
4.小河（　　）地流过田野，河边的野花在黄昏的阳光中微笑。
5.看到他也来了，她心里暗暗（　　），但表面却没露出来。
6.离家快十年了，我无限（　　）家乡的亲人们。
7.他终于踏上了（　　）乡的路。
8.事情的安排是一（　　）套一（　　）的，你这儿出了问题，肯定要影响下面。
9.为了明天的培训课能有更好的效果，他加班赶制（　　）片。
10.看到朱总理出现在厂门口，欢迎的人群发出一阵（　　）。
11.尽管项目进展（　　），但估计不会耽误工期。
12.他（　　）有严重的心脏病，所以一定提醒他不要忘了随身带着药品。
13.紧张气氛终于（　　）下来，他暗暗松了口气。

二、选择合适的词语填空：
1. 怀念　　想念　　纪念　　思念
(1)他十分_____高中的那段时光。
(2)他的歌声里充满了对家乡的_____。
(3)他终于回到了日夜_____的故乡。
(4)朱自清先生写的《背影》是为了_____他的父亲。

2. 疑问　　怀疑　　猜想
(1)我曾经对此事产生过_____。
(2)我一直_____他是否真的见过王工程师。
(3)我_____他已经知道我们的计划了。
(4)他_____地盯着我看了好半天。

3. 缓缓　　缓慢
(1)工程进展_____得令人焦急。
(2)河水_____地流着，鱼儿在水中自由地游着。
(3)车队自西向东_____而行。

147

915. 幻想 huànxiǎng （动、名）　　fancy, dream; illusion
　　幻想将来当诗人　　　　　　　　fancy oneself to be a poet in the future
　　充满幻想　　　　　　　　　　　full of illusions
916. 唤 huàn （动）　　　　　　　call (out), summon
　　唤醒人们　　　　　　　　　　　arouse people
　　唤起回忆　　　　　　　　　　　evoke past memories
917. 荒 huāng （形）　　　　　　　barren, waste, desolate, uncultivated
　　荒地/荒山　　　　　　　　　　　wasteland/barren hill
　　荒岛/荒郊　　　　　　　　　　　deserted island/wild country
918. *慌 huāng （动）　　　　　　get flustered
　　慌了神儿　　　　　　　　　　　be scared out of one's wits, panic
919. 慌忙 huāngmáng （形）　　　　in a great rush, hurriedly
　　慌忙离去/赶到医院　　　　　　　leave in a hurry/rush to the hospital
　　慌慌忙忙地下车　　　　　　　　get off a bus in a hurry
920. 黄昏 huánghūn （名）　　　　dusk, twilight, gloaming
　　黄昏时刻　　　　　　　　　　　at dusk
921. 黄色 huángsè （名）　　　　　yellow
　　黄色的皮肤　　　　　　　　　　yellow skin
922. 晃 huǎng （动）　　　　　　　dazzle
　　晃眼　　　　　　　　　　　　　dazzling
923. 灰 huī （名）　　　　　　　　ash, dust, powder
　　烟灰/煤灰　　　　　　　　　　　tobacco ash/coal dust
　　积了一层灰　　　　　　　　　　be covered with dust
924. 灰尘 huīchén （名）　　　　　dust, dirt
　　落满了灰尘　　　　　　　　　　be covered with dust
925. 灰心 huī xīn　　　　　　　　 lose heart, be discouraged
　　感到有点儿灰心　　　　　　　　feel a bit depressed
926. *恢复 huīfù （动）　　　　　 wipe off
　　恢复失地/健康　　　　　　　　　wipe off one's sweat/tears
927. *挥 huī （动）　　　　　　　retake, recover, regain, resume
　　挥汗/挥泪　　　　　　　　　　　retake lost territory/recuperate
928. 辉煌 huīhuáng （形）　　　　 brilliant, splendid, glorious
　　辉煌的成就　　　　　　　　　　outstanding achievement

一、请从左页中选择合适的词语填入括号：

1. 他的生意最近赔了不少，但他好像一点儿也没（　　）。
2. 天还没亮，母亲就（　　）醒了我。
3. 对面开来的汽车车灯（　　）得我睁不开眼。
4. 听到这个消息，他不由得（　　）了神，一时不知道如何是好。
5. 摸黑走了许久，眼前忽然出现了一片（　　）的灯火，原来已经到了山顶。
6. 人类的（　　）很多已经成为了现实。
7. 中国古代，色彩也表示一定的等级，比如（　　）只有帝王才能使用。
8. 这屋子好像很久没有住人了，家具上落着厚厚的一层（　　）。
9. 太阳正当头，坐在前边赶车的老人不停地抬手（　　）（　　）汗。
10. 经过多方的努力，他终于（　　）了自由。
11. （　　）的时候，河边赶着牛来洗澡的孩子多了起来。
12. 北方气候干燥，风沙较大，房间里（　　）较多。
13. 过去这里是一片（　　）滩，如今已是一眼望不到边的麦田。
14. 看到老人不小心摔倒了，他（　　）上前几步去扶他。

二、选择合适的词语填空：

1. 幻想　梦想　理想
   (1) 他的 _____ 是毕业后当一名教师。
   (2) 他总是 _____ 一夜成名。
   (3) 这是一本非常有名的科学 _____ 小说。

2. 叫　唤
   (1) 妈妈 _____ 你吃饭呢。
   (2) 这件事确实 _____ 人为难。
   (3) 眼前的情景 _____ 起了我童年的回忆。
   (4) 门外小狗突然 _____ 了起来。

3. 辉煌　光辉
   (1) 英雄舍己救人的 _____ 事迹传遍了全城。
   (2) 这一形象给作品增添了艺术的 _____。
   (3) 夜晚的北京灯火 _____。

929. *回　huí（量）　　　　　　　　　chapter
　　　《西游记》第三回　　　　　　　　the third chapter of *Journey to the West*
930. 回想　huíxiǎng（动）　　　　　　think back, recall
　　　回想起青年时代来　　　　　　　recall the days of one's youth
931. *回信　huí xìn　　　　　　　　　verbal message in reply, reply
　　　听他的回信儿　　　　　　　　　wait for his reply
932. 毁　huǐ（动）　　　　　　　　　destroy, ruin, demolish
　　　毁了房子　　　　　　　　　　　The house has been destroyed
933. 汇　huì（动）　　　　　　　　　converge, remit
　　　汇成大河　　　　　　　　　　　converge into a mighty river
　　　给/往……汇一笔钱　　　　　　remit money to...
934. 汇报　huìbào（动、名）　　　　　report
　　　向……及时/详细汇报工作　　　report to sb. on one's work in time/in detail
　　　一份书面汇报　　　　　　　　　a written report
935. 汇款　huì kuǎn　　　　　　　　　remit money, remittance
　　　汇一笔款　　　　　　　　　　　remit money
936. 昏　hūn（动、形）　　　　　　　lose consciousness; dark, murky
　　　头昏　　　　　　　　　　　　　feel giddy
　　　昏过去　　　　　　　　　　　　feel faint
　　　累昏了　　　　　　　　　　　　tired out
　　　天昏地暗　　　　　　　　　　　murky sky over a dark earth
937. 浑身　húnshēn（名）　　　　　　from head to heel, all over
　　　浑身发冷　　　　　　　　　　　feel cold all over
938. *混　hùn（动）　　　　　　　　　mingled, muddle along, drift along
　　　混过海关　　　　　　　　　　　get by the customs
　　　混饭吃　　　　　　　　　　　　work just to get by
　　　混日子　　　　　　　　　　　　work just to scrape by
939. 混合　hùnhé（动）　　　　　　　mix, blend, mingle
　　　把奶粉和面粉混合在一起　　　　blend milk powder and flour
940. 混乱　hùnluàn（形）　　　　　　disorder, chaos, confusion
　　　交通/思想混乱　　　　　　　　traffic tangles/ideological confusion
　　　组织/表达得混乱　　　　　　　confusion in organizing/expressing

一、请从左页中选择合适的词语填入括号：
1. 小偷甭想（　　）过警察的眼睛。
2. 你赶紧回去和家里人商量商量，我等着听你的（　　）。
3. 所谓鸡尾酒就是几种不同比例液体的（　　）物。
4. 在光线这么暗的地方看书，眼睛都（　　）了。
5. 中国人说无数的小河（　　）到一起就可以形成大海。
6. 《西游记》这部小说共有一百（　　）。
7. 每到月初，就有很多外地民工来邮局给家乡亲人（　　）。
8. 连续忙了三天两夜，他终于支持不住了，眼前一黑，（　　）倒在地上。
9. 他（　　）上下全被雨淋透了，冻得直发抖，像一片风中的秋叶。
10. 听到部下关于敌情的（　　），他不由得心里暗暗一惊。
11. （　　）起当年的往事，两位老人不由得落下泪来。
12. 会场的秩序有点儿（　　）。
13. 公司让我马上把这笔款（　　）到上海。

二、选择合适的词语填空：
1. 毁　　破坏
    (1) 维生素C会因加热而遭到 _____ 。
    (2) 怎么能为眼前的这点儿利益 _____ 了他的前途呢？
    (3) 一场暴雨把全村的庄稼都 _____ 了。
    (4) 他这种恶劣行为严重 _____ 了学校的纪律。

2. 回想　　回忆
    (1) 他不愿意 _____ 那件令人不愉快的事。
    (2) 大学生活给我留下了深刻的 _____ 。

三、选择与划线词语意思最相近的解释：
　　A．搀杂　　B．蒙混　　C．只顾眼前，苟且(gǒuqiě)地生活
(1) 这辈子就这样了，混不出样儿来了。（　　）
(2) 你甭想混出海关去。（　　）
(3) 这两种药不能混着吃。（　　）
(4) 他用假票混上了车。（　　）

941. 混凝土　hùnníngtǔ　(名)　　concrete
　　　混凝土结构/路面　　　　　concrete structure/road surface
942. 混淆　hùnxiáo　(动)　　　　mix up, obscure, confuse, confound
　　　真假混淆　　　　　　　　the falsity is mixed up with the genuine
　　　混淆标准　　　　　　　　confuse the standards
943. 活　huó　(形、副)　　　　　vivid, quick, movable, flexible; simply
　　　脑子活　　　　　　　　　have a quick mind
　　　活鸭/活水　　　　　　　　a live duck/flowing water
　　　活像只猴子　　　　　　　look just like a monkey
944. 活该　huógāi　(动)　　　　serve sb. right
　　　钱不收好,丢了活该!　　　It served him right because he did not put his money in a right place.
945. 伙　huǒ　(量)　　　　　　　group (of people), band, gang
　　　一伙人　　　　　　　　　a group of people
946. 伙伴　huǒbàn　(名)　　　　partner, companion, pal
　　　约了小伙伴　　　　　　　made an appointment with one's pal
947. *火　huǒ　(名)　　　　　　anger, temper
　　　发火　　　　　　　　　　lose temper, get angry
948. 火箭　huǒjiàn　(名)　　　　rocket
　　　发射火箭　　　　　　　　fire (or launch) a rocket
949. 火力　huǒlì　(名)　　　　　thermal power, firepower
　　　火力发电　　　　　　　　thermo-power generation
　　　集中火力　　　　　　　　concentrate the fire
950. 火焰　huǒyàn　(名)　　　　flame
　　　扑不灭的火焰　　　　　　unquenchable fire
　　　爱情的火焰　　　　　　　the flames of love
951. 火药　huǒyào　(名)　　　　gunpowder
　　　发明火药　　　　　　　　invent gun powder
　　　火药受潮　　　　　　　　the powder gets moist
952. 获　huò　(动)　　　　　　　capture, catch, seize, obtain, win
　　　抓获　　　　　　　　　　capture, seize one's prey
　　　获奖/获胜　　　　　　　　win a prize/be victorious

一、请从左页中选择合适的词语填入括号：

1. 看到敌人的（　　）非常猛,战士们聚在一起商量办法。
2. （　　）是中国人发明的,但却被西方人用来打开了中国的大门。
3. 罪犯终于被抓（　　）了,公安民警们总算松了口气。
4. 你放着好好的大企业不去,偏去小公司,（　　）现在失业了。
5. （　　）被大量应用于现代住房建设。
6. 这（　　）人专干那些小偷小摸的事。
7. 在科学家们的努力下,中国的（　　）发射技术已处于世界先进行列。
8. 看到孩子又给她惹了麻烦,她心里有股无名之（　　）一下子冒了出来。
9. 看在我们是多年的（　　）,这次我就帮你这个忙。
10. 俗话说:众人拾柴（　　）高。说的是团结力量大的道理。
11. 任何（　　）是非的谣言最终都会被识破的。
12. 他的脑子（　　）得很,经营公司很有两下子。

二、选择合适的词语填空：

1. 群　伙　批

   (1) 一 ＿＿＿＿ 姑娘打扮得漂漂亮亮地在公园里拍照片。
   (2) 三月底还要来一 ＿＿＿＿ 四周的短期留学生。
   (3) 他们结成一 ＿＿＿＿,干了不少坏事。

2. 伙伴　朋友

   (1) 这家公司是我们业务上的合作 ＿＿＿＿。
   (2) 星期天几个小 ＿＿＿＿ 约好一起去爬山。

3. 获　得

   (1) 这只老虎是去年冬天猎人们在林子里捕 ＿＿＿＿ 的。
   (2) 这部电影在国际电影节上 ＿＿＿＿ 奖了。
   (3) 昨天,我们抓 ＿＿＿＿ 了两名敌军的士兵。

4. 混淆　混乱

   (1) 这家公司的管理非常 ＿＿＿＿。
   (2) 他的观点十分 ＿＿＿＿,很难说服别人。
   (3) 我把人名 ＿＿＿＿ 了。
   (4) 这种观点是非分明,不容 ＿＿＿＿。

953. *或 huò （连） — or
你或他，都可以。 — You or he, either will do.
954. 或多或少 huò duō huò shǎo — more or less, somewhat
或多或少吃一点儿 — Please eat some.
955. 货币 huòbì （名） — currency, money
货币发行/供应 — issuance/supply of paper money
956. 货物 huòwù （名） — goods, commodity, merchandise
货物品种 — variety of merchandise

J

957. 基层 jīcéng （名） — grass roots
基层领导 — leading body at the basic-level
基层单位 — grass-roots unit
958. 基地 jīdì （名） — base
军事/工业基地 — military base /industrial base
959. 机 jī （名） — machine, plane, opportunity, important affairs, intention
打字机/洗衣机 — typewriter/washing machine
登机 — aboard a plane
坐失良机 — let an opportunity slip
日理万机 — handle numerous state affairs every day
动机/杀机 — motive/murderous intentions
960. 机动 jīdòng （形） — motorized, mobile, in reserve
机动车辆/玩具 — motor-driven vehicle/toy
机动使用/处理 — use/manage flexibly
机动资金/经费 — capital/outlay kept in reserve
961. 机构 jīgòu （名） — mechanism, organ, organization
流动机构 — mobile institution
专门机构 — special organization
机构调整 — adjust the organizational structure
962. *机关 jīguān （名） — stratagem, scheme, trick
设下/识破机关 — lay a sheme/see through a trick
963. 肌肉 jīròu （名） — muscle
肌肉发达 — muscular, brawny
拉伤腿部肌肉 — strained the leg muscle

一、请从左页中选择合适的词语填入括号：

1. 孩子们（　　）打球，（　　）跳绳，天真活泼的样子非常可爱。
2. 他设下的（　　）完全暴露了。
3. 领导需要真正下到（　　）才能了解到实际情况。
4. 这辆货车严重超载，所以警察命令司机把（　　）卸下一部分。
5. 听说你的打字（　　）坏了，我来给你看看。
6. 得知空军（　　）的情报落到敌人手中，将军不由得大怒。
7. 他在这儿（　　）能帮你点儿忙。
8. （　　）设得不合理，不仅影响办事效率，而且还增加政府开支。
9. 听到这里，他脸上的（　　）颤抖了一下。
10. 各种（　　）车辆都不准在慢车道行驶。
11. 为了刺激经济，政府采取了积极的（　　）政策。

二、选择合适的词语填空：

　　　　机关　　机构

1. 我的父亲是一名普普通通的 _____ 干部。
2. 今年政府部门将有重大的 _____ 调整。

三、选择与划线词语意思最相近的解释：

1. 她很聪明，一眼就看出了<u>机关</u>。

　　A. 机器发动的关键部分　B. 周密而巧妙的计谋　C. 处理事物的部门

2. 遇到节假日游客增多的情况，公交公司就会派出<u>机动</u>车辆缓和矛盾。

　　A. 靠机械动力运行的　　B. 准备灵活运用的

　　C. 根据实际情况而灵活变动

3. 星期天，他<u>或</u>去爬山，<u>或</u>去踢球，<u>或</u>去找朋友聊天。

　　A. 表示选择　　B. 表示几种情况都可能有，相当于"有时……有时……"

四、按划线词语的意思将下列词语分类：

　　A. 机器　　B. 飞机　　C. 机会　　D. 重要的事务　　E. 心思；念头

1. 日理万<u>机</u>（　） 2. 杀<u>机</u>（　） 3. 打字<u>机</u>（　） 4. <u>机</u>不可失（　）
5. 登<u>机</u>（　） 6. 坐失良<u>机</u>（　） 7. 乘<u>机</u>（　） 8. 电视<u>机</u>（　）
9. 计算<u>机</u>（　） 10. 心<u>机</u>（　）

155

964. 饥饿　jī'è　(形)　　　　hungry, starving
　　　感到/忍受饥饿　　　　feel hungry/endure the torments of hunger
965. 激素　jīsù　(名)　　　　hormone
　　　注射激素　　　　　　inject hormone
966. 极端　jíduān　(名、副)　extreme; extremely, utter
　　　走极端　　　　　　　go to extremes
　　　极端兴奋/劳累　　　　be extremely excited/tired
967. *集合　jíhé　(动)　　　gather together, collect
　　　集合材料　　　　　　collect materials
968. 集团　jítuán　(名)　　　group, clique, circle
　　　犯罪集团　　　　　　gang of crime
　　　组成集团公司　　　　build up group corporation
969. 急躁　jízào　(形)　　　irritable, hot-tempered, rash
　　　性格急躁　　　　　　of irritable temperament
　　　做事别急躁　　　　　Don't act too rashly
970. 疾病　jíbìng　(名)　　　illness, disease
　　　预防疾病　　　　　　guard against a disease
　　　传播疾病　　　　　　spread a disease
971. *即　jí　(动)　　　　　approach, reach, be close to
　　　可望不可即　　　　　within sight but beyond reach
972. 即将　jíjiāng　(副)　　 be about to, soon
　　　即将开始　　　　　　be about to begin
973. 即使　jíshǐ　(连)　　　even, even if, even though, though
　　　即使下雨,我也去。　 Even it rains, I will go.
974. 级别　jíbié　(名)　　　rank, level, grade, scale
　　　级别相同　　　　　　the same rank
975. 给予　jǐyǔ　(动)　　　 give, render, offer
　　　给予帮助/支持　　　　extend assistance/support
976. 技能　jìnéng　(名)　　 technical ability, skill
　　　掌握……技能　　　　 master the skill of ...
　　　职业/劳动技能　　　　work skill

一、请从左页中选择合适的词语填入括号：

1. 强烈的（　　）感令她不顾一切地冲进了小店，抢了面包就跑。
2. 蚊子叮咬是血液（　　）传播的途径之一。
3. 他处于（　　）兴奋的状态，尽管吃了药，还是难以入睡。
4. 我永远不会忘记你曾经（　　）我的帮助。
5. 明天早上七点在学校东门（　　）出发。
6. （　　）对控制病情有很好的效果，但同时也会令使用者变胖。
7. 你什么时候能改改你那（　　）的脾气。
8. 他俩的关系十几年来总是若（　　）若离，令人难以理解。
9. 社会竞争越来越激烈，人们需要掌握的（　　）越来越多，要求越来越高。
10. （　　）你不告诉我，别人也会跟我说的。
11. 在二十年前，火车的软卧车票必须是有一定（　　）的人才能购买。
12. 进入九十年代，美俄两大军事（　　）的竞争并没有停止。
13. 两国关于贸易问题的会谈（　　）在北京举行。

二、选择合适的词语填空：

1. 集合　　集中

    (1) 这本书 _____ 了各家各派的观点，很有研究价值。

    (2) 目前我们要 _____ 精力搞好经济建设。

    (3) 今天上课时他的注意力很不 _____，不知他在想什么。

2. 极端　　极其

    (1) 他总是喜欢走 _____。

    (2) 这是对工作 _____ 不负责任的态度。

    (3) 他在这方面的经验 _____ 丰富。

3. 即将　　马上

    (1) 这次旅行圆满结束，代表团明天 _____ 回国。

    (2) 接到你的电话，我 _____ 就来了。

4. 技能　　技巧

    (1) 新的生产线要求工人具有熟练的操作 _____。

    (2) 他的画把运用色彩的 _____ 推向了高峰。

157

977. 技巧 jìqiǎo （名）	skill, technique, craftsmanship
演说/写作技巧	speech-making/writing technique
978. 季 jì （名）	season
春季	spring
季刊	quarterly publication
雨季/旱季	rainy season/dry season
979. 寂寞 jìmò （形）	lonely
感到寂寞	feel lonely
980. 计 jì （名、动）	compute, meter; count, make plans
百年大计	a project of vital and lasting importance
体温计	clinical thermometer
共计	count up to
981. *计算 jìsuàn （动）	count, calculate, consider
计算得失	consider one's gain and loss
982. 计算机 jìsuànjī （名）	computer
一台电子计算机	a computer
983. *记录 jìlù （名）	record, minutes, notes
一项世界记录	a world record
大会的记录	minutes of a meeting
984. 记载 jìzǎi （动）	put down in writing, record
记载历史/事迹	record history/story
985. 继承 jìchéng （动）	inherit, succeed, advance
继承财产	inherit property
继承传统	carry on the tradition
986. *夹 jiā （动）	mix, mingle, intersperse
雨夹雪	rain interminged with snow
987. 夹子 jiāzi （名）	clip, tongs, folder, wallet
发/文件夹子	hairpin/folder
988. 佳 jiā （形）	good
佳话	a deed praised far and wide
989. *家 jiā （名）	school of thought, school
儒家思想	Confucian school
990. 家属 jiāshǔ （名）	family member, dependant
随军家属	family memebers that live in the barracks

一、请从左页中选择合适的词语填入括号：

1.（　　）的时候,他就听听音乐,看看书。

2.过去,米里总（　　）着沙子。

3.经理们正在（　　）着下一步的工作。

4.军人的（　　）往往要承担更多的家庭义务,因此应该受到社会的尊重。

5.从这幅山水画来看,他的绘画（　　）有了极大的提高。

6.（　　）已成为人们工作、学习不可缺少的工具。

7.她头上的（　　）很精致,配上衣服的颜色格外漂亮。

8.根据历史（　　）,一千年前这儿曾经是海洋,如今已是良田万亩。

9.祖先留下的悠久的文化传统我们应该（　　）和发扬。

10.今年的雨（　　）特别长。

11.他在这届运动会上取得了破一项世界（　　）的（　　）绩。

12.这是我的一（　　）之言,听不听由你自己决定。

13.一年之（　　）在于春,刚开了头,有的是工夫,有的是希望。

二、选择合适的词语填空：

1．技巧　　技术

(1)很多年轻人都利用公余时间学_____,因为他们知道这个社会发展实在太快了。

(2)学生的表演_____已有了不同程度的提高。

2．计算　　考虑

(1)他很少_____个人的利益。

(2)请_____一下公司本月的销售量。

3．记录　　记载

(1)他用录音机把老师讲的课都_____了下来。

(2)他是三项世界_____的保持者。

(3)《史记》_____了大约三千年的中国历史。

(4)他担任了这次大会的_____。

(5)那次大洪水的情况在很多历史书中都_____了。

(6)请秘书把王经理的话_____下来,将来他要对此事负责。

159

991. 加紧　jiājǐn　（动）　　　　　step up, speed up, intensify
　　　加紧生产/脚步　　　　　　　step up production/quicken the steps
992. 加入　jiārù　（动）　　　　　add, mix, put in
　　　加入水/酱油　　　　　　　　add some water/soy sauce
　　　加入工会　　　　　　　　　　join the trade union
993. 加速　jiāsù　（动）　　　　　speed up, accelerate
　　　加速行驶/建设　　　　　　　speed up/accelerate the construction
994. 加油　jiā yóu　　　　　　　　refuel, make an extra effort
　　　给车加油　　　　　　　　　　refuel a car
　　　中国队,加油!　　　　　　　　Chinese team, go!
995. 甲　jiǎ　（名）　　　　　　　A, first, shell, carapace
　　　甲级/甲等　　　　　　　　　　first-rate, first class
　　　盔(kuī)甲　　　　　　　　　　armor
996. 假如　jiǎrú　（连）　　　　　if, supposing, in case
　　　假如她同意,你就去。　　　　 If she consents, you can go.
997. 假若　jiǎruò　（连）　　　　　if, supposing, in case
　　　假若有机会,我一定去。　　　 I will go if I have the chance.
998. 假使　jiǎshǐ　（连）　　　　　if, in case, in the event that
　　　假使你愿意,我们就去。　　　 We will go if you are willing to.
999. 价　jià　（名）　　　　　　　price, value
　　　问价　　　　　　　　　　　　ask the price
　　　等价交换　　　　　　　　　　exchange of equal values
1000. 价钱　jiàqian　（名）　　　 price
　　　价钱公道　　　　　　　　　　fair price
1001. 架　jià　（动）　　　　　　 frame, erect, fend off
　　　架桥　　　　　　　　　　　　put up a bridge
　　　架住砍来的刀　　　　　　　　fend off the sword
1002. 架子　jiàzi　（名）　　　　 frame, stand, rack, shelf
　　　书架子　　　　　　　　　　　book stand
　　　作品的架子　　　　　　　　　the framework of a work
　　　拿架子　　　　　　　　　　　put on airs
　　　摆出一副认真的架子　　　　　adopt a serious stance

一、请从左页中选择合适的词语填入括号：

1. 中国有句话叫：桂林山水（　　）天下。意思是说桂林是天下最美丽的地方。
2. 他待人非常诚恳，一点儿（　　）都没有，所以大家都喜欢他。
3. 这儿购物环境好，东西的（　　）也不贵，所以吸引了大量顾客。
4. 奥运会期间，许多华侨和留学生专门赶到赛场为中国队（　　）。
5. （　　）要你面对如此艰难的选择，你会怎么办呢？
6. （　　）能够再回到从前，你还会作出同样的选择吗？
7. 你先进去问个（　　），如果合适我们就买下来。
8. （　　）真的是你错了，你愿意向大伙儿道歉吗？
9. 快考试了，这些天来，学生们（　　）复习，经常开夜车。
10. 为了（　　）中国的现代化建设，许多人付出了极大的努力。
11. 工人正在（　　）线，相信很快这里就会通电话了。
12. 自从（　　）社会团体后，他就忙起来了，很少能在家里呆着。

二、选择合适的词语填空：

1. 架　　支

   (1) 你再有钱也 _____ 不住她能花。
   (2) 他疼得实在 _____ 不住了。
   (3) 部队在河上 _____ 了一座木桥。
   (4) 她两手 _____ 着头望着窗外发呆。

2. 加入　　参加

   (1) 夏天，人们喜欢在啤酒中 _____ 一些冰块。
   (2) 明星球员的 _____ 使球队的实力大大提高。
   (3) 他已申请 _____ 美国国籍。
   (4) 他 _____ 了共青团。
   (5) _____ 比赛的选手个个信心十足。

3. 加速　　加快　　加紧

   (1) 列车驶出城外开始 _____。
   (2) 听了他的话，小梅不觉 _____ 了脚步。
   (3) 新产品的开发研制工作要 _____ 进行。
   (4) 这个问题要 _____ 解决。

161

1003. 驾驶　jiàshǐ　（动）　　　　　　　drive, pilot
　　　 熟练地驾驶卡车　　　　　　　　drive a truck expertly
1004. 假　jià　（名）　　　　　　　　　holiday, vacation, furlough
　　　 病假/暑假　　　　　　　　　　 sick leave/summer vacation
1005. 假期　jiàqī　（名）　　　　　　　vacation, holiday
　　　 度过假期　　　　　　　　　　　spend one's vacation
1006. 嫁　jià　（动）　　　　　　　　　marry
　　　 出嫁　　　　　　　　　　　　　(of a woman) get married
　　　 嫁女儿　　　　　　　　　　　　marry one's daughter
1007. 歼灭　jiānmiè　（动）　　　　　　annihilate, exterminate, wipe out
　　　 彻底歼灭敌人　　　　　　　　　destroy the enemy forces thoroughly
1008. 监督　jiāndū　（动）　　　　　　 supervise
　　　 政府监督　　　　　　　　　　　government supervision
1009. 监视　jiānshì　（动）　　　　　　keep watch on
　　　 秘密监视他的活动　　　　　　　keep watch on him in secret
1010. 监狱　jiānyù　（名）　　　　　　 jail, prison
　　　 蹲/关进监狱　　　　　　　　　 be imprisoned
1011. 坚固　jiāngù　（形）　　　　　　 strong, firm, solid
　　　 结构/楼房坚固　　　　　　　　 solid structure/building
1012. 坚硬　jiānyìng　（形）　　　　　 hard, rigid, solid
　　　 坚硬的石头　　　　　　　　　　hard stone
1013. *尖　jiān　（形）　　　　　　　　shrill, sharp
　　　 嗓子尖　　　　　　　　　　　　in a shrill voice
1014. *尖锐　jiānruì　（形）　　　　　 sharp-pointed
　　　 目光尖锐　　　　　　　　　　　a keen eye
　　　 斗争尖锐　　　　　　　　　　　acute struggle
1015. 尖子　jiānzi　（名）　　　　　　 pint, tip
　　　 笔尖子　　　　　　　　　　　　the tip of a pen
1016. 煎　jiān　（动）　　　　　　　　 fry
　　　 煎鸡蛋　　　　　　　　　　　　fry an egg
1017. 兼　jiān　（动）　　　　　　　　 do simultaneously or concurrently
　　　 兼课　　　　　　　　　　　　　do some teaching in addition to one's main occupation

一、请从左页中选择合适的词语填入括号：
 1.电话里他故意（　　）着嗓子说话,我还真没听出是他。
 2.这次战斗我军大胜,（　　）敌人上千人。
 3.除了白天上班,晚上他还（　　）了一份家教的工作。
 4.自从三年前（　　）到这个村子后,她就没有回过父母家。
 5.听说你的（　　）过得不错,去哪里玩儿了呀?
 6.群众反映的问题非常（　　）,你们一定要重视。
 7.他的手被刀（　　）划了一道口。
 8.他飞快地（　　）着卡车。
 9.政府官员就是人民的公仆,政府部门欢迎群众的（　　）。
10.在敌人的严密（　　）下,他不得不放弃和同志见面的想法。
11.春节放（　　）的时候,人们都忙着回家,火车票非常紧张。
12.还不到十二月,河里的水就已经冻得十分（　　）了。
13.把馒头切成片放在油锅里（　　）一下,很好吃。
14.高大而（　　）的万里长城,是中国的象征。

二、选择合适的词语填空：
 1.尖锐　　激烈　　深刻
　(1)他的目光_____,看问题很_____。
　(2)他们_____地争论了一个小时,谁也说服不了谁。
　(3)这篇文章_____揭露了现实生活中的黑暗面。
 2.监督　　监视
　(1)妈妈在市场做物价_____工作。
　(2)特务整整_____了他们一个星期。
 3.坚固　　牢固
　(1)企业要_____地树立质量第一的思想。
　(2)码头修得很_____。
　(3)这么高的货物绳子一定要捆_____。
 4.坚固　　坚硬
　(1)商品质量的好坏,很重要的一条就是看它是否_____耐用。
　(2)马跑在_____的石板路上,马蹄声传得很远。

163

1018. 艰难　jiānnán　（形）　　　　　difficult, hard
　　　生活艰难　　　　　　　　　　live a hard life
1019. 检讨　jiǎntǎo　（动、名）　　self-criticize; self-criticism
　　　检讨自己的缺点　　　　　　　examine one's own mistakes
　　　作深刻的检讨　　　　　　　　have an in-depth self-criticism
1020. 检验　jiǎnyàn　（动）　　　　test, examine, inspect
　　　检验产品/质量　　　　　　　 test a product/inspect the quality
1021. 碱　jiǎn　（名）　　　　　　　alkali, soda
　　　制碱/盐碱　　　　　　　　　 make alkali /saline-alkali
　　　馒头碱大了　　　　　　　　　The steamed bread has been added too much soda.
1022. *拣　jiǎn　（动）　　　　　　 choose, select
　　　拣好的　　　　　　　　　　　choose the better ones
1023. 简便　jiǎnbiàn　（形）　　　　simple and convenient, handy
　　　简便的方法　　　　　　　　　simple and convenient method
1024. *简单　jiǎndān　（形）　　　　simple, brief
　　　简单从事　　　　　　　　　　do things in a simplistic way
1025. 简直　jiǎnzhí　（副）　　　　 simply, just, at all
　　　简直是奇迹　　　　　　　　　It's simply a miracle.
1026. *减　jiǎn　（动）　　　　　　 reduce, diminish, decrease, cut
　　　饭量减了　　　　　　　　　　have lost one's appetite
1027. 鉴定　jiàndìng　（动、名）　　appraise; appraisal, evaluation
　　　鉴定表现　　　　　　　　　　appraise one's behavior
　　　鉴定文物真伪　　　　　　　　determine the authenticity of cultural relic
　　　毕业鉴定　　　　　　　　　　graduation appraisal
1028. 贱　jiàn　（形）　　　　　　　low-priced, inexpensive, cheap
　　　东西/菜贱　　　　　　　　　 cheap goods/vegetables
　　　贱价　　　　　　　　　　　　low-priced
1029. *见　jiàn　（动）　　　　　　 refer to, see
　　　见第109页　　　　　　　　　 see page 109
1030. 见解　jiànjiě　（名）　　　　 view, opinion, idea, understanding
　　　见解独特　　　　　　　　　　original notions
　　　发表/提出见解　　　　　　　 put forward some ideas

一、请从左页中选择合适的词语填入括号：

1. 文物（　　）不仅需要丰富的经验,也需要借助科学仪器。
2. 他看了非常多的书,因此总能提出独特的（　　）。
3. 赶紧（　　）好的大个儿的苹果吃,要不坏了多可惜。
4. 为了保持苗条的身材,她把饭量（　　）下来了。
5. 所有的产品都是经（　　）合格才出厂销售的,尽管放心使用。
6. 最（　　）的日子已经过去了,生活将会越来越好的。
7. 这种方法控制高血压（　　）易行,非常受欢迎。
8. 以前人们做馒头都是用（　　）发面的。
9. 这假花做得真好,（　　）和真花一样。
10. 他（　　）地交代了几句就走了,我还没明白怎么回事呢。
11. 中国有句古话叫谷（　　）伤农,意思是说粮食的价钱对农民种田的积极性有很大影响。
12. 关于这个事件的详细报道,请（　　）《北京晚报》。
13. 他不仅不（　　）自己的错误,还打击报复给他提意见的人。

二、选择合适的词语填空：

1. 艰苦　　艰难

   (1) 偏僻山区的教师工作条件十分 _____。
   (2) 他拖着受了伤的腿 _____ 地向前走着。
   (3) 现在依然需要保持和发扬 _____ 奋斗的精神。

2. 检讨　　检验　　检查

   (1) 你要认真 _____ 工作中的不足之处。
   (2) 他正认真地 _____ 着产品的质量。
   (3) 实践是 _____ 真理的惟一标准。

3. 简便　　简单

   (1) 这篇文章我只 _____ 地看了看,提不出什么问题。
   (2) 这种洗衣机使用 _____,深受欢迎。

4. 简直　　甚至

   (1) 起初,我 _____ 不敢相信自己的耳朵。
   (2) 他老了许多, _____ 连我都认不出来了。

1031.	健全　jiànquán　（形、动）	sound, sane, healthy; improve
	头脑/身心健全	right mind/sound in mind and body
	健全管理制度	improve the management system
1032.	渐　jiàn　（副）	gradually, little by little
	天气渐暖	It is getting warmer gradually.
1033.	溅　jiàn　（动）	splash, spatter, splatter
	溅了一身泥	be splashed with mud all over
1034.	*建　jiàn　（动）	build, construct, erect, establish
	建国/建厂	found a state/set up a factory
1035.	建造　jiànzào　（动）	build, construct, make
	建造一座立交桥	build an overpass
1036.	僵　jiāng　（形）	stiff, rigid, numb
	手指冻僵了	Hands were numb with cold.
1037.	将军　jiāngjūn　（名）	general
	当将军	be a general
1038.	奖金　jiǎngjīn　（名）	money award, bonus, premium
	发年终奖金	distribute year-end bonus
1039.	奖励　jiǎnglì　（动、名）	encourage and reward, award
	奖励先进工作者	reward advanced workers
	物质/精神奖励	material/moral encouragement
1040.	*讲　jiǎng　（动）	discuss, negotiate, stress, consider
	讲条件	negotiate the terms
	讲卫生/学历	stress sanitation/academic credentials
1041.	讲究　jiǎngjiu　（动、形）	be particular about; elegant
	讲究效率/营养	stress efficiency/nutrition
	家具布置得讲究	be tastefully furnished
1042.	*讲话　jiǎng huà	criticize
	你这样随地扔纸，不怕别人讲话！	Don't you care that others would be talking about you as you drop scraps of paper all over the place?
1043.	讲课　jiǎng kè	teach, lecture
	讲四节课	give four lessons
1044.	讲义　jiǎngyì　（名）	lecture sheets
	编写讲义	prepare one's lecture sheets

一、请从左页中选择合适的词语填入括号：

1.（　　）国后,经济开始恢复,生活渐渐转好了。
2.现代社会,人们都（　　）科学,不迷信。
3.（　　）营养的合理搭配对身体健康非常有帮助。
4.为了表扬做出突出贡献的开发人员,公司决定（　　）他们每人一辆车。
5.桥梁学家们经过了数年的讨论,终于确定了这座大桥的（　　）方案。
6.你快冻（　　）了,赶紧进屋里暖和暖和吧。
7.身经百战的（　　）,尽管年近八十,仍然关心着国防现代化建设。
8.由于他对顾客态度不好,他这个月的（　　）被扣发了。
9.车飞快地驶过积水,（　　）起一片水花,路人纷纷避让。
10.人不仅需要有健康的身体,还应该有（　　）的头脑。
11.教授的（　　）,经过整理后已经出版了。
12.今天老师的（　　）非常精彩,你没能来真可惜。
13.他的名字（　　）被忘记。
14.你这样搞特殊,难怪人家要（　　）了。

二、选择合适的词语填空：

1.　健全　　健康
　(1)六个月的婴儿大脑发育还不 _____ 。
　(2)让我们举杯祝老校长 _____ 长寿!
　(3)医院已经 _____ 了岗位责任制。

2.　奖励　　鼓励　　表扬
　(1)虽然遇到很大的挫折,但同事们都 _____ 他干下去。
　(2)儿子考上了大学,妈妈 _____ 了他一台电脑。
　(3)老师在大家面前 _____ 了小明这种刻苦学习的精神。

3.　讲究　　注意
　(1)这家饭馆做的菜非常 _____ ,味道自然没的说。
　(2)搬进新房子,老王也 _____ 起卫生来了。
　(3)过马路要 _____ 安全。

4.　渐　　逐渐
　(1)望着 _____ 远的列车,小梅的眼圈红了。
　(2)童年的记忆 _____ 地淡了,忘了。

1045.	酱　jiàng　（名）	sauce, paste, jam
	甜面酱	a sweet sauce made of fermented flour
	苹果酱	apple jam
1046.	焦急　jiāojí　（形）	anxious, agitated, worried
	焦急的神情	agitated look
	焦急不安	be on pins and needles
1047.	胶卷　jiāojuǎn　（名）	film, roll of film
	一卷彩色胶卷	a roll of colour film
1048.	交代　jiāodài　（动）	hand over, turn over, tell, order
	交代任务	hand over a task
	交代清楚	give clear-cut orders
1049.	交谈　jiāotán　（动）	talk, converse, chat
	亲切地交谈起来	heart-to-heart talk
1050.	交易　jiāoyì　（名）	business, bargain, deal
	一笔交易	a deal
	公平交易	a fair shake
1051.	浇　jiāo　（动）	water, pour, sprinkle
	浇汁儿	pour sauce on
	浇菜/浇水	water vegetable plots/sprinkle water
1052.	搅　jiǎo　（动）	stir, mix, mingle, disturb
	搅肉馅/水泥	mix the meat stuffing/stir cement
	搅昏了头	be upset by disturbance
1053.	脚步　jiǎobù　（名）	step, pace, footstep
	用脚步量	measure by footsteps
	脚步沉重	heavy steps
1054.	狡猾　jiǎohuá　（形）	sly, cunning
	狡猾的狐狸/微笑	a cunning fox/a sly smile
1055.	角度　jiǎodù　（名）	angle, degree of angle
	调整/选择角度	adjust/select an angle
1056.	角落　jiǎoluò　（名）	corner, nook, remote place
	在屋子的角落	in a corner of the house

一、请从左页中选择合适的词语填入括号：

1. 他们就共同关心的问题进行了友好的（　　　）。
2. 母亲发现孩子走失了，（　　　）万分，四处寻找。
3. 敌人非常（　　　），你千万要小心从事。
4. 妈妈外出时再三（　　　）孩子天黑后千万别忘了收衣服。
5. 姑娘静静地坐在（　　　）里，一言不发。
6. （　　　）花的时间非常有讲究，清晨和傍晚最合适。
7. 这是他独立做成的第一笔（　　　）。
8. 门外传来一阵纷杂的（　　　）声，原来同学们下课回来了。
9. 北京人非常喜欢就着生黄瓜吃炸（　　　）面。
10. 为了选取最佳拍摄（　　　），他不小心掉进了沟里。
11. 这次外出旅游别忘了多带几盒（　　　）呀。
12. 楼上的邻居整天唱个没完，（　　　）得我无法休息。

二、选择合适的词语填空：

1. 搅　　打扰

    (1) 对不起！_____ 你休息了。

    (2) 事情安排得好好的，你这么一来，全给 _____ 了。

    (3) 对不起！_____ 了你的觉。

2. 交易　　贸易

    (1) 我们什么时候也不能拿原则做 _____。

    (2) 他毕业后，找到一份做进出口 _____ 的工作。

3. 焦急　　着急

    (1) 他 _____ 地在屋里走来走去。

    (2) 你 _____ 什么 _____ 啊？

4. 嘱咐　　交代

    (1) 大夫 _____ 病人要按时吃药，多喝水。

    (2) 在你离开公司前，把你手头的事 _____ 给后来的人。

5. 聪明　　狡猾

    (1) 两只 _____ 的小眼睛不停地四处张望。

    (2) 天下作父母的，有哪个不希望自己的孩子变得更_____。

1057. 教导　jiàodǎo　（动、名）　　instruct, teach, give guidance; instruction
　　　严厉地教导学生　　　　　　　instruct students sternly
　　　听从教导　　　　　　　　　　accept the guidance
1058. 教练　jiàoliàn　（名）　　　　coach, instructor
　　　厉害的女教练　　　　　　　　a serious female coach
1059. 教堂　jiàotáng　（名）　　　　church, cathedral
　　　一座基督教教堂　　　　　　　a Christian church
1060. 教研室　jiàoyánshì　（名）　　teaching and research section
　　　外语教研室　　　　　　　　　foreign language teaching and research section
1061. *叫　jiào　（介）　　　　　　*use to introduce the receiver of an action*
　　　衣服叫雨淋湿了。　　　　　　The clothes was drenched with the rain.
1062. 觉　jiào　（名）　　　　　　　sleep
　　　睡午觉　　　　　　　　　　　take a nap after lnnch
1063. 揭　jiē　（动）　　　　　　　tear off, remove, uncover, expose
　　　揭下邮票　　　　　　　　　　remove a stamp
　　　揭开锅　　　　　　　　　　　uncover a pot
1064. 揭露　jiēlù　（动）　　　　　expose, unmask, bring to light
　　　揭露真相/阴谋　　　　　　　expose the naked truth/ plot
1065. *接触　jiēchù　（动）　　　　come into contact with
　　　接触病人/留学生　　　　　　contact the patients/international students
　　　广泛/秘密接触　　　　　　　contact extensively/secretly
1066. 接连　jiēlián　（副）　　　　on end, in a row, in succession
　　　接连发生　　　　　　　　　　happen in succession
1067. 阶层　jiēcéng　（名）　　　　stratum
　　　属于同一阶层　　　　　　　　be of the same social stratum
　　　领导阶层　　　　　　　　　　leader stratum
1068. 结　jiē　（动）　　　　　　　bear, form, produce
　　　结满葡萄/桃　　　　　　　　be laden with grapes/peaches
1069. *结合　jiéhé　（动）　　　　　combine, be united in wedlock
　　　结合成夫妻　　　　　　　　　be united in marriage
1070. 节　jié　（动）　　　　　　　economize, save, restrain
　　　节水/节食　　　　　　　　　save water/go on a diet

一、请从左页中选择合适的词语填入括号：

 1.近日,由于天气恶劣,高速公路上已经(　　)发生了好几起交通事故。

 2.秋天到了,沉甸甸的苹果(　　)满了枝头,真是喜人。

 3.他每周必去(　　)做礼拜,非常虔诚。

 4.经过了长达八年的恋爱过程,他们终于幸福地(　　)了。

 5.今天抓老鼠时,不小心(　　)它咬了一口,我得赶紧去医院。

 6.我正在睡午(　　),忽然听到有人敲门,原来是老师家访。

 7.炉子上的锅冒着热气,(　　)开锅一看,原来蒸了一锅馒头。

 8.(　　)的老师们正聚在一起讨论下学期的教学安排。

 9.在水资源越来越缺乏的今天,我们每一个人都要注意(　　)水。

10.科学研究表明:与爱滋病人(AIDS)正常的(　　)并不会被传染。

11.尽管这个球队多次更换(　　),但却一直没有起色。

12.她勇敢地站出来(　　)原厂长扣发工人工资的问题。

13.父亲对孩子的老师说道:"我孩子能获此大奖,多亏您(　　)有方。"

二、选择合适的词语填空：

 1. 教导　　教训　　教育

　(1)英雄的事迹深深地_____了我。

　(2)他把老师的_____牢牢记在了心上。

　(3)希望你们吸取这次的_____,改进工作。

 2. 揭露　　暴露

　(1)工作中_____出的问题要及时解决。

　(2)记者在报上发表文章,_____了这个不为市民所知的重大问题。

 3. 连接　　接连

　(1)他的论文_____在很有影响的杂志上发表,引起了专家们的重视。

　(2)钢管_____的地方一定要焊结实。

 4. 接触　　交往　　联系

　(1)大学毕业后,我们仍然保持书信_____。

　(2)他是我所_____的人当中最坚强的一个。

　(3)这次调查中,我_____到了很多来自各行各业的人。

1071.	截 jié （动）	cut/sever/stop, up to
	截成两段	cut in two
	截住车	stop the car
	截至明天	up to tomorrow
1072.	竭力 jiélì （副）	do one's utmost
	竭力寻找/帮助	do one's utmost to find/help
1073.	洁白 jiébái （形）	pure white
	洁白的羽毛/雪花	pure white feathers/snowflakes
1074.	结 jié （动、名）	tie, knit, weave, congeal, form; knot
	结网	weave a net
	结冰/结仇	ice up/start a feud
	打个结	tie a knot
1075.	结果 jiéguǒ （名）	result, outcome, fruit
	公布/询问结果	announce/ask the outcome
	谈判的结果	the result of the negotiation
1076.	*解 jiě （动）	understand, comprehend
	令人不解	be difficult to understand
1077.	解放军 jiěfàngjūn （名）	the People's Liberation Army, the PLA
	参加解放军	join the PLA
1078.	解剖 jiěpōu （动）	dissect, autopsy
	解剖人体/青蛙	dissect a human body/ frog
1079.	界线 jièxiàn （名）	boundary line, bounds, edge, verge
	打破界线	break down barriers
	划清界线	draw a clear line between …
	场地的界线	the boundary line of the ground
1080.	借口 jièkǒu （动、名）	use as an excuse; excuse
	借口有病	on the pretext of sickness
	找借口	find an excuse
1081.	金鱼 jīnyú （名）	goldfish
	养了几条金鱼	breed a few goldfish
1082.	今日 jīnrì （名）	today
	今日举行	celebrate today

一、请从左页中选择合适的词语填入括号：

1. 鱼缸里只有一条（　　）。
2. 她很善（　　）人意，所以老人都喜欢她。
3. 藏族同胞们热情地把（　　）的哈达献给尊敬的客人。
4. 自从上次打了一架后，这两人就（　　）下仇了。
5. 他逃课后害怕老师追问，就（　　）生病了。
6. 她（　　）控制自己的情绪，但眼泪还是止不住地往下落。
7. （　　）有铁一般的纪律和钢一般的意志。
8. 实验室里同学们正在做青蛙（　　）实验。
9. 据说泾水和渭水之间有非常明显的（　　）。
10. 虽然（　　）不尽如人意，但我们都尽了最大的努力。
11. 时至（　　），事情已经容不得我们再过多考虑了。
12. 那个小偷终于被警察（　　）住了。

二、选择合适的词语填空：

1. 竭力　　尽力

(1) 尽管大多数人支持，但他仍 _____ 反对通过这项条例。

(2) 医生已经 _____ 了最大的 _____，但还是没能挽救他的生命。

2. 结果　　效果　　成果

(1) 经过一年的辛勤努力，实验取得了喜人的 _____。

(2) 全家人都在焦急地等待着化验的 _____。

(3) 通过这一阶段的治疗，看来 _____ 还是令人满意的。

3. 界线　　边界

(1) 两国通过谈判，圆满地解决了存在已久的 _____ 问题。

(2) 这对年轻人的关系已经超过了一般朋友的 _____。

三、按划线词语的意思将下列词语分类：

A. 在条状物上打疙瘩(gēda)或用这种方式制成物品
B. 发生某种关系；由液体变固体

1. 结冰（　　）　2. 结恨（　　）　3. 结领带（　　）　4. 结毛衣（　　）
5. 结仇（　　）　6. 结网（　　）　7. 结绳（　　）　8. 结婚（　　）

1083. *紧 jǐn （形） urgent, pressing
　　　时间紧 Time is pressing.
1084. 紧急 jǐnjí （形） urgent, emergent, pressing, critical
　　　紧急的事情 urgent issue
1085. 紧密 jǐnmì （形） close
　　　联系/配合得紧密 close contact/work in close association
　　　枪声/雨点紧密 intense firing/rapid raindrops
1086. 紧俏 jǐnqiào （形） have a ready market
　　　紧俏商品/物资 salable goods/materials
1087. *紧张 jǐnzhāng （形） in short supply, tight
　　　原料紧张 materials are in great demand
1088. 谨慎 jǐnshèn （形） prudent, careful, cautious
　　　行为/办事谨慎 act/handle business with caution
1089. *尽 jǐn （动） within the limits
　　　尽着三天时间玩儿 play within three days
1090. *尽 jìn （动） do all one can
　　　尽义务 do one's duty
1091. *进 jìn （动） replenish one's stock
　　　进一批新货 lay in a new stock of merchandise
1092. 进军 jìnjūn （动） march, advance
　　　向……进军 advance on …
1093. *近 jìn （形） intimate, closely related
　　　关系近 be bosom friends
1094. 近代 jìndài （名） modern times
　　　近代文学 modern literature
　　　世界近代史 modern history of the world
1095. *劲 jìn （名） air, manner, look, exression
　　　傻劲儿 look stupid
　　　高兴劲儿 look happy
1096. 浸 jìn （动） soak, dip, steep
　　　浸在水里 immerse … in water
1097. 尽力 jìn lì do all one can
　　　尽力争取 try one's best

一、请从左页中选择合适的词语填入括号：

1. 这个案件牵涉到高层领导,因此一定要(　　)从事。
2. (　　)的中国发生了惊心动魄的许多大事。
3. 只要我们(　　)地团结在一起,就不怕任何困难。
4. 中国正向着农业、工业、科技、国防现代化(　　)。
5. 经济适用房的建设将在一定程度上缓解百姓住房(　　)的情况。
6. 暑热难耐,他恨不得整个人(　　)在凉水里。
7. 他(　　)心(　　)力地工作,但总是不能令上司满意,因此非常苦恼。
8. 过年这段生意特别好,因此他又赶紧(　　)了一些货。
9. 去年夏天北京异常炎热,空调于是成了(　　)商品。
10. 做了几十年的邻居,两家就像一家人一样,关系(　　)得很。
11. 情况(　　),你们不要犹豫了,赶紧收拾一下就走吧。
12. 看他那个高兴(　　),一定有什么大喜事。
13. 因为时间太(　　),所以来不及事先通知你了。
14. 我知道你们已经(　　)了,所以也不必太难过。

二、选择合适的词语填空：

1. 紧急　紧张　紧
   (1)这次的工作时间_____,任务重,我一个人真有点儿忙不过来。
   (2)春节期间,不仅是火车票,就连飞机票也很_____。
   (3)办公厅召开了_____会议,传达了上级领导的指示。

2. 紧密　严密
   (1)山谷中传来了_____的枪声。
   (2)他的理论表达得准确而又_____。
   (3)全厂上下_____配合,提前十天完成了生产任务。

3. 谨慎　小心
   (1)大夫_____地揭下裹着伤口的纱布。
   (2)他缺乏谦虚、_____的品质。

4. 尽力　努力
   (1)这孩子特爱玩儿,学习一点儿也不_____。
   (2)他们都_____在工作中帮助我。

175

1098.	惊 jīng (动)	start, get alarmed, surprise
	又惊又喜	be surprised and joyful
	惊了邻居	disturb one's neighbours
	受了惊的马	a shied horse
1099.	惊动 jīngdòng (动)	alarm, startle, alert, disturb
	惊动大家/全国	everybody/the whole country is startled
1100.	惊奇 jīngqí (形)	wonder, marvel, be surprised, be amazed
	令人惊奇	be surprised
1101.	惊人 jīngrén (形)	astounding, astonishing, amazing
	惊人的消息	astonishing news
	记忆力惊人	surprising memory
1102.	惊讶 jīngyà (形)	surprised, amazed
	感到惊讶	feel surprised
	惊讶的目光	a surprised look
1103.	惊异 jīngyì (形)	surprised, taken aback
	感到惊异	feel surprised
	惊异的神情	an expression of surprise
1104.	精 jīng (形)	refined, polished, perfect, smart
	精米/精选	polished rice/carefully chosen
	业务精	be well versed on one's subject
	人很精	The person is smart.
1105.	精神 jīngshen (形)	lively, spirited, vigorous
	小伙子精神	vigorous young man
1106.	精细 jīngxì (形)	fine
	工艺精细	fine craftsmanship
1107.	精致 jīngzhì (形)	exquisite, delicate
	十分精致	very delicate
1108.	鲸鱼 jīngyú (名)	whale
	一条鲸鱼	a whale
1109.	经费 jīngfèi (名)	fund, outlay
	一大笔经费	a heavy outlay
	经费不足	short of funds

一、请从左页中选择合适的词语填入括号：

1. 茅以升教授有着(　　)的记忆力，他可以准确地说出某个公式在哪本书的哪一页上。

2. 又不是什么大事，怎么连您老人家也(　　)了？

3. 小伙子长得非常(　　)，不知道为什么就是找不到对象。

4. 这会儿千万别鸣喇叭，(　　)了马，就更麻烦了。

5. 看这做工多(　　)呀，要您500元不多。

6. 令人(　　)的是，他不仅没有反对，反而大加赞扬。

7. 这小伙子(　　)得很，从来不肯吃一点儿亏。

8. 最近科研(　　)比较紧张，希望大家能够谅解。

9. 看到我(　　)的神情，他不好意思地将头低了下去。

10. 她打开(　　)的手包，拿出一张百元的人民币。

11. 由于大规模的捕杀，目前(　　)存活的数量很少了。

12. 他(　　)地发现，原来鸡蛋是老鼠偷的。

二、选择合适的词语填空：

1. 惊动　　打扰

   (1) 总统遇刺的消息 _____ 了全国。

   (2) 病人在休息，请不要 _____ 他。

   (3) 对不起！_____ 你一下，能借用一下你的词典吗？

2. 惊奇　　奇怪

   (1) 大家都很 _____ 他为什么发那么大的火。

   (2) 这次来北京，我 _____ 地发现城市面貌发生了巨大的变化。

3. 精致　　精细　　细致

   (1) 他这人做事既 _____ 又大胆。

   (2) 书架上摆着几件 _____ 的工艺品。

   (3) 这件事在未做深入、_____ 的调查之前，别急着下结论。

4. 精神　　讲究　　漂亮

   (1) 他的房间布置得十分 _____ 。

   (2) 他家吃饭可 _____ 了。

   (3) 穿上这套新衣服，走起路来格外 _____ 。

1110. 经营　jīngyíng　（动）　　　　manage
　　　 发展多种经营　　　　　　　　promote a diversified economy
1111. 警告　jǐnggào　（动、名）　　 warn; warning
　　　 提出严重警告　　　　　　　　issue a serious warning
　　　 给予警告处分　　　　　　　　give sb. a disciplinary warning
1112. 警惕　jǐngtì　（动）　　　　　watch out for
　　　 保持高度警惕　　　　　　　　maintain sharp vigilance
1113. 景色　jǐngsè　（名）　　　　　scenery
　　　 景色优美　　　　　　　　　　beautiful scenery
1114. 景物　jǐngwù　（名）　　　　　scenery
　　　 这里的景物　　　　　　　　　the scenery here
1115. 景象　jǐngxiàng　（名）　　　 scene
　　　 壮观的丰收景象　　　　　　　the panorama of a bumper hanvest
1116. 境　jìng　（名）　　　　　　　border
　　　 出境/入境　　　　　　　　　 leave/enter a country
1117. 敬酒　jìng jiǔ　　　　　　　　toast
　　　 向……敬酒　　　　　　　　　propose a toast to sb.
1118. 竟　jìng　（副）　　　　　　　unexpectedly
　　　 这么陡的悬崖，谁知他竟爬上去了。　Who would have expected that he could climb up that steep cliff?
1119. 竟然　jìngrán　（副）　　　　　unexpectedly
　　　 竟然不顾事实　　　　　　　　go so far as to disregard the facts
1120. 竞争　jìngzhēng　（动、名）　　compete; competition
　　　 自由竞争　　　　　　　　　　compete freely
　　　 竞争价格　　　　　　　　　　competitive price
1121. 净　jìng　（形、副）　　　　　clean; nothing but
　　　 净水　　　　　　　　　　　　clean water
　　　 净说不干　　　　　　　　　　all talk, no action
1122. 揪　jiū　（动）　　　　　　　　seize
　　　 揪住一个小偷　　　　　　　　grab a thief
1123. 酒店　jiǔdiàn　（名）　　　　　wineshop, hotel
　　　 一家酒店　　　　　　　　　　a hotel

一、请从左页中选择合适的词语填入括号：

1. 学校旁边新开了一家（　　）。
2. 他（　　）胡说，没一句真话。
3. 海外广告市场（　　）激烈。
4. 真没想到在一般中学上学的王力（　　）考上了全国重点大学。
5. 在本省（　　）内全面整顿农贸市场。
6. 我家在乡村，那里空气新鲜，（　　）宜人。
7. 人民警察时刻提高（　　），保卫人民的生命安全。
8. 父亲除了种庄稼以外，还（　　）着一家副食商店。
9. 他因多次迟到、早退而受到公司经理的口头（　　）处分。
10. 我们一再（　　）他不要跟那种人来往。
11. 登上景山公园最高的亭子，可以看到北京全城的（　　）。
12. 改革开放后，农村经济出现了一派繁荣（　　）。
13. 我代表大家，给老人家（　　）一杯（　　）。
14. 他（　　）在大家面前说假话。
15. 过去人们有一种错误的认识，认为"不干不（　　），吃了没病"。
16. 别（　　）着人家的错误不放。

二、选择与划线词语意思最相近的解释：

1. 现在去国外旅游出入<u>境</u>手续十分简单。
   A. 境况　　　B. 境遇　　　C. 边境　　　D. 境界
2. 和他大学四年，他<u>竟然</u>不知道我的姓名。
   A. 果然　　　B. 虽然　　　C. 果真　　　D. 居然
3. 民警<u>警告</u>司机不许酒后开车。
   A. 警惕　　　B. 警卫　　　C. 告诫　　　D. 提醒
4. 雨后张家界国家森林公园的<u>景色</u>更加迷人。
   A. 景　　　　B. 情景　　　C. 景物　　　D. 风景
5. 市场<u>竞</u>争也要公平合理。
   A. 竞选　　　B. 选择　　　C. 选举　　　D. 比赛
6. 时常来个电话抱个平安，别总让妈为你<u>揪</u>心。
   A. 放着　　　B. 松着　　　C. 拉着　　　D. 提着

179

1124. *救 jiù（动）		help, relieve, succour
	救灾	send relief to a disaster area
1125. 舅舅 jiùjiu（名）		uncle
	我舅舅	my uncle
1126. 舅母 jiùmǔ（名）		aunt
	她舅母	her aunt
1127. 就 jiù（动）		come near, go with
	就着路灯下棋	play chess by the light of a street lamp
	炒鸡蛋就饭	have some scrambled eggs to go with the rice
1128. *就 jiù（副）		only, merely, just; as much as, as many as
	就等你一个了。	You're the only one we're waiting for.
	我就知道他干这个工作不合适。	I just know that he is unfit for the job.
	他就不肯歇一歇。	He simply refused to take a rest.
	一个月就节约了十吨煤	save as much as ten tons of coal in one month
1129. 就是说 jiùshì shuō		that is to say
	就是说他就住在这里。	That is to say this is where he lives.
1130. 就是……也 jiùshì……yě		even if
	就是他请我，我也不去。	I won't go even if he asks me to.
1131. 居民 jūmín（名）		resident
	居民区	residential area
1132. 居然 jūrán（副）		unexpectedly
	他居然做出这种事来。	Who would have thought he could do such a thing?
1133. 居住 jūzhù（动）		live
	居住条件/面积	housing condition/living space
1134. 局 jú（名）		bureau, functional office, situation, state of affairs
	粮食局	grain bureau
	邮局	post office
	战局/全局	the war situation/the overall situation
1135. 局部 júbù（名）		part
	局部战争	local war
1136. 局面 júmiàn（名）		situation
	出现了崭新局面	Things have taken on a new aspect.

一、请从左页中选择合适的词语填入括号：

1.保护环境就等于保护我们人类自己的(　　)条件和生活空间。

2.(　　)灾物资运往灾区。

3.运动员各(　　)各位,准备开始比赛。

4.这种鱼是(　　)饭的好菜。

5.他刚走上领导岗位,很快就打开了(　　)。

6.她(　　)这么一个儿子。

7.你(　　)这样坚持下去,肯定能成功。

8.他一提问(　　)问好多问题。

9.在大城市里找工作并不容易,(　　)在大城市里人才竞争更激烈。

10.(　　)大人有时(　　)不能完全回答得了孩子们提出的问题。

11.今年春节我在乡下(　　)(　　)家过的,可热闹啦!

12.本市(　　)大搞环境卫生,喜迎春节。

13.他在雪地里冻了两个小时(　　)还活着,真是奇迹!

14.今夜本市(　　)地区有小到中雪。

二、选择合适的词语填空：

1.他 _____ 把我说的话不放在心上,真是太不像话了!

　　A.天然　　　B.自然　　　C.虽然　　　D.居然

2.本市教育 _____ 下设近百余所中、小学。

　　A.部　　　　B.局部　　　C.委员会　　D.局

三、选择合适的词语填入短文中：

1._____ 再聪明的人 _____ 得努力才行。_____ 聪明不等于勤奋,更不等于成功。

2.别 _____ 想着让别人帮助自己,还是自己 _____ 自己吧!

四、选择与划线词语意思相近的解释：

1.A.表示已经　　B.表示坚决　　C.表示数量少　　D.表示能力强

　(1)昨天他一人<u>就</u>喝了十瓶啤酒。(　　)

　(2)我<u>就</u>不说,看他能把我怎么样。(　　)

2.他没上过大学<u>居然</u>能考上研究生,真了不起。

　　A.果然　　　B.竟然　　　C.果真　　　D.竞争

1137. *举 jǔ （动）		elect, choose
	公举他当代表	choose him as the representative
1138. 举办 jǔbàn （动）		conduct
	举办展览会	hold an exhibition
1139. 聚 jù （动）		assemble
	大家聚在一起商量一下。	Let's get together and talk it over.
1140. 聚集 jùjí （动）		gather
	聚集力量	accumulate strength
1141. 聚精会神 jù jīng huì shén		concentrate one's attention on
	聚精会神地工作	concentrate on one's work
1142. 据 jù （动、介）		occupy; according to
	据为己有	take forcible possession of
	据我所知	as far as I know
1143. *具体 jùtǐ （形）		particular, specific, given
	具体政策	specific policies
1144. 距 jù （介）		be apart from
	距今已有十年	That was ten years ago.
1145. 剧 jù （名）		drama
1146. 剧烈 jùliè （形）		violent
	剧烈运动	strenuous exercise
1147. 剧院 jùyuàn （名）		theater
	去剧院看戏	go to the theater
1148. *卷 juǎn （动）		sweep off, carry along
	卷起被子	roll up the quilt
1149. *卷 juǎn （量）		roll
	一卷卫生纸	a roll of toilet paper
1150. 觉 jué （动）		feel, sense
	身上觉着不舒服	not feel well
	觉出他的意思来	figure out what he means
1151. 决口 jué kǒu		burst
	黄河决口	a burst in the Yellow River

一、请在左页中选择合适的词语填入括号：

1. 我穿得少,刚一出门就（　　）出冷来了。
2. 大家选（　　）他为学生会主席。
3. 北京外国语大学将（　　）校庆六十周年纪念大会。
4. 毕业时同学们（　　）在一起庆祝一番。
5. 北京（　　）了全国各行业的高级专门人才。
6. 她正在（　　）地写毕业论文。
7. 对这次服装设计大赛,你有什么（　　）要求？
8. （　　）我观察,他是一位正直、诚实的人。
9. 他将公有财产（　　）为己有。
10. 学校（　　）北京图书馆有十五里。
11. 现在电视（　　）比电影更受人们的欢迎。
12. 一场战争引起了（　　）的社会变动。
13. （　　）的洪水夺去无数人的生命。
14. 北京人民艺术（　　）春节要献给观众一幕/出新（　　）。
15. 汽车飞快驶过,（　　）起一阵尘土。

二、选择合适的词语填空：

1. 中国有句俗话叫人以群分,物以类_____。

　　A. 散　　　　B. 分　　　　C. 合　　　　D. 聚

2. 这片花园是画画儿的人_____的地方。

　　A. 聚合　　　B. 聚拢　　　C. 聚积　　　D. 聚集

3. 他这种人_____能在图书馆坐上一天聚精会神地查找资料,真是奇怪了。

　　A. 虽然　　　B. 果然　　　C. 居然　　　D. 然而

4. 这篇报道以实际调查材料为基础写成,其中第三_____描写了本市_____地区的受灾情况。

　　A. 局部　　　B. 局限　　　C. 局势　　　D. 局面　　　E. 部分

三、判断正误（正确的画"√",错误的画"×"）：

1. 只有充分了解具体情况,才能据以定出正确的政策。（　　）
2. 具体情况具有分析。（　　）
3. 酒喝得太多了,我认为有点儿不舒服。（　　）

1152. 决议　juéyì　(名) — resolution
　　　决议草案 — draft resolution
1153. 绝　jué　(形) — unique, extreme, absolute
　　　绝好的机会 — the best possible opportunity
　　　不要把话说绝 — Don't go to extremes in what you say.
　　　绝无此意 — have absolutely no such intentions
1154. 均　jūn　(形) — equal
　　　财富分配不均 — uneven distribution of wealth
1155. 均匀　jūnyún　(形) — even
　　　均匀的呼吸 — even breathing
1156. 军备　jūnbèi　(名) — armament
　　　军备竞赛 — armament race
1157. 军官　jūnguān　(名) — officer
　　　海军军官 — a naval officer
1158. 军舰　jūnjiàn　(名) — warship
　　　一艘军舰 — a warship/a naval vessel
1159. 军人　jūnrén　(名) — army man
　　　军人家属 — soldier's dependants

K

1160. *开　kāi　(动) — open
　　　河开冻了 — the river has thawed out
　　　开路/开矿 — cut out a path/open up a mine
　　　军队正开往前线 — the troops are moving to the front
1161. 开办　kāibàn　(动) — start, establish
　　　开办辅导班 — start a training course
1162. 开除　kāichú　(动) — expel
　　　开除学籍 — expel from school
1163. 开动　kāidòng　(动) — set in motion
　　　开动机器/脑筋 — start a machine/use one's brain
　　　火车开动了。 — The train moved off.

一、请从左页中选择合适的词语填入括号：

 1. 他这样做太（　　）情了。

 2. 两个学生没有请假不来上课达一个多月,被学校（　　）了。

 3. 火车站售票处又（　　）了一个售票窗口。

 4. 先头部队清晨（　　）,大军中午赶到。

 5. 军队昨夜（　　）进城里。

 6. 会议正式代表讨论并通过了（　　）。

 7. 当一名（　　）的妻子实在不容易。

 8. （　　）在沿海执行任务。

 9. 她发的那球真（　　）。

10. 在法律面前（　　）和士兵都是平等的。

11. 他能说出这种话,作出这种事（　　）非偶然。

12. 先进的（　　）对于国防军事现代化来说是不可缺少的。

13. 奖金不能（　　）发,应按劳分配。

14. 他呼吸（　　），已脱离了危险。

二、选择与划线词语意思最相近的解释：

1. A. 融化　B. 写出　C. 举行　D. 开辟　E. 开始　F. 打开　G. 展开　H. 出发
   I. 支付

   (1) 村长带领村民<u>开</u>荒种树,绿化山坡。（　　）

   (2) 后勤部队提前一天<u>开</u>进村里。（　　）

   (3) 这么冷的天,江河还<u>开</u>不了冻。（　　）

2. A. 建立　B. 出发前进　C. 分离　D. 运转　E. 开始　F. 开辟
   G. 发现　H. 除名

   (1) 遇到困难,发动群众<u>开</u>动脑筋想办法。（　　）

   (2) 人的大脑中仍有还未<u>开</u>发的领域。（　　）

   (3) 目前社会上<u>开</u>办了许多实用技术培训班。（　　）

三、判断正误（对的画"√",错的画"×"）：

1. 从心理学角度讲,<u>剧烈</u>竞争会导致人们精神紧张、心脑血管疾病剧增。（　　）

2. 他尽管不同意,但是也没把话说<u>不</u>。（　　）

1164. 开发　kāifā　(动)　　　　　　　exploit
　　　开发新产品　　　　　　　　　　develop new products
　　　开发区　　　　　　　　　　　　develement zone
　　　智力开发　　　　　　　　　　　tap intellectual resources
1165. 开饭　kāi fàn　　　　　　　　　serve a meal
　　　食堂什么时候开饭?　　　　　　When does the dining hall serve the meal?
　　　开饭时间　　　　　　　　　　　dining hours
1166. *开放　kāifàng　(动)　　　　　lift a ban, lift a restriction, open, deregulate
　　　改革开放　　　　　　　　　　　reform and open to the outside world
1167. 开口　kāi kǒu　　　　　　　　　start to talk
　　　开口求人　　　　　　　　　　　beg for help
　　　开口说话　　　　　　　　　　　start to talk, open one's mouth to speak
1168. 开幕　kāi mù　　　　　　　　　begin a performance
　　　戏已开幕了。　　　　　　　　　The opera has begun.
　　　开幕词　　　　　　　　　　　　opening speech
1169. 开设　kāishè　(动)　　　　　　open
　　　开设旅馆/医院　　　　　　　　open a hotel/ establish a hospital
1170. 开水　kāishuǐ　(名)　　　　　　boiling/boiled water
　　　凉/白开水　　　　　　　　　　cool boiled water/ plain boiled water
1171. 开夜车　kāi yèchē　　　　　　　burn the midnight oil, work late into the night
　　　开了一夜车　　　　　　　　　　stay up all night working
1172. 刊物　kānwù　(名)　　　　　　publication
　　　文字刊物　　　　　　　　　　　literature publication
1173. *砍　kǎn　(动)　　　　　　　　reduce, cut
　　　砍价/砍节目　　　　　　　　　cut the price/cut the performance
1174. *看　kàn　(动)　　　　　　　　look after, look at, watch
　　　看病人/小孩　　　　　　　　　look after a patient/take care of a baby
　　　小心端好碗,看烫着!　　　　　Be careful with your bowl. Mind you don't get scalded!
　　　看,菜快凉了,别只顾说话了。　Look, the food's getting cold. Don't just talk.

一、请从左页中选择合适的词语填入括号：

1. 医生说发烧时应多喝（　　）。
2. 我们学校早晨（　　）时间很早。
3. 小心，（　　）摔着！
4. 学生自己创办的（　　）有《大学生之歌》。
5. 北京市成立了人才技术（　　）中心。
6. 快洗手去，马上（　　）了。
7. 星期天我要在家（　　）孩子。
8. 这段时间她一直（　　）写毕业论文。
9. 进一步扩大（　　）地区，加速了内地经济的发展。
10. 中西比较文学是本系（　　）的一门新课程。
11. 我不好意思（　　）向别人借钱。
12. 热烈庆祝全国人民代表大会胜利（　　）。
13. 这篇小说出版时被（　　）掉了百分之十。

二、选择合适的词语填空：

1. 老人们常说夏天多喝_____可以防病。

   A．沸水　　　B．生水　　　C．冰水　　　D．开水

2. 为了_____大西北，大学生们积极_____脑筋想办法。有人准备在西部_____一家人才公司，为建设大西部提供人才服务；有人自愿报名去西北_____一所民办教师培训学校，为农村小学教育培训教师；还有人打算在西部地区办一个_____，普及农业科学知识，宣传党的改革_____政策。

   A．开始　　B．开发　　C．开展　　D．开动　　E．开口　　F．开放
   G．刊物　　H．开饭　　I．开办　　J．开幕　　K．开设　　L．开荒

三、选择与划线词语意思最相近的解释：

1. 经常<u>开夜车</u>对身体危害极大。

   A．半夜开车　　B．熬夜开车　　C．半夜　　D．熬夜

2. 刚见面就说爱，这种话我可<u>开不了口</u>。

   A．嘴张不开　　B．闭嘴不说　　C．说话困难　　D．说不出来

3. 把小孙子<u>看</u>好就是我最大的快乐。

   A．对待　　B．观察　　C．照顾　　D．监视

187

1175.	抗议 kàngyì （动、名）	protest
	向(某人)提出抗议	lodge a protest (with sb. against sth.)
	抗议书	written protest
1176.	考察 kǎochá （动）	inspect
	出国考察	go abroad on an investigation tour
1177.	考验 kǎoyàn （动、名）	test
	考验干部	test the cadres
	经不住时间的考验	cannot stand the test of time
1178.	*靠 kào （动）	depend on, rely on, trust
	靠自己想办法	be left to one's own devices
	靠得住/不住	reliable/unreliable
1179.	靠近 kàojìn （动）	be near
	靠近学校	near the school
1190.	科技 kējì （名）	science and technology
	科技人才	scientific research and technological personnel
1181.	科普 kēpǔ （名）	popular science
	科普读物	popular science reader (or book)
1182.	壳 ké （名）	shell
	鸡蛋/花生壳	egg shell/peanut shell
1183.	可不是 kě bú shì	exactly
	——"这东西太贵了！"	"This is too expensive!"
	——"可不是，有多少人能买得起！"	"Right you are! I wonder how many people can afford it!"
1184.	可见 kějiàn （连）	it is thus clear that
	可见,他的动机是好的。	It is thus clear that he meant well.
1185.	*可怜 kělián （形）	meagre, miserable, wretched
	穷得可怜	as poor as a church mouse
1186.	可巧 kěqiǎo （副）	it happened that
	我正想去天津看他,可巧他却出差来了北京。	I was planning to go to visit him in Tianjing, but as luck would have it, he came to Beijing on business.

一、请从左页中选择合适的词语填入括号：
 1.现在许多（　　）人员都在从事（　　）创作,宣传科学知识。
 2."她可真够用功的！""（　　）,这么晚了还在学习呢"。
 3.别让孩子（　　）汽油。
 4.俗话说在家（　　）父母,出门（　　）朋友。
 5.他在鸡蛋（　　）上画的画儿,绝了!
 6.农村更需要（　　）人才。
 7.我正想去找他,（　　）他就来了。
 8.我们坚决（　　）这种侵犯别国主权的行为。
 9.人生并非一帆风顺,要学会锻炼自己,经得住各种（　　）。
 10.严格限制出国（　　）的人数和规模。
 11.他社会知识少得（　　）。
 12.她的论文写得这么好,（　　）她是下了不少的工夫。
 13.越是艰苦的环境越能（　　）人的毅力和意志。

二、选择合适的词语填空：
 1.搞少数民族语言研究,就应该去少数民族地区进行实地_____。
  A．考虑　　　B．考验　　　C．考核　　　D．考察
 2._____车站有一家家常菜饭馆儿。
  A．靠近　　　B．临近　　　C．附近　　　D．接近
 3.他说："我除了钱什么都没有,我觉得自己真够_____的。"
  A．可惜　　　B．可爱　　　C．阔　　　　D．可怜

三、选择与划线词语意思最相近的解释：
 1.虽然和所爱的人结婚了,但我也不想<u>靠</u>着他生活。
  A．凭　　　　B．靠山　　　C．依据　　　D．依靠
 2.我把一切都交给他,他<u>靠</u>得住。
  A．靠近　　　B．倚　　　　C．凭借　　　D．信任
 3.<u>可不是</u>嘛,这次考试就是有点难。
  A．可是　　　B．不是　　　C．不可　　　D．当然
 4.正说她呢,<u>可巧</u>她就来了。
  A．因此　　　B．以后　　　C．恰好　　　D．恰当

189

1187. 可惜 kěxī （形） — it's a pity
　　可惜我未能来。 — Unfortunately I wasn't able to come.
1188. 可笑 kěxiào （形） — funny
　　幼稚可笑 — ridiculously childish, childish and stupid
　　可笑的故事/动作 — laughable story/funny gesture
1189. 可行 kěxíng （形） — feasible
　　这条建议不可行。 — This proposal wouldn't work.
1190. 渴望 kěwàng （动） — long for
　　渴望已久 — have long awaited (sth.) eagerly
1191. 客 kè （名） — guest
　　远客/稀客 — visitor from afar/rare visitor
　　乘客/顾客 — passenger/customer
1192. 客观 kèguān （名、形） — objectivity; objective
　　客观事实/价值 — objective fact/objective value
　　客观地说 — objectively speaking
1193. 客厅 kètīng （名） — drawing room
　　一间小客厅 — a small drawing room
1194. *克服 kèfú （动） — put up with (hardships, inconveniences, etc.), make do, endure
　　这儿生活条件不太好，咱们先克服点吧。 — The living conditions here are not very good, but let's put up with them for a while.
1195. 课堂 kètáng （名） — classroom
　　课堂教学 — classroom instruction
1196. 坑 kēng （名） — pit
　　水坑/沙坑/火坑 — puddle/jumping pit/fire pit
1197. 空军 kōngjūn （名） — air force
　　空军部队 — air forc, air(force) unit, air component
1198. 恐怖 kǒngbù （形） — horrible
　　恐怖电影 — horror film

一、请从左页中选择合适的词语填入括号：
1. 在众人面前抬高自己，你不觉得（　　）吗？
2. （　　）我当时不知道，否则肯定会帮助你的。
3. 他（　　）有一天能来北京上大学。
4. 她是我家的常（　　），不请也会来的。
5. 该公司经营计划虽然（　　），但管理水平较低。
6. 我喜欢看反（　　）影片。
7. 我上大学的时候上的是（　　）学校。
8. 这里条件差，请大家暂时先（　　）一下。
9. （　　）地说，这部小说真实地反映了大城市职业女性的生活。
10. 明知是火（　　），你还往里跳？
11. 给别人提意见要尽可能（　　）一些。
12. 在社会这一大（　　）里可以学到在教室里学不到的许多知识。
13. 现在新盖的高级住宅一般都有两间（　　）。

二、选择合适的词语填空：
1. 因贫困而失学的孩子们个个都____着有一天能重返校园安心读书。
　　A. 希望　　　　B. 期望　　　　C. 渴望　　　　D. 失望
2. 在那个令人____的战争年代，饱受痛苦的人们渴望着自由与和平。
　　A. 害怕　　　　B. 恐怕　　　　C. 可怕　　　　D. 恐怖

三、选择与划词词语意思最相近的解释：
1. 坚决打击<u>恐怖</u>分子，安定社会环境。
　　A. 吓　　　　　B. 惊　　　　　C. 破坏　　　　D. 害怕
2. 她<u>克服</u>了重重阻力，终于获得成功。
　　A. 抑制　　　　B. 改正　　　　C. 战胜　　　　D. 忍受
3. 他写的论文往往是主观评论多，<u>客观</u>分析少。
　　A. 客气　　　　B. 有礼貌　　　C. 无偏见　　　D. 常理
4. 我刚说一遍他就会了，<u>可见</u>他多么聪明。
　　A. 眼睛明亮　　B. 不断发现　　C. 可以看见　　D. 可以说明
5. 你的方案太脱离现实，我认为它不<u>可行</u>。
　　A. 可不行　　　B. 试一试　　　C. 应该执行　　D. 行得通

1199.	空 kòng（动、形）	leave empty or blank; empty, vacant
	把前面一排座位空出来。	Leave the front row of seats vacant.
	空房子	a vacant room
1200.	*空气 kōngqì（名）	atmosphere
	学习空气	the atmosphere of study
1201.	*口 kǒu（名）	general category or division, institutions or enterprises of similar nature
	归口管理	centralized management by relevant departments
1202.	口气 kǒuqì（名）	tone
	严肃的口气	a serious tone
	他口气挺大。	He speaks in a grand manner.
1203.	口试 kǒushì（名）	oral examination
	通过口试	pass an oral examination
1204.	口头 kǒutóu（形）	oral
	希望你的话不要光停留在口头上。	It is hoped that your action will match your words.
	口头保证/抗议	oral guarantee/verbal protest
1205.	*扣 kòu（动）	take into custody, deduct, discount
	被扣了驾驶执照	the driver's license had been taken away
	扣工资	deduct a part of one's pay
1206.	枯 kū（形）	withered, dry
	枯草	withered grass
	枯井	a dry well
1207.	窟窿 kūlong（名）	hole
	冰窟窿	ice-hole
1208.	夸 kuā（动）	boast, praise
	夸口	boast, brag
	夸他爱劳动	praise him for his love of labour
1209.	垮 kuǎ（动）	collapse
	这道墙要垮了。	The wall's going to collapse.
1210.	*跨 kuà（动）	bestride, straddle
	跨上战马/自行车	mount a war-horse/mount a bicycle

一、请从左页选择合适的词语填入括号：
 1．现在许多大学生找的工作与自己所学的专业不对(　　)。
 2．这里充满了浓厚的学术(　　)。
 3．写文章每段开头要(　　)两格。
 4．他(　　)说愿意帮助我,但从未真正帮助过我。
 5．袜底磨了个(　　)。
 6．你这哪是在(　　)我,明明是在说我嘛！
 7．由于工作不认真,他被(　　)了奖金。
 8．也许女孩子都是这样,听到别人(　　)上说自己漂亮也就满足了。
 9．你以为你是谁呀？瞧你说话的(　　)！
 10．这里严重缺水,树都(　　)死了。
 11．一般来说(　　)得高分的不多。
 12．听到军令后,战士们(　　)上战马就出发了。
 13．洪水把大坝冲(　　)了。

二、选择合适的词语填空：
 1．他酒后开车,警察＿＿＿＿了他的驾驶证。
   A．按　　　　B．留　　　　C．减　　　　D．扣
 2．每月要从工资中＿＿＿＿除房费、水费、电费和煤气费。
   A．放　　　　B．套　　　　C．扣　　　　D．解
 3．有人不走人行路,偏偏要＿＿＿＿栏闯红灯。
   A．跳　　　　B．跃　　　　C．飞　　　　D．跨

三、选择与划线词语意思最相近的解释：
 1．车上很空,还有座位呢。
   A．不包含　　B．没东西　　C．没被利用　　D．让出来
 2．他的笑话缓和了会场紧张的空气。
   A．气体　　　B．情绪　　　C．气氛　　　　D．景象
 3．这么点儿工作就把你累垮了？
   A．趴下　　　B．躺下　　　C．病　　　　　D．倒塌
 4．父母从未用过这种口气跟我说话。
   A．言外之意　B．感情色彩　C．声音　　　　D．语气

1211.	快餐 kuàicān （名）	snack
	快餐部	quick-lunch counter/snack counter
1212.	快活 kuàihuo （形）	happy
	心里觉得快活	fell quite happy
1213.	*宽 kuān （形）	generous, lenient
	从宽处理	treat with leniency
1214.	宽阔 kuānkuò （形）	broad
	宽阔的街道	broad (or wide) street
	宽阔的胸怀	broad-mindedness
1215.	款待 kuǎndài （动）	entertain
	款待客人	entertain guests
1216.	筐 kuāng （名）	basket
	两筐土	two baskets of soil
1217.	狂 kuáng （形）	unrestrained
	狂笑	laugh wildly (boisterously)
	风狂浪大	the wind blew hard and the waves ran high
	发狂	go mad
1218.	狂风 kuángfēng （名）	gale
	狂风大作	a high wind sprang up
1219.	矿石 kuàngshí （名）	ore
	矿石资源	ore resources
1220.	况且 kuàngqiě （连）	moreover
	他工作认真,况且熟悉情况,一定能办好。	He is a conscientious worker, in addition he knows the situation well, so I am sure he can do a good job of it.
1221.	昆虫 kūnchóng （名）	insect
	昆虫学家/昆虫学	entomologist/entomology
1222.	*困 kùn （动）	be stranded, be stricken, be trapped
	为疾病所困	be afflicted with illness
	困于孤岛	be stranded on a lone island
1223.	阔 kuò （形）	wide
	宽阔的马路	wide (or broad) strcet
	摆阔	show off one's wealth

一、请从左页中选择合适的词语填入括号：

1. 为了节约时间,很多人都选择了(　　)食品。
2. 由于他的良好表现,这次就从(　　)处理。
3. 那年正赶上战争,我们被(　　)在了上海。
4. 出海遇到(　　)是最危险的事情。
5. 我们走在(　　)的马路上,观赏着美丽的街景。
6. 这几个年轻人常在周末聚到一起喝酒(　　)欢。
7. 请把摘下来的苹果放在(　　)里。
8. (　　)也是我们人类的朋友。
9. 她很聪明,(　　)又极认真努力,成功是必然的。
10. 开发人的大脑并不比采(　　)更容易。
11. 近些年来他一直为经济所(　　)。
12. 你们彼此认识,(　　)又是好朋友,一起办公司肯定没问题。
13. 主人盛情(　　),不好推辞。
14. 和老朋友在一起聊天,心里(　　)极了。
15. 他身体健康、心胸(　　),是我见到的人当中最(　　)的一个。

二、选择合适的词语填空：

1. 发生了什么事,他在马路上＿＿＿＿奔。
　　A. 快　　　　B. 跑　　　　C. 驶　　　　D. 狂
2. 搞研究知识面越＿＿＿＿越有利。
　　A. 大　　　　B. 深　　　　C. 宽　　　　D. 精

三、选择与划线词语意思最相近的解释：

1. 看他做的这些事绝非正常人所能理解,用狂人来形容他,并不过分。
　　A. 尽情地　　B. 猛烈的　　C. 自高自大　　D. 精神失常
2. 我很坚强,况且还有你陪伴在我身边,为此我并不感到孤独。
　　A. 近况　　　B. 一直　　　C. 反而　　　　D. 何况
3. 我对你的感情海枯石烂不变心。
　　A. 枯黄　　　B. 干旱　　　C. 缺水　　　　D. 没水
4. 与以前相比,这次考试评分较宽。
　　A. 宽裕　　　B. 范围广　　C. 距离大　　　D. 不严格
5. 改革开放没几年,他就成了村里的万元户,阔起来了。
　　A. 开阔　　　B. 宽阔　　　C. 阔别　　　　D. 富裕

195

练 习 答 案

第3页

一、1.唉 2.按 3.安定 4.癌
　　5.唉 6.挨 7.哎哟 8.安安
　　9.安装 10.哎哟 11.按期 12.暗暗
　　13.暗

二、1.C 2.C

三、1.A 2.D 3.B 4.D 5.D

第5页

一、1.奥妙 2.把 3.罢 4.把
　　5.熬 6.坝 7.罢工 8.扒
　　9.把握 10.吧

二、1.(1)D/B (2)A (3)D (4)B
　　2.(1)B (2)A (3)C

三、1.A 2.D 3.B 4.C

第7页

一、1.摆脱 2.百货 3.瓣 4.拜会
　　5.拜访 6.柏树 7.半岛 8.白白
　　9.办理 10.般 11.半 12.办
　　13.百

二、1.D 2.C

三、1.D 2.B 3.C

四、1.半……半…… 2.半……不……
　　3.半……不…… 4.半……半……
　　5.半…… 6.半……
　　7.半…… 8.半……半/不……
　　9.半……半……

第9页

一、1.棒 2.剥 3.包围 4.保
　　5.绑 6.薄 7.帮 8.包

　　9.包含 10.包袱 11.磅 12.帮
　　13.包围

二、1.C 2.A

三、1.B 2.B 3.A 4.B

第11页

一、1.宝石 2.保密 3.保障 4.宝
　　5.饱 6.宝 7.抱 8.保守
　　9.保证 10.保险 11.保留
　　12.保管/留

二、1.B 2.C 3.A 4.D 5.B

三、1.C 2.C

第13页

一、1.报社 2.报 3.北方 4.爆发
　　5.报 6.暴露 7.报复 8.报酬
　　9.报刊 10.报酬 11.爆炸 12.暴雨
　　13.报……仇

二、1.D 2.D 3.C 4.B 5.C 6.A
　　7.B

第15页

一、1.背包 2.背后 3.背心 4.背诵/背
　　5.背景 6.被迫 7.悲哀 8.悲观
　　9.辈 10.被动

二、1.D 2.C 3.B 4.C 5.B 6.D

三、1.C 2.A

第17页

一、1.笔 2.比方 3.本 4.逼
　　5.比 6.本人 7.奔 8.本身
　　9.奔跑 10.甭 11.笨

二、1.C 2.D 3.A

三、1.B 2.A 3.A 4.B 5.B

第19页

一、1.边 2.边疆 3.边缘 4.必修
5.边界 6.闭……幕
7.必定/必 8.必需 9.必 10.必需
11.彼此 12.毕竟

二、1.B 2.D 3.C 4.B 5.B 6.D
7.C 8.C

第21页

一、1.变动 2.变革 3.便 4.编辑
5.编制 6.便于 7.便利 8.编
9.壁 10.便利 11.笔试 12.辩论

二、1.(1)C (2)A (3)B (4)D
2.D 3.C

三、1.B 2.A 3.A

第23页

一、1.别处 2.别 3.标语 4.标志
5.冰棍儿 6.丙 7.别字 8.表情
9.表现 10.兵 11.饼 12.柄

二、1.(1)标记 (2)标语 (3)符号 (4)标志
2.(1)体现 (2)出现 (3)表现 表现
(4)显示

三、1.磅 2.块 3.条/道 4.棵
5.门 6.副 7.根 8.瓣
9.场 10.件 11.笔 12.笔

第25页

一、1.播送 2.博物馆 3.病情 4.拨
5.菠菜 6.剥削 7.播 8.波浪
9.病床 10.博士 11.并

二、1.(1)A (2)D (3)B (4)C
2.(1)A (2)C (3)A (4)B

三、1.(1)C (2)A (3)B 2.D

第27页

一、1.不对 2.不见 3.不够 4.补

5.不比 6.不安 7.不顾 8.薄弱
9.不好意思 10.不见得 11.不曾

二、1.(1)C (2)A (3)B (4)D
2.(1)C (2)C (3)B (4)A

三、1.B 2.B 3.A

第29页

一、1.不利 2.不是……而是…… 3.不停
4.不可 5.不禁 6.不料 7.不平
8.不免 9.不觉 10.不是 11.不满
12.不是……就是…… 13.不可

二、1.(1)B (2)C (3)D (4)A
2.(1)C (2)A (3)B (4)D
3.D

三、1.B

第31页

一、1.不怎么样 2.不只 3.不像话
4.布置 5.不一定 6.不由得
7.不止 8.不在乎 9.不足
10.部署 11.不行 12.步
13.步骤

二、1.(1)B (2)B (3)A
2.(1)B (2)C (3)D (4)A

三、1.A 2.C

第33页

一、1.采 2.财富 3.才能 4.裁判
5.参考 6.裁缝 7.财产 8.参谋
9.财政 10.擦 11.餐车 12.才
13.猜想

二、1.(1)测 (2)估计 (3)猜
(4)想像 (5)猜想
2.(1)参谋参谋 (2)参考/考虑
(3)参考

三、1.A 2.B

197

第35页

一、1.操心　2.操作　3.惨　4.苍蝇
　　5.苍白　6.灿烂　7.惨　8.舱
　　9.仓库　10.草案　11.残酷　12.惭愧
　　13.操纵　14.藏

二、1.(1)操纵　(2)操作　(3)操纵
　　　(4)操心
　　2.(1)费……心　(2)操心　(3)担心

三、1.C　2.C

第37页

一、1.测量　2.茶叶　3.侧　4.测试
　　5.茶馆　6.铲　7.差别　8.插
　　9.测/测量　10.产物　11.差　12.插秧
　　13.茶话会

二、1.(1)测　(2)测试　(3)量
　　　(4)测试　(5)测量
　　2.(1)差别/区别/分别　(2)差别
　　　(3)区别　(4)分别　(5)分别

三、1.插　2.插　3.铲　4.插
　　5.插　6.插　7.插　8.插
　　9.插　10.铲　11.铲　12.铲
　　13.插　14.铲

第39页

一、1.长途　2.厂长　3.长久　4.尝
　　5.颤抖　6.产值　7.常识　8.长度
　　9.长远　10.肠炎　11.场地　12.场合
　　13.颤动

二、1.(1)颤颤抖抖　(2)颤动　(3)抖　抖
　　　(4)抖
　　2.(1)尝　(2)吃　(3)吃　(4)尝尝

三、1.×　2.√　3.√　4.√

第41页

一、1.潮湿　2.吵架　3.车辆　4.场面
　　5.超　6.超额　7.抄　8.钞票
　　9.潮　10.扯　11.车厢

二、1.场面　2.场合　3.场地　4.场
　　5.场面

三、1.(1)A　(2)B　(3)B　(4)C
　　2.(1)C　(2)B　(3)A

第43页

一、1.成本　2.成立　3.撤　4.尘土
　　5.沉重　6.成　7.沉思　8.称呼
　　9.陈列　10.撑　11.成分　12.沉

二、1.(1)成立　(2)建立　(3)建立
　　2.(1)沉重　(2)重　(3)沉/重
　　3.(1)布置　(2)陈列

三、1.C　2.B

第45页

一、1.程序　2.成千上万　3.承担　4.吃
　　5.成员　6.成长　7.程度　8.盛
　　9.成语　10.成天　11.承包　12.乘客
　　13.乘

二、1.(1)承担　(2)承包　(3)承担
　　　(4)承认
　　2.(1)成长　(2)发展　(3)生长

三、1.A　2.C　3.B　4.D

第47页

一、1.池　2.吃……亏　3.冲突　4.持久
　　5.吃力　6.尺子　7.尺寸　8.冲击
　　9.赤道　10.充实　11.冲
　　12.吃……苦　13.迟迟

二、1.(1)充分　(2)充实　(3)充足　(4)充满
　　2.(1)冲突　(2)冲击　(3)冲　(4)冲

三、1.B　2.C　3.A

第49页

一、1.仇恨　2.初期　3.出路　4.初
　　5.出发　6.臭　7.冲　8.丑
　　9.初中　10.出　11.抽　12.仇

二、1.(1)往 (2)往/朝/向/冲 (3)向
　　(4)朝/冲 (5)向 (6)向
三、1.D 2.A 3.D 4.B 5.C

第51页

一、1.除 2.出门 3.处于 4.出卖
　　5.出洋相 6.出息 7.处 8.出租
　　9.出……事 10.除非 11.出难题
　　12.处理 13.出身
二、1.(1)理想 (2)前途 (3)出息
三、1.(1)A (2)C (3)D (4)B (5)B
　　2.(1)A (2)B (3)A

第53页

一、1.传 2.穿 3.窗帘 4.传达
　　5.床单 6.传说 7.喘 8.处处
　　9.窗口 10.传染 11.窗台 12.串
二、1.(1)到处 (2)处处 (3)处处/到处
三、1.(1)C (2)B (3)D (4)A
　　2.(1)D (2)B (3)A (4)C

第55页

一、1.纯 2.此刻 3.瓷 4.纯洁
　　5.吹 6.垂直 7.春季 8.闯
　　9.垂 10.创新 11.词 12.词汇
　　13.创立
二、1.(1)建立 (2)建立 (3)建立/创立
　　(4)建立
　　2.(1)创新 (2)革新 (3)重新
三、1.A 2.D 3.C 4.B

第57页

一、1.丛 2.刺激 3.凑 4.粗
　　5.伺候 6.匆忙 7.从容 8.次要
　　9.刺 10.次 11.从事
二、1.(1)纯 (2)纯净 (3)干净
　　(4)纯洁
　　2.(1)刺 (2)刺激 (3)刺激 (4)刺

三、1.B 2.C 3.A 4.B

第59页

一、1.村庄 2.粗心 3.搓 4.促使
　　5.搭 6.村子/村庄 7.摧毁
　　8.粗心大意/粗心 9.存 10.错字
　　11.挫折 12.醋坛子 13.窜
二、1.(1)农村 (2)村庄
　　2.(1)促进 (2)促使
　　3.(1)存 (2)存在
三、1.C 2.A 3.B 4.D

第61页

一、1.达成 2.打破 3.答复 4.打
　　5.打败 6.打量 7.打……架
　　8.打 9.打击 10.达
二、1.(1)答复 (2)答应 (3)回答
　　(4)答案
　　2.(1)达到 (2)达成
　　3.(1)打败 (2)打击
　　4.(1)打量 (2)观察
三、1.A 2.B 3.C

第63页

一、1.大半 2.打……仗 3.大 4.大道
　　5.打扫 6.大便 7.大力
　　8.大大方方 9.大地 10.打招呼
　　11.大队 12.大大 13.大哥 14.大都
二、1.(1)大大 (2)大半 (3)大量
　　2.(1)大方 (2)自然
三、1.B 2.D 3.E 4.A 5.F

第65页

一、1.带领 2.大嫂 3.大使 4.大脑
　　5.大自然 6.大众 7.带 8.呆
　　9.带儿 10.带动 11.大致 12.大意
二、1.(1)大概/大致 (2)大概 (3)大致
　　(4)大约/大概/大致

2.(1)带领　(2)带动　(3)带
　(4)带/带动
三、1.A　2.C　3.B

第67页

一、1.带头　2.单　3.代办　4.担
　5.逮捕　6.代理　7.代价　8.待遇
　9.代　10.待　11.担负　12.代表
　代表　13.耽误
二、1.(1)带动　(2)带头
　2.(1)代办　(2)代办　(3)代理/代办
　　(4)代理
　3.(1)代价　(2)价钱
　4.(1)担　(2)负担　(3)担负

第69页

一、1.淡　2.党派　3.胆　4.单纯
　5.诞生　6.蛋白质　7.当　8.当面
　9.当代　10.当家　11.当初　12.当中
　13.单独
二、1.(1)单个　(2)独立　(3)单独
　　(4)单纯
　2.(1)诞生　(2)出生
　3.(1)成立　(2)诞生
　4.(1)当时　(2)当初/当时　(3)当初

第71页

一、1.党委　2.岛屿　3.导弹　4.导演
　5.倒霉　6.到底　7.当　8.档案
　9.导师　10.倒　11.导致
　12.倒腾　倒腾　13.到
二、1.(1)B　(2)C　(3)A
　2.(1)A　(2)A　(3)C　(4)B
　3.(1)C　(2)A　(3)B　(4)A

第73页

一、1.灯笼　2.得了　3.倒　4.得
　5.等到　6.道　7.得意　8.灯火

9.到……为止　10.登　11.蹬
12.等　13.得……病
二、1.(1)倒(是)　(2)却　(3)倒(是)
　　(4)却/倒(是)
　2.(1)讲　(2)道　(3)说/讲
三、1.D　2.C　3.B　4.A

第75页

一、1.抵　2.地步　3.凳子　4.等候
　5.滴　6.堤　7.抵抗　8.底下
　9.底片　10.底　11.地　12.瞪
　13.地板
二、1.抵抗　2.抵抗　3.反抗　4.反抗
三、1.(1)A　(2)D　(3)C　(4)B
　2.(1)A　(2)C

第77页

一、1.弟兄　2.地道　3.典型　4.地毯
　5.地理　6.典礼　7.地震　8.地主
　9.地下　10.点　11.地形　12.地势
　13.地质
二、1.(1)地形　(2)地势
　2.(1)典型　(2)榜样
三、1.(1)D　(2)B　(3)A　(4)C
　2.(1)B　(2)A

第79页

一、1.掉　2.电力　3.电铃　4.雕刻
　5.电炉　6.垫　7.电线　8.电器
　9.电压　电器　10.电子　11.惦记
　12.电池　13.奠定　14.电流　15.电脑
二、1.(1)惦记　(2)惦记　惦记
　　(3)想念/惦记
　2.(1)顶　(2)垫
三、1.B　2.A　3.C

第81页

一、1.盯　2.钉子　3.丁　4.订

200

5.调动 6.钉 7.爹 8.顶
9.定期 10.叠

二、1.(1)按期 (2)定期 (3)定期
(4)按期
2.(1)调 (2)调动
(3)调调/调动 调动 (4)调

三、1.(1)A (2)B
2.(1)B (2)A (3)C

第83页

一、1.斗争 2.东西 3.动手 4.懂事
5.冬季 6.动机 7.陡 8.动力
9.动摇 10.动 11.抖 抖 12.动静
13.斗 14.订婚

二、1.(1)动机 (2)想法
2.(1)声音 (2)动静/声音 (3)动静
(4)动静
3.(1)摇动 (2)动摇

三、B

第85页

一、1.端正 2.豆子 3.兑换 4.堆积
5.豆浆 6.读物 7.端 8.独自
9.断 10.堆 11.独特 12.毒

二、1.(1)特 (2)独特 (3)特别
2.(1)单独 (2)独自
3.(1)端正 (2)改正

三、1.C 2.B 3.D 4.A

第87页

一、1.队伍 2.多亏 3.对门
4.对……来说 5.哆嗦 6.对
7.蹲 8.对了 9.对得起
10.顿时 11.对立 12.对象
13.多半 14.队员

二、1.(1)部队 (2)队伍
2.(1)多亏 (2)幸亏/多亏

3.(1)顿时/马上 (2)马上
4.(1)哆嗦 (2)颤抖/哆嗦 (3)颤抖

第89页

一、1.恶化 2.儿女 3.夺取 4.而
5.多余 6.恶劣 7.多劳多得
8.俄语 9.发 10.恶 恶
11.恶心

二、1.(1)争取 (2)争取 (3)夺取
(4)争取/夺取
2.(1)多余 (2)富裕 (3)剩余
(4)剩余
3.(1)恶心 (2)恶心/讨厌 (3)讨厌
4.(1)儿女 (2)孩子

第91页

一、1.罚 2.发射 3.发……电
4.法制 5.发育 6.发觉
7.法令 8.发挥 发挥 9.法院
10.番 11.发行 12.翻
13.法子

二、1.(1)发挥 (2)发扬 (3)发挥
(4)表达
2.(1)发觉/发现 (2)发觉 (3)发现

三、1.D 2.B 3.C 4.A

第93页

一、1.反问 2.翻身 3.犯人 4.烦
5.反而 6.反 7.饭馆 8.反击
9.凡是 10.繁殖 11.犯罪 12.返

二、1.(1)只要 (2)凡是 (3)凡是
2.(1)反而/而且 (2)反而 (3)而且
(4)而且
3.(1)回 (2)返
4.(1)打击 (2)反击 (3)打击

第95页

一、1.纺 2.泛滥 3.防治 4.房屋

5.防御/防守 6.放学 7.妨碍 8.放松
9.放手 10.泛滥 11.方便
二、1.(1)房间/房子 (2)房间
　　(3)房屋/房子 (4)房子 房间
2.(1)防守 (2)防御
三、1.(1)B (2)A (3)C
2.(1)B (2)C (3)A

第97页
一、1.废除 2.非 3.飞 4.废墟
5.放映 6.飞跃 7.废话 8.飞行
9.肥皂 10.肥料 11.肥 12.废
13.飞快
二、1.(1)废除 (2)消除 (3)清除
　　(4)取消
2.(1)飞快 (2)飞快 (3)赶快
　　(4)迅速
三、1.C 2.A 3.B

第99页
一、1.分离 2.费力 3.分明
4.分解分解 5.分工 6.分裂
7.分布 8.分泌 9.沸腾
10.分配 11.分散 12.分割
二、1.(1)费力 (2)费力 (3)费力/吃力
　　(4)费……力
2.(1)分布 (2)分散
3.(1)分割 (2)分开
4.(1)分裂 (2)分离 (3)分解
　　(4)分裂

第101页
一、1.封锁 2.丰收 3.粪 4.粉
5.分子 6.分量 7.坟 8.分数
9.丰产/丰收 10.封 11.粉碎 12.分子
二、1.(1)丰产 (2)丰收 (3)丰产
　　(4)丰收

2.(1)粉碎/打败 (2)粉碎 (3)摧毁
　　(4)粉碎
3.(1)封锁 (2)封锁 (3)封 (4)封

第103页
一、1.缝 2.讽刺 3.疯狂 4.俯
5.佛教 6.腐朽 7.风气 8.服输
9.夫妻 10.服 11.风格 12.腐蚀
13.疯
二、1.(1)风格 (2)特点/风格 (3)风格
　　(4)作风 (5)特点
2.(1)腐朽 (2)腐蚀
三、1.C 2.D 3.A 4.B

第105页
一、1.富有 2.复活节 3.复制 4.盖子
5.负担 6.负 7.副 8.妇人
9.富裕 10.改良 11.盖 12.改编
二、1.(1)改造 (2)改良 (3)改善
　　(4)改进
2.(1)富裕 (2)富裕 (3)富裕
　　(4)富有
三、1.B 2.D 3.A 4.C

第107页
一、1.甘 2.干 3.赶忙 4.干涉
5.干 6.赶 7.干旱 8.感觉
9.敢于 10.赶上 11.感受 12.干扰
二、1.(1)打扰 (2)干扰
2.(1)赶快 (2)赶快/赶忙
3.(1)感受 (2)觉得/感觉 (3)感觉
　　(4)感受
三、1.C 2.A 3.B

第109页
一、1.干劲 2.高级 高级 3.高粱
4.纲领 5.岗位 6.港币
7.港口 8.缸 9.高潮

10.高等　11.高峰　　12.刚
13.高

二、1.(1)高峰　(2)高潮
2.(1)高等　(2)高级

三、(1)B　(2)C　(3)A　(4)C

第 111 页

一、1.搁　2.歌唱　3.高速　4.高中
5.稿　6.告　7.高尚　8.告辞
9.高压　10.歌颂　11.告别
12.歌剧　歌曲

二、1.(1)告别　(2)告辞　(3)告别
2.(1)崇高　(2)高尚　(3)崇高
3.(1)歌颂　(2)歌唱　(3)歌唱
4.(1)高速　(2)迅速　(3)高速

第 113 页

一、1.隔阂　2.革新　格外　3.个人
4.给　5.个　6.个儿　7.给以
8.个体户 9.个性　10.各式各样
11.各自　12.隔　13.鸽子

二、1.(1)个子/个儿　(2)个儿
2.(1)特别/格外　(2)特别
3.(1)各自　各自　(2)自己

三、1.A　2.B　3.B

第 115 页

一、1.根源　2.根儿　3.功课　4.功劳
5.工龄　6.攻击　7.工序　8.功能
9.工钱　10.攻克　11.耕地
12.工地　13.攻

二、1.(1)起源　(2)来源　(3)根源　(4)根本
2.(1)贡献　(2)功劳
3.(1)攻击　(2)进攻/攻击
4.(1)工钱　(2)工资

第 117 页

一、1.宫　2.公　3.供应　4.公用

5.弓　6.公顷　7.公式　8.宫殿
9.公布　10.公安　11.公民

二、1.(1)供应/供给　(2)提供
(3)供给/提供　(4)供应
2.(1)公布　(2)公布　(3)公布
(4)宣布　(5)发表　(6)公布/宣布

三、1.A　2.C　3.C　4.B　5.A　6.A　7.C
8.B

第 119 页

一、1.勾结　2.鼓　3.共青团　4.共和国
5.辜负　6.共　7.沟　8.购
9.钩　10.鼓动　11.孤立　12.购买
13.钩子

二、1.(1)团结　(2)团结　(3)勾结
(4)团结
2.(1)孤立　(2)独立　(3)独立
3.(1)鼓励　(2)鼓动　(3)发动
(4)发动　(5)鼓舞/鼓励

第 121 页

一、1.瓜　瓜 2.骨头　3.顾　4.谷子
5.古典　6.雇　7.骨干　8.股
9.固定　10.瓜子　11.固体　12.顾问

二、1.(1)主力　(2)骨干　(3)主力
2.(1)稳定　(2)固定　(3)稳定
(4)固定

三、1.A　2.C　3.A　4.B　5.B　6.B　7.C
8.A　9.B

第 123 页

一、1.怪　2.寡妇　3.挂　4.固然
5.挂号　6.关怀　7.拐弯儿 8.乖
9.关　10.怪不得　11.挂　12.怪不得
13.怪　14.拐　拐

二、1.(1)虽然/固然　(2)虽然　(3)固然
(4)固然

203

2.(1)批评　(2)怪　(3)怪
3.(1)关心　(2)关怀/关心　(3)关心

第125页

一、1.管　2.官僚主义　3.惯　4.灌溉
5.观念　6.观看　7.管子　8.管道
9.罐　10.观测　11.关照　12.关头
13.灌

二、1.(1)观察　(2)观测　(3)观看
2.(1)观念　(2)观点　(3)观念
3.(1)关头　(2)关键
4.(1)浇　(2)灌　(3)浇

第127页

一、1.光临　2.规划　3.光滑　4.柜台
5.光　6.广/广大　7.规划　8.归
9.广　10.柜子　11.光彩

二、1.(1)露　(2)光　(3)露
2.(1)光彩　(2)光荣　(3)光荣
　(4)光彩
3.(1)广　(2)广大　(3)广大
4.(1)规划　(2)计划

第129页

一、1.滚　2.规则　3.规则　4.鬼
5.国庆节　6.贵　7.国籍　8.规矩
9.棍子　10.锅炉　11.国防　12.贵宾
13.轨道　14.飘扬

二、1.规定　2.规规矩矩　3.规则　4.规则

三、1.(1)A　(2)B　(3)A　(4)B
　(5)B　(6)B　(7)B　(8)B
　(9)A　(10)B
2.(1)C　(2)B　(3)A

第131页

一、1.果实　2.国营　3.还　4.果实
5.过来　6.裹　7.过　8.果树
9.过渡　10.国务院　11.过去　12.咳

13.过分

二、1.(1)A　(2)D　(3)A　(4)B
　(5)C　(6)B　(7)C　(8)A　(9)D
2.(1)A　(2)A　(3)B

第133页

一、1.含　2.海面　3.海拔　4.旱
5.害　6.含量　7.海军　8.焊
9.害虫　10.喊叫　11.海峡　12.含糊

二、1.(1)过来　(2)过去　(3)过来
　(4)过去　(5)过来

三、1.B　2.A　3.C

四、1.番　2.场　3.张　4.顿
5.把　6.滴　7.趟　8.针
9.把　10.条　11.批　12.眼
13.层　14.句　15.盘

第135页

一、1.好比　2.好听　3.行业　4.好奇
5.行　行　6.好　7.毫米　8.好看
9.行列　10.号　号　11.航行　12.耗

二、1.(1)行　(2)行列
2.(1)行业　(2)职业
3.(1)比　(2)好比
4.(1)好看　(2)美观　(3)好看
5.(1)耗　(2)耗/费

第137页

一、1.何必　2.合成　3.合算　4.合唱
5.何况　6.合　7.呵　8.核
9.河流　10.合格　11.合金　12.喝
13.合法　合法

二、1.(1)何必　(2)何况
2.(1)组成　(2)合成
3.(1)合算　(2)合算/便宜
4.(1)打算　(2)合算

三、A(1、2)　B(4、5、7、8)　C(3、6)

204

第139页

一、1.红旗　2.喉咙　3.洪水　4.狠
　　5.红旗　6.横　7.红　8.哼
　　9.黑　10.痕迹　11.宏伟　12.黑夜
　　13.吼　14.恨不得

二、1.B　2.C　3.A/C　4.A　5.A　6.B
　　7.A　8.B　9.B　10.A　11.C　12.C

三、1.B　2.A　3.A/C　4.B　5.A　6.C
　　7.C　8.A　9.C

四、1.雄伟/宏伟　2.宏伟　3.雄伟
　　4.雄伟　5.雄伟　6.雄伟/宏伟
　　7.雄伟/宏伟　8.雄伟/宏伟　9.宏伟
　　10.宏伟　11.宏伟　12.雄伟

第141页

一、1.后退　2.呼　3.呼呼　4.厚
　　5.后果　6.呼吸　7.后天　8.后方
　　9.后　10.后头　11.后代

二、1.(1)后果　(2)结果　(3)成果
　　2.(1)后头/后面　(2)后头/后面
　　　(3)后方

三、1.笔　2.场　3.副　4.条
　　5.副　6.条　7.笔　8.场
　　9.股　10.副　11.副　12.笔
　　13.笔　14.条　15.条　16.场
　　17.场　18.条　19.副　20.场
　　21.笔　22.股　23.条　24.股
　　25.笔　26.条　27.股　28.笔

第143页

一、1.花朵　2.划　3.胡同　4.花生
　　5.糊涂　6.忽视　7.护　8.互助
　　9.花　10.户　11.蝴蝶　12.哗哗
　　13.胡说

二、1.(1)忽视　(2)轻视
　　2.(1)糊涂　(2)模糊　(3)模糊

　　(4)含糊　(5)糊涂

三、1.座　2.串　3.座　4.阵
　　5.串　6.阵　7.座　8.阵
　　9.座　10.串　11.座　12.阵

第145页

一、1.化石　2.华侨　3.滑雪　4.化验
　　5.画蛇添足　6.化　7.化工　8.画家
　　9.华人　10.话剧　11.怀　12.化合
　　13.滑

二、1.(1)怀　(2)抱　(3)怀
　　(4)怀　(5)抱
　　2.(1)化验　(2)实验　(3)试验

三、1.门　2.张/份　3.项　4.张
　　5.份/项　6.张　7.份　8.门
　　9.张　10.项　11.门　12.份

第147页

一、1.欢乐　2.怀疑　3.坏蛋　4.缓缓
　　5.欢喜　6.怀念　7.还　8.环　环
　　9.幻灯　10.欢呼　11.缓慢　12.患
　　13.缓和

二、1.(1)怀念　(2)怀念/想念/思念
　　　(3)思念/想念　(4)纪念
　　2.(1)疑问　(2)怀疑　(3)怀疑/猜想
　　　(4)怀疑
　　3.(1)缓慢　(2)缓缓/缓慢　(3)缓缓

第149页

一、1.灰心　2.唤　3.晃　4.慌
　　5.辉煌　6.幻想　7.黄色　8.灰
　　9.挥　挥　10.恢复　11.黄昏　12.灰尘
　　13.荒　14.忙

二、1.(1)理想　(2)梦想　(3)幻想
　　2.(1)唤/叫　(2)叫　(3)唤　(4)叫
　　3.(1)光辉　(2)光辉　(3)辉煌

205

第151页

一、1.混　2.回信儿　3.混合　4.毁
　　5.汇　6.回　7.汇款　8.昏
　　9.浑身　10.汇报　11.回想　12.混乱
　　13.汇

二、1.(1)破坏　(2)毁　(3)毁
　　　(4)破坏
　　2.(1)回忆/回想　(2)回忆

三、1.C　2.B　3.A　4.B

第153页

一、1.火力　2.火药　3.获　4.活该
　　5.混凝土 6.伙　7.火箭　8.火
　　9.伙伴　10.火焰　11.混淆　12.活

二、1.(1)群　(2)批　(3)伙
　　2.(1)伙伴　(2)伙伴/朋友
　　3.(1)获　(2)获/得　(3)获
　　4.(1)混乱　(2)混乱　(3)混淆
　　　(4)混淆

第155页

一、1.或　或 2.机关　3.基层　4.货物
　　5.机　6.基地　7.或多或少
　　8.机构　9.肌肉　10.机动　11.货币

二、1.机关　2.机构

三、1.B　2.B　3.B

四、1.D　2.E　3.A　4.C　5.B　6.C
　　7.B　8.A　9.A　10.E

第157页

一、1.饥饿　2.疾病　3.极端　4.给予
　　5.集合　6.激素　7.急躁　8.即
　　9.技能　10.即使　11.级别　12.集团
　　13.即将

二、1.(1)集合/集中　(2)集中　(3)集中
　　2.(1)极端　(2)极端/极其　(3)极其
　　3.(1)即将　(2)马上

4.(1)技能　(2)技巧

第159页

一、1.寂寞　2.夹　3.计算　4.家属
　　5.技巧　6.计算机　7.夹子　8.记载
　　9.继承　10.季　11.记录　佳
　　12.家　13.计

二、1.(1)技术　(2)技巧
　　2.(1)考虑/计算　(2)计算
　　3.(1)记录　(2)记录　(3)记载
　　　(4)记录　(5)记录/记载　(6)记录

第161页

一、1.甲　2.架子　3.价钱　4.加油
　　5.假若　6.假如　7.价　8.假使
　　9.加紧　10.加速　11.架　12.加入

二、1.(1)架　(2)支　(3)架
　　　(4)支
　　2.(1)加入　(2)加入　(3)加入
　　　(4)参加/加入　(5)参加
　　3.(1)加速　(2)加快　(3)加紧/加快
　　　(4)加紧

第163页

一、1.尖　2.歼灭　3.兼　4.嫁
　　5.假期　6.尖锐　7.尖子　8.驾驶
　　9.监督　10.监视　11.假　12.坚硬
　　13.煎　14.坚固

二、1.(1)尖锐　深刻　(2)激烈　(3)深刻
　　2.(1)监督　(2)监视
　　3.(1)牢固　(2)坚固　(3)牢固
　　4.(1)坚固　(2)坚硬

第165页

一、1.鉴定　2.见解　3.拣　4.减
　　5.检验　6.艰难　7.简便　8.碱
　　9.简直　10.简单　11.贱　12.见
　　13.检讨

二、1.(1)艰苦 (2)艰难 (3)艰苦
2.(1)检讨 (2)检验/检查 (3)检验
3.(1)简单 (2)简便
4.(1)简直 (2)甚至

第167页

一、1.建 2.讲 3.讲究 4.奖励
5.建造 6.僵 7.将军 8.奖金
9.溅 10.健全 11.讲义 12.讲课
13.渐 14.讲话
二、1.(1)健全 (2)健康 (3)健全
2.(1)鼓励 (2)奖励 (3)表扬
3.(1)讲究 (2)讲究/注意 (3)注意
4.(1)渐 (2)逐渐

第169页

一、1.交谈 2.焦急 3.狡猾 4.交代
5.角落 6.浇 7.交易 8.脚步
9.酱 10.角度 11.胶卷 12.搅
二、1.(1)打扰 (2)搅 (3)搅
2.(1)交易 (2)贸易
3.(1)焦急/着急 (2)着……急
4.(1)嘱咐/交代 (2)交代
5.(1)狡猾 (2)聪明

第171页

一、1.接连 2.结 3.教堂 4.结合
5.叫 6.觉 7.揭 8.教研室
9.节 10.接触 11.教练 12.揭露
13.教导
二、1.(1)教育 (2)教导 (3)教训
2.(1)暴露 (2)揭露
3.(1)接连 (2)连接
4.(1)联系 (2)交往/接触 (3)接触

第173页

一、1.金鱼 2.解 3.洁白 4.结
5.借口 6.竭力 7.解放军 8.解剖

9.界线 10.结果 11.今日 12.截
二、1.(1)竭力 (2)尽……力
2.(1)成果 (2)结果 (3)效果
3.(1)边界 (2)界线
三、1.B 2.B 3.A 4.A 5.B 6.A 7.A
8.B

第175页

一、1.谨慎 2.近代 3.紧密 4.进军
5.紧张 6.浸 7.尽 尽 8.进
9.紧俏 10.近 11.紧急 12.劲儿
13.紧 14.尽力
二、1.(1)紧 (2)紧张 (3)紧急
2.(1)紧密 (2)严密 (3)紧密
3.(1)小心 (2)谨慎
4.(1)努力 (2)尽力

第177页

一、1.惊人 2.惊动 3.精神 4.惊
5.精细 6.惊异/惊讶 7.精
8.经费 9.惊讶/惊异 10.精致
11.鲸鱼 12.惊奇
二、1.(1)惊动 (2)惊动/打扰 (3)打扰
2.(1)奇怪 (2)惊奇
3.(1)细致/精细 (2)精致 (3)细致
4.(1)讲究/漂亮 (2)讲究 (3)精神

第179页

一、1.酒店 2.净 3.竞争 4.竟
5.境 6.景物 7.警惕 8.经营
9.警告 10.警告 11.景色 12.景象
13.敬……酒 14.竟然 15.净
16.揪
二、1.C 2.D 3.D 4.D 5.D 6.D

第181页

一、1.居住 2.救 3.就 4.就
5.局面 6.就 7.就 8.就

207

9.就是说 10.就是……也
11.舅舅 舅母 12.居民 13.居然
14.局部
二、1.D 2.D
三、1.就是、也、也就是说 2.净、救
四、1.(1)D (2)B 2.B

第183页

一、1.觉 2.举 3.举办 4.聚
5.聚集 6.聚精会神 7.具体 8.据
9.据 10.距 11.剧 12.剧烈
13.决口 14.剧院 剧 15.卷
二、1.D 2.D 3.C 4.E A
三、1.√ 2.× 3.×

第185页

一、1.绝 2.开除 3.开 4.开动
5.开 6.决议 7.军人 8.军舰
9.绝 10.军官 11.绝 12.军备
13.均 14.均匀
二、1.(1)D (2)H (3)A
2.(1)D (2)G (3)A
三、1.× 2.×

第187页

一、1.开水 2.开饭 3.看 4.刊物
5.开发 6.开饭 7.看 8.开夜车
9.开放 10.开设 11.开口 12.开幕
13.砍
二、1.D 2.B、D、K、I、G、F
三、1.D 2.D 3.C

第189页

一、1.科技 科普 2.可不是 3.靠近
4.靠 靠 5.壳 6.科技
7.可巧 8.抗议 9.考验
10.考察 11.可怜 12.可见
13.考验
二、1.D 2.A 3.D
三、1.D 2.D 3.D 4.C

第191页

一、1.可笑 2.可惜 3.渴望 4.客
5.可行 6.恐怖 7.空军 8.克服
9.客观 10.坑 11.客观 12.课堂
13.客厅
二、1.C 2.D
三、1.C 2.C 3.C 4.D 5.D

第193页

一、1.口 2.空气 3.空 4.口头
5.窟窿 6.夸 7.扣 8.口头
9.口气 10.枯 11.口试 12.跨
13.垮
二、1.D 2.C 3.D
三、1.C 2.C 3.C 4.D

第195页

一、1.快餐 2.宽 3.困 4.狂风
5.宽阔 6.狂 7.筐 8.昆虫
9.况且 10.矿石 11.困 12.况且
13.款待 14.快活 15.宽阔 快活
二、1.D 2.C
三、1.D 2.D 3.D 4.D

208